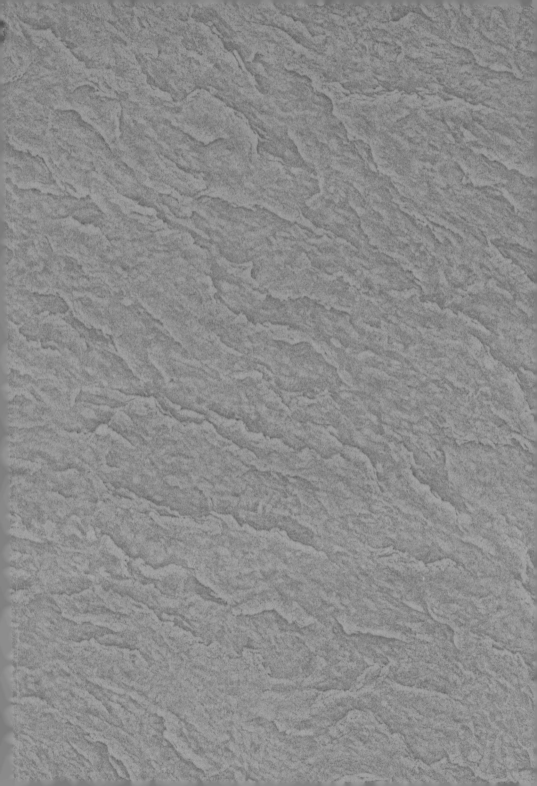

増補改訂 アースダイバー

中沢新一
Nakazawa Shinichi
Earth Diver Rev. Ed.

講談社

『増補改訂　アースダイバー』のための前書き

二〇〇五年に出版された『アースダイバー』の増補改訂版をお届けします。出版以来十数年がたって、その間にいろいろなことが起こりました。もっとも大きな出来事は二〇一一年の東日本大震災で、このときには「日本列島は海中に突き出た揺れ動く大地である」という、この本のテーマがとてつもない災害にも直結していることを知って、私は大きな衝撃を受けました。ちょうど『大阪アースダイバー』のための取材を続けていた頃で、新幹線で東京へ戻ってくるたびに、節電のために闇に沈んだ都市を見つめて、あらためて人間の営為は地球の活動の一部にすぎないことを実感したものです。

東北地方の各地には大津波に襲われても無事であった神社がたくさんありました。そうした神社の所在地の多くが、『アースダイバー』に描かれていたとおりの地形上にあったという報告を受けたときには、あらためて昔の人たちの知恵に感動しました。さまざまな意味で、この本は現代日本の現実に投げ込まれることによって、そこで生きた意味を獲得することができたようです。

増補改訂版を出すことにしたのは、初版の『アースダイバー』にいくつもの欠陥があることに気づいたからです。一つにはそこでは下町が十分に取り扱われていません。これは初期の「アースダイバー」の概念が狭かったことが原因です。初めの頃は東京の地形を形作る沖積地と洪積地の境界に関心が集中していました。そのため近世になるまで、ほとんどが海の底にあった下町地域の意味づけが、十分にできなかったのです。『大阪アースダイバー』の仕事を経験することによって、私は「海民」

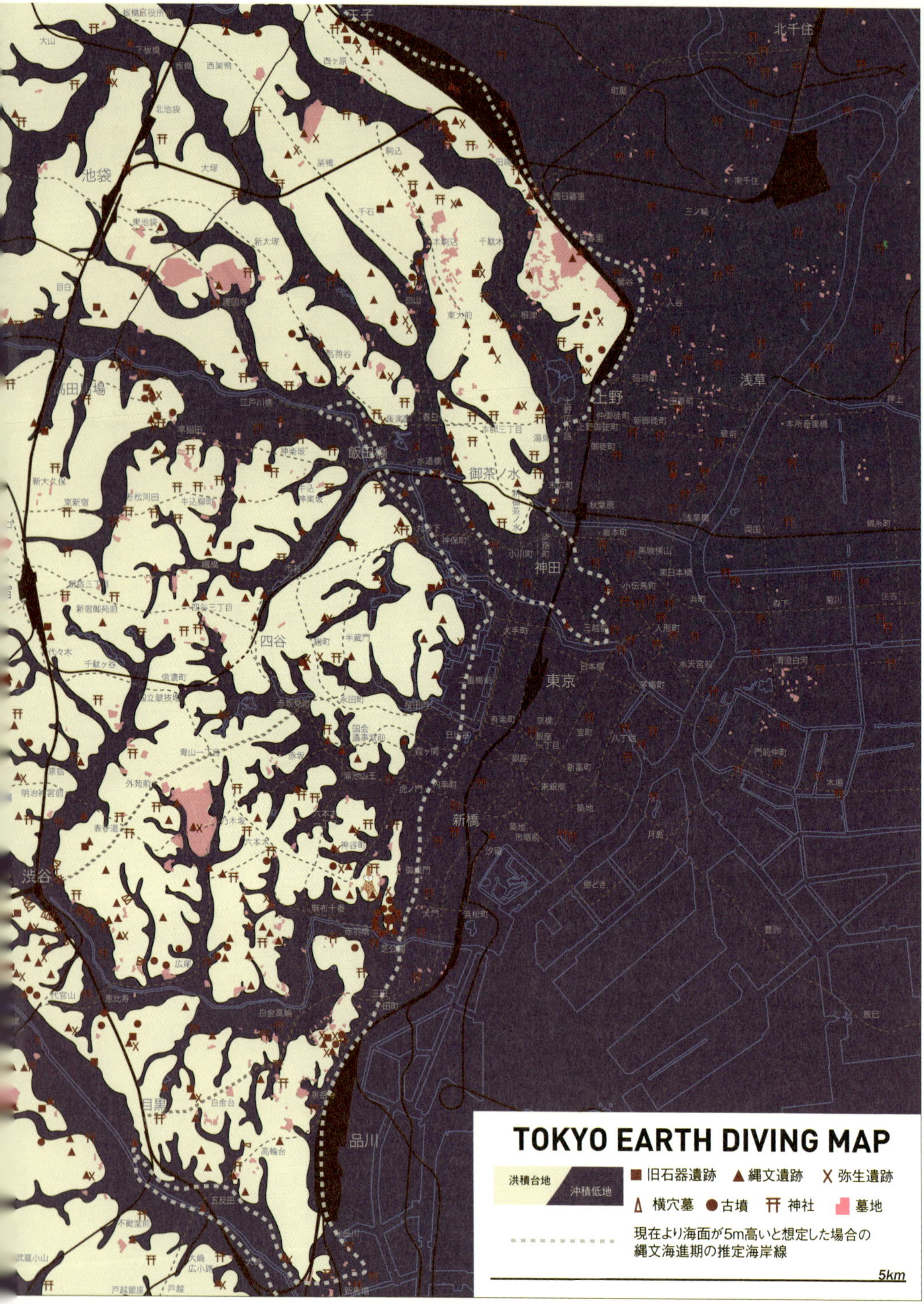
TOKYO EARTH DIVING MAP
洪積台地
沖積低地
旧石器遺跡
縄文遺跡
弥生遺跡
横穴墓
古墳
神社
墓地
現在より海面が5m高いと想定した場合の
縄文海進期の推定海岸線
5km
王子
北千住
池袋
高田馬場
飯田橋
御茶ノ水
上野
浅草
神田
四谷
東京
新橋
渋谷
目黒
品川

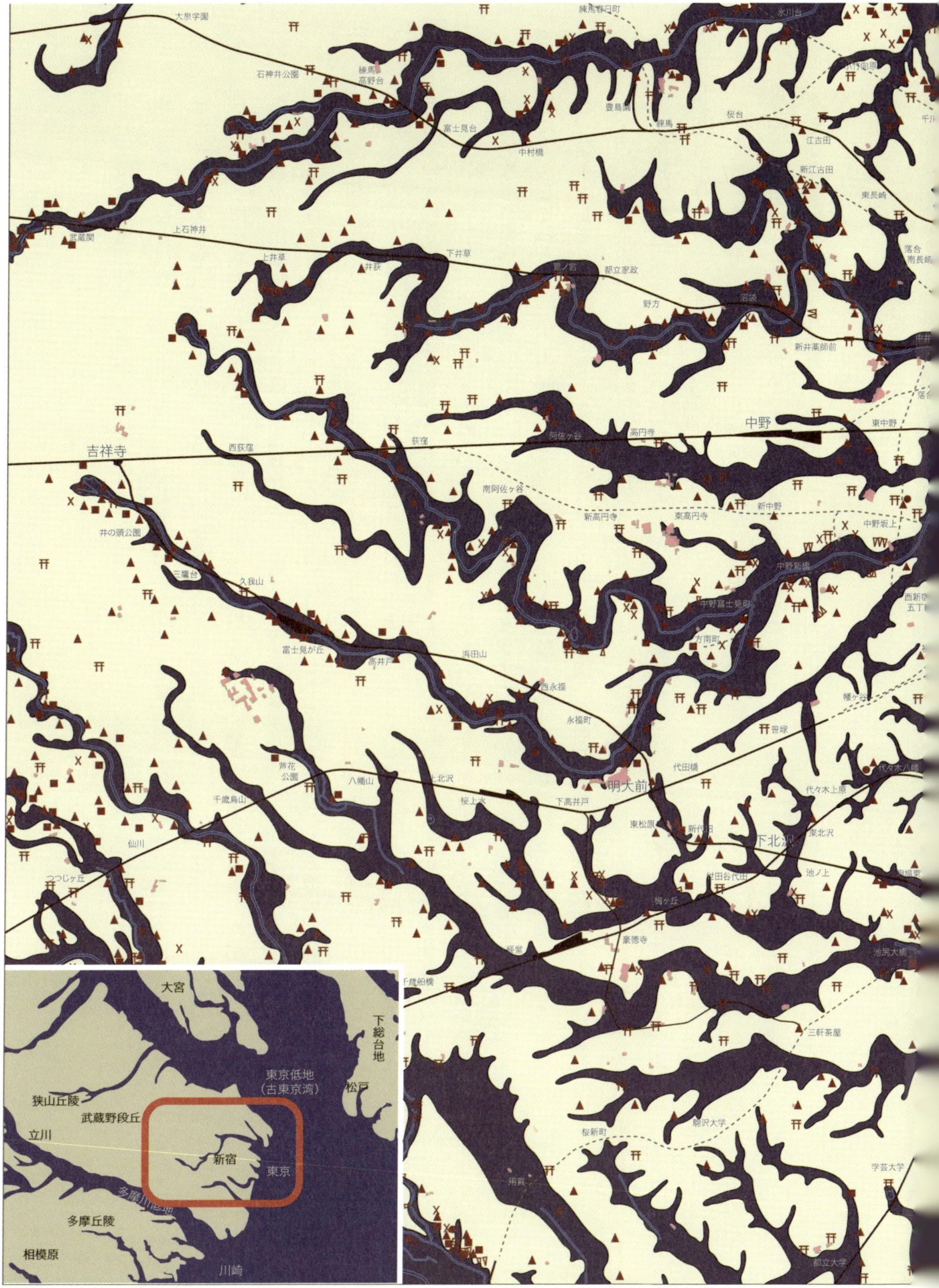
大泉学園
練馬春日町
氷川台
石神井公園
練馬
高野台
豊島園
桜台
富士見台
中村橋
江古田
新江古田
東長崎
上石神井
武蔵関
上井草
下井草
井荻
鷺ノ宮
都立家政
野方
沼袋
落合
南長崎
新井薬師前
中野
東中野
阿佐ヶ谷
高円寺
吉祥寺
西荻窪
荻窪
南阿佐ヶ谷
新中野
新高円寺
東高円寺
中野坂上
井の頭公園
中野新橋
三鷹台
久我山
中野富士見町
方南町
富士見ヶ丘
高井戸
浜田山
西永福
永福町
笹塚
幡ヶ谷
芦花
公園
八幡山
上北沢
明大前
代田橋
代々木八幡
代々木上原
千歳烏山
桜上水
下高井戸
東松原
新代田
下北沢
東北沢
仙川
つつじヶ丘
世田谷代田
池ノ上
梅ヶ丘
豪徳寺
経堂
池尻大橋
千歳船橋
三軒茶屋
駒沢大学
桜新町
用賀
学芸大学
都立大学
大宮
下総台地
東京低地
(古東京湾)
松戸
狭山丘陵
武蔵野段丘
立川
新宿
東京
多摩川低地
多摩丘陵
相模原
川崎

という概念の重要性をたしかな実感をもって認識できるようになりました。その概念をもってすると き、東京下町とはなんであるかが、はじめて明瞭に見えてきました。そこでこの増補改訂版には、大きなスペースを割いて、下町編（「第10章　海民がつくった東京下町」「第11章　よみがえる南郊」）が付け加えられることになりました。すると「海民」の概念は私を導いて、「アースダイバー」の出発地点でもあった善福寺川沿いの大宮八幡宮（「終章　ムサシ野オデッセイ」）へと帰還することとなったのです。

もう一つの理由は、「アースダイバー」の方法と科学としての「地質学」との違いに関係しています。この研究を始めた頃、私はまったく手探りの状態でした。先行研究などもほとんどありませんでしたから、「アースダイバー」という着想されたばかりのアイデアに間違いの少ないたしかな表現を自力で考え出さなければなりませんでした。その頃の私を大いに助けてくれたのは、生物学の学生であった頃に学んだ、ユクスキュルの「生物が内側から見ている世界」という考えでした。その考えを現代的な形に発展させたギブソンらによる「アフォーダンス」の思想にも助けられました。一つの土地に生活している人間が、内側からその土地の地形を体験し意味づけしている「世界図」というものを、描き出してみることはできないだろうか。その「世界図」は旧石器時代や縄文時代の人々によってどのように描かれ、さらにのちの時代の人々にどのように受け継がれていったのか。そこにはどのような断絶や連続性を見出すことができるか。そういう考えに導かれながら、「アースダイバー」の思想は形作られていきました。

「アースダイバー」のおこなった初期の発見は、旧石器時代や縄文時代の人々によって描かれた「世界図」の断片（それは考古学的遺物をとおして表現されています）が、歴史時代の人々によっても基本構造を変えることなく利用され続けていたことでした。日本列島に生きた人々は、自分たちの生きている世界のマップを描くために、古い素材を再活用する「ブリコラージュ」の方法を使ってきた様子なのです。そのためにたとえば東京の地質における洪積地と沖積地の境界地帯には古代の祭祀場が設けられ、それと同じ場所には中世や近世の人々が神社や寺を作り、それが近現代の土地開発にまで大きな影響を及ぼしているのです。

そのアフォーダンス的な「世界図」に、初期の「アースダイバー」では「縄文地図」といういささか詩的な名前を与えました。あくまでも古代の人々が意識の内側から認識していた想像的な地形という意味ですが、それが地質学を学んだ人たちには誤解を生むことになったようです。またじっさい『アースダイバー』の中にはそういう誤解を助長するような記述も散見されます。そこでこの増補改訂版では、それらの誤解を招きかねない記述を徹底的に削除書き換えすることに努めました。この訂正作業にご協力をいただいた方々に深く感謝します。

それにしても私はシュールレアリスムの香りを漂わせたこの旧「縄文地図」の美しさに、いまも深い愛着を抱いています。『アースダイバー』のエピローグで、私はパリに出てきた農夫が驚きとともにその都市を観察して書いたという体裁の書『パリの農夫』(ルイ・アラゴン著)に言及して、この本もまた縄文人の心をもって驚きとともに観察した東京の「世界図」であることを伝えようとしました。増補改訂版でもその気持ちは変わりません。私はあいかわらず「東京の縄文人」なのです。

二〇一八年十一月一日

中沢新一

謝辞

『週刊現代』に「アースダイバー」の連載が開始されたのが二〇〇四年一月、この連載はほぼ一年にわたって続けられた。その間にたくさんの方たちのお世話になった。まずこの企画そのものの発案者である講談社の鈴木章一さんにお礼を言わなければならない。「アースダイバー」は新しい地図のアイデアに多くを負っている。この地図の作成を一人で担ってくれたのが、中央大学におけるかつての学生である深澤晃平さんである。深澤さんは私のアイデアをじつに的確に理解して、魅力的な地図を描き上げてくれた。助手を務めてくれた馬淵千夏さんともども、二人はこのたいへんな連載を手助けしてくれた。写真家の大森克己さんと毎月のように撮影現場でいっしょに作業したことも、楽しい思い出である。連載時の最初の担当者となった花房麗子さん、二人目の山中武史さん、単行本化にあたっては小沢一郎さんと園部雅一さんのお世話になった。「大阪アースダイバー」(二〇一〇年一一月~二〇一二年二月)、「アースダイバー　Active　明治神宮アースダイバー」(二〇一四年三月~六月)、「アースダイバー　神社編」(二〇一四年七月~二〇一六年八月)、「アースダイバー　Active　築地市場編」(二〇一六年一二月~二〇一七年六月)を経て、二〇一七年一〇月から八ヵ月、『週刊現代』に「アースダイバー　東京下町編」の連載はおこなわれた。こんどの担当者は臼杵明裕さん、その頃明治大学で野生の科学研究所を開いていた私は野沢なつみさんを助手として、東京のアースダイバーを完成形に導く仕事に打ち込んだ。地図の作成にあたってはこのたびも深澤晃平さんの協力を仰いだ。前の『アースダイバー』にあった不備を正す作業についても深澤さんの助力を得ている。写真はこんども大森克己さんの作品である。園部雅一さんが書籍の編集を担当してくれた。みなさんどうもありがとうございました。

優に十数年を超える作業の末、ようやく東京のアースダイバーは一応の完成をみた。しかしこの東京は、おおむね地質学の言う「完新世」に属する東京である。二〇二〇年の東京オリンピックを経て、東京は新しい地質時代である「人新世」の都市へと変貌していく。たとえどんなに変貌をとげたとしても、『アースダイバー』に描かれたような古い地質時代に形成された東京を、シン・トーキョーはみずからの元型としてあるいは無意識として、抱えていくことになるであろう。私の予想では、未来の東京においても、アースダイバー的都市研究は大きな可能性を持っている。

増補改訂
アースダイバー
目　次

あるとき最初の女が二人の子供を産んだ。年長の息子の名はウィサケジャク（Wisakedjak）であった。女の夫は、妻が蛇と性交しているのを見て怒り、蛇を殺して妻の首を刎ねた。子供たちは逃げたが、女の尻が追いかけてきた。空へ逃げた夫のもとには、女の頭が追いかけてきた。女の尻は河岸で子供たちに追いついたが、鶴が彼らを持ち上げて河を飛び越えた。鶴は女の所に戻り、彼女（そのときにはもう全身が戻っていた）を持ち上げて、河に落とした。女は水中でチョウザメに変身した。ウィサケジャクは弟を置いて母を殺す旅に出たが、弟は水蛇に殺されてしまった。ウィサケジャクは水蛇を殺そうとして激しく戦い、その結果世界を覆う洪水が生じた。ウィサケジャクは筏をつくり、アビ（潜水鳥）を派遣して、水底の泥を取ってこさせた。この泥から、新しい世界がつくられた。

「アルゴンキン・インディアンの神話」
Brian L. Molyneaux, *Mythology of the North American Indian and Inuit Nations*, Southwater, 2003. 所収

プロローグ　裏庭の遺跡へ

十数年前にチュニジアを旅行したとき、旅行会社のカウンターで偶然知り合いになったイタリア人の女性から、いっしょにタクシーを割り勘でチャーターして、砂漠の遠足に出かけましょうと誘われた。その女性は中学生くらいの男の子連れで、さきほどからぼくが値下げ交渉をしながら口にしている地名を耳にして、そっちのほうへ行く気なのだったら、いっしょに一台チャーターしたほうが絶対にお得だと、ぼくを説得にかかったのだった。悪い話じゃない。さっそく出発は今日の午後ときまって、運転手のムスタファ氏が大きなからだを揺らしながら、部屋の奥のほうからあらわれた。

空はどこまでも高く澄み渡り、砂漠の空気はさわやかだった。前の座席にはローマで精神分析医をしているというその女性が陣取り、さっきからおしゃべりなムスタファ氏と行き先と料金をめぐって、大声のフランス語でしゃべりあっている。いや、どなりあっている。後ろの座席では、登校拒否児童となってこうして母親と長い旅に出ているドゥーチョ君が、ぼくの隣に座ってニコニコしながら、代わる代わるにあらわれる砂漠と海の光景に、感動しっぱなしだ。

そのうちどなりあいを中断して、精神科医のお母さんがぼくのほうに振り返った。「ムスタファは悪いのよ。自分が決めたルートを変えろって言うと、じゃ奥さん、もうちょっとたくさん払ってもらわなけりゃね、と来るのよ。いったいさっきから同じような遺跡ばっかりでうんざりだと思わない。あなたもなんとか言ってやってよ」

チュニジアのローマ遺跡
（KMC）

ムスタファ氏も負けてはいなかった。

「あっしがご案内してるのは、チュニジア観光の定番お墨付きの遺跡ばかりで、どうして文句をつけられるのか、ぜんぜん見当もつきませんや。砂漠に花開いたこのローマ時代の遺跡の、いったいどこが気に入らないって言うんでさあ」

「それが気に入らないのよ。どこへ行っても競技場跡だの風呂場の跡だのモザイクの床だの、ローマ、ローマ、ローマばっかりじゃない。ローマじゃあねえ、家の裏をちょっと掘れば、こんな遺跡がごろごろ出てくるのよ。せっかくチュニジアにやってきて、私は別のものが見たいの。あなたもそう思わない。東京だってそうでしょう。二千年前の遺跡なんてめずらしくもない」

遺跡なんてめずらしくもない、とくにローマ時代の遺跡なんて、面白くもない。アフリカにまでやってきて、そんなもの見たくもない。まったく同感である。しかし、東京だってそうでしょう、と言われたとたん、ぼくは思わずうろたえて、こんなことを口走ってしまった。

「東京の家の裏庭を掘れば、五千年以上も前の縄文時代の遺跡が出てくるんだ。新石器時代ですよ。そんなのがごろごろですから、ローマ時代の遺跡ぐらいじゃあ驚きませんね」

その発言を聞いて、ムスタファ氏は大笑い、精神科医はあきれたような顔をする。

「あなた、それは古すぎるわ。新石器時代と私たちと、いったいどんな関係があると言うの。ひょっとして東京は石器時代の遺跡の上に、直接建てられた都市だとでも言うの。東京に三度も行ったことのある私に、その冗談はないわよ。そんなこと言うから、ムスタファごきげんになっちゃったじゃない。冗談がわからないのは、まるでこの私だけみたいにされちゃった」

ドゥーチョ君は、厳しいお母さんが他人から言い負かされているらしいのを見て、ちょっと楽しそうだった。

そんなつもりじゃなかったのに。イタリア人のインテリの女性を相手に、東京の家の裏庭を掘り返せば、縄文遺跡がぞろぞろ出てくるなんて口走っちゃって。それじゃあまるで、ハイパー資本主義の都である東京は、その足許《あしもと》からすぐに新石器時代につながっているみたいじゃないか。どう考えたって冗談にしか聞こえない。ぼくは笑ってごまかした。

それから何年もたって、ぼくはそのときのことをすっかり忘れてしまっていた。ところが、記憶の底に沈んでいたはずのそのときの光景が、二年ほど前のある冬の日、忽然《こつぜん》としてぼくの脳裏によみがえったのである。

9・11のあの出来事があって以来、一神教の本質について考えることが多くなっていた。その宗教は、グローバリズムの見えない背骨をつくっている。一神教という宗教がなければ、おそらく資本主義というシステムは、いまあるような形をとって発達はしなかっただろう。人類はもっと別の形の資本主義を発達させていたはずなのである。ところが、キリスト教という一神教と一体になった資本主義は、大成功をおさめて、いまや地球のすべての場所を、自分のシステムに都合のよいようにつくりかえようとしている。

しかし、それにはげしく反抗する人々がいるのである。しかもそれは、同じ一神教であるイスラムを深く信仰している人々だ。人類の全体が、好むと好まざるとにかかわらず、一神教のたどる宿命的な展開に巻きこまれてしまっている。ニューヨークで起こったあの出来事は、そのことをあからさま

［上］：塚山公園の復元された住居
［下］：その住居内部のようす
（大森克己撮影）
［以下とくに表示のないものはすべて大森克己撮影です］

にしてみせた。グローバル資本主義の裏庭を掘ると、そこにはユダヤ教にはじまる一神教の精神的遺跡が、すぐに顔を出すのだ。あの出来事以来、そのことを考えないではいられない。

　さて、その日は久しぶりに暇ができたので、吉祥寺《きちじようじ》まで長い散歩に出かけてみることにした。地図を見て、住んでいるところから神田川《かんだがわ》にそって歩けば、だいたい一時間半の距離とにらんだ。それだとちょっと長めのオペラのCDの全曲を通しで聴くのに、ちょうどよい時間だ。一神教に入れ込んでいたぼくは、迷わずシェーンベルクの『モーゼとアロン』をザックに詰め込んで、神田川にそって歩き出した。深刻な音楽。神が重々しく人間に語りかける。人間はその問いかけを受けて、深刻に悩んでいる。

　耳には一神教の神の声。しかし、眼は……眼は別の風景を見ていた。神田川の両脇には、こんもりと広葉樹のしげる林が、そこここに点在していた。たっぷり時間のあるぼくは、その林のなかにゆっくりと入っていく。するとそこにぼくの眼が見たものは、縄文時代の住居の跡をしめす表示板。そこで発掘されたという、ボリューム感覚にあふれた土器の写真。復元された住居のなかでは、五千年前の親子が楽しそうに食事をしている様子を再現したお人形。広葉樹の林のなかに差し込んでくる、柔らかな冬の光。別の音が頭のなかで聞こえてきた。ぼくは知らず知らずのうちにヘッドフォンを外していた。そのときである。数年前の、チュニジアの砂漠のなかで交わされた会話が、忽然として思い出されたのである。「東京の裏庭を掘れば、縄文遺跡がごろごろですよ」。あのときの発言は、いい加減なでまかせではなかったんじゃないか。ぼくたちの心の裏庭を掘ると、そこはすぐに縄文遺跡だというのは、ひょっとすると本当なのかも知れない。

吉祥寺に着いたぼくは、迷わず自転車を買った。神田川沿いに歩いていると、おや、あそこにも気配がする、ひょっとしたらあのあたりもそうかも、という不思議な予感がしたからだ。裏庭の遺跡を探査するのに、マウンテンバイクはちょっとおおげさだと思ったから、黄色いしゃれたママチャリにした。その日以来、自転車にのった東京散歩がはじまったのである。ぼくはこの散歩に「アースダイバー式」という名前をつけることにした。その名前の由来を、ちょっと説明しておこう。

アースダイバーの神話

最初のコンピューターが、一神教の世界でつくられたというのは、けっして偶然ではない。一神教の神様は、この宇宙をプログラマーのように創造した。ここに空を、あそこには土地を、そのむこうには海を配置して、そこに

[下]：黄色いママチャリ

魚や鳥や陸上動物たちを適当な比率で生息させていくという、自分の頭の中にあった計画を、実行にうつしたのがこの神様であった。神様でさえこういうコンピューター・プログラマーのイメージを持っているのであるから、その世界を生きてきた人間たちが神様のようになろうとしたときに、最初に思いついたのが、コンピューターを発明することだったのは、ちっとも不思議ではない。

ところが、アメリカ先住民の戦士やサムライの先祖を生んできた、環太平洋圏を生きてきた人間たちは、世界の創造をそんなふうには考えてこなかった。プログラマーは世界を創造するのに手を汚さない。ところが私たちの世界では、世界を創造した神様も動物も、みんな自分の手を汚し、体中ずぶぬれになって、ようやくこの世界をつくりあげたのだ。頭の中に描いた世界を現実化するのが、一神教のスマートなやり方だとすると、からだごと宇宙の底に潜っていき、そこでつかんだなにかとても大切なものを材料にして、粘土をこねるようにしてこの世界をつくるという、かっこうの悪いやり方を選んだのが、私たちの世界だった。

アメリカ先住民の「アースダイバー」神話はこう語る。

はじめ世界には陸地がなかった。地上は一面の水に覆われていたのである。そこで勇敢な動物たちがつぎつぎと、水中に潜って陸地をつくる材料を探してくる困難な任務に挑んだ。ビーバーやカモメが挑戦しては失敗した。こうしてみんなが失敗したあと、最後にカイツブリ（一説にはアビ）が勢いよく水に潜っていった。水はとても深かったので、カイツブリは苦しかった。それでも水かきにこめる力をふりしぼって潜って、ようやく水底にたどり着いた。そこで一握りの泥をつかむと、一息で浮上した。このとき勇敢なカイツブリが水かきの間にはさんで持ってきた一握りの泥を材料にして、私たちの住む陸地はつくられた。

頭の中にあったプログラムを実行して世界を創造するのではなく、水中深くにダイビングしてつかんできたちっぽけな泥を材料にして、からだをつかって世界は創造されなければならない。こういう考え方からは、あまりスマートではないけれども、とても心優しい世界がつくられてくる。泥はぐにゅぐにゅしていて、ちっとも形が定まらない。その泥から世界はつくられたのだとすると、人間の心も同じようなつくりをしているはずである。

無意識都市

人間の心のおおもとは、泥みたいなものでできているにちがいない。ぐにゅぐにゅと不定形で、スマートな思考をする部分とぼんやりとした夢を見続けている部分とが、ひとつに混ざり合って、人間の心をつくっている。そういう心が集まって社会をつくっているわけだから、それをあんまりハードな計画や単一な原理にしたがわせると、どうしてもそこには歪《ひず》みが生まれてくる。

泥みたいな材料でできた心を「無意識」と呼ぶことにすると、この「無意識」を歪《ゆが》めたり、抑圧したりするのではないやり方で、人の生きる社会もつくられていたほうがいいのではないか。日本列島に生きてきた人間たちは、「無意識」を泥のようにしてこねあげるやり方で、自分たちの社会をつくってきた。なんだか得体のしれないところをもっている、私たちの社会は、まぎれもないアースダイバー型の特徴をもっている。

どんなコンピューターだって、結局はシリコンがなければつくれないが、このシリコン自体がもともと「泥」からできたものである。どんなスマートな思考も、自分だけでは存在できない。思考が空中に軽やかに飛び立っていけるのも、水中から引き出されてきた泥のような「無意識」の働きが、支

えてくれていればこそである。つまり一神教の創造神話は、正直なアースダイバー神話などの前に出されれば、嘘をついていることがはっきり見えるのだ。

一神教の文明は、人間の心のおおもとをなしている泥のような「無意識」を、抑圧してしまうことによってできてきた。そのおかげで、どんくさい（泥臭い）「無意識」の介入なしに、スマートで合理的な文明を築くことができた。しかしそうやって抑圧してきた「無意識」が、いまさまざまな形のテロによって、コンピューターに管理されたグローバル経済の社会に、挑みかかろうとしている。9・11の出来事があからさまに示してみせたことの本質とは、こういうことなのである。

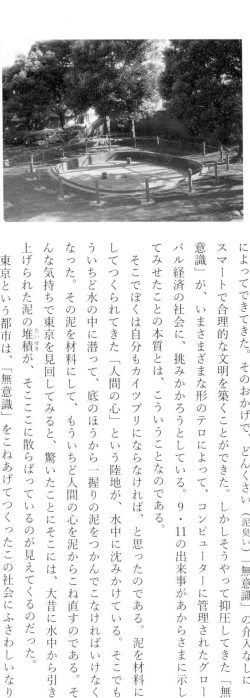

そこでぼくは自分もカイツブリにならなければ、と思ったのである。泥を材料にしてつくられてきた「人間の心」という陸地が、水中に沈みかけている。そこでもういちど水の中に潜って、底のほうから一握りの泥をつかんでこなければいけなくなった。その泥を材料にして、もういちど人間の心を泥からこね直すのである。そんな気持ちで東京を見回してみると、驚いたことにそこには、大昔に水中から引き上げられた泥の堆積《たいせき》が、そこここに散らばっているのが見えてくるのだった。

東京という都市は、「無意識」をこねあげてつくったこの社会にふさわしいなりたちをしている。目覚めている意識に「無意識」が侵入してくると、人は夢を見る。アースダイバー型の社会では、夢と現実が自由に行き来できるような回路が、いたるところにつくってあった。時間の系列を無視して、遠い過去と現代が同じ空間にいっしょに放置されている。スマートさの極限をいくような場所のすぐ裏手に、と

［右ページ右］：猿楽町の古代遺跡（深澤晃平撮影）
［右ページ左］：猿楽塚（深澤晃平撮影）

てつもなく古い時代に心の底から引き上げられた泥の堆積が残してある。この不徹底でぶかっこうなところが、私たちの暮らすこの社会の魅力なのだ。

表通りにはパリとそっくりなすてきなお店の並ぶ代官山の裏山には、猿楽町《さるがくちょう》の遺跡群が泥の堆積のようにうずくまっている。それと同じように、そこに暮らしている人々の心も、さまざまな時間を同時に生きている。誰もが泥でできた心の動きをもてあまし、計画どおりに運ばない出来事に不安をいだいている。古い心のなりたちを映す夢の部分が、プログラマーの神様によってつくられた経済社会の現実の中に、ひそかに忍び込んできて、システムに不調を生み出しているのだ。ぼくたちは、なんてぶかっこうな心を抱えたままなんだろう。しかし、カイツブリが水底から運びあげてきた、泥を材料にしてできた心を持った生き物にとっては、そのぶかっこうさこそが生命であり真実なのである。

散歩の用具

さてアースダイバー式の心構えで東京の街を散歩するとき、ぼくはいつも一枚の大きな地図を持ち歩くようにしている。この地図はお店では売っていない。若い友人にコンセプトを伝えて、それをコンピューター上で描いてもらった、お手製の地図である。

地質学の研究によって、いま東京のある場所が、どのような成り立ちでできてきたのか、多くのことがわかっている。洪積層《こうせきそう》というのは台地となっている、堅い土でできている地層だ。この台地より一段低い低地では、一万年ほど前から川や海が運んできた砂が堆積してできた、沖積層《ちゆうせきそう》という砂地の多い別の地層がみつかる。この二つの地層の分布をていねいに追っていくと、どの辺まで海や川が入り込んでいたのか、わかってくる。

このやり方で東京の地図を描き直してみると、そこがまことに複雑な地形をしたフィヨルド状の海岸地形だったことが、よく見えてくる（学術用語としての「フィヨルド」はちょっと違う意味を持っているのだけれど、これからぼくはその言葉を東京の地形の特質をよく示しているものとして、象徴的な意味で使うことにする）。そこに縄文時代から弥生《やよい》時代にかけての、集落の跡をマッピングしていく。貝塚や土器や石器やらが発見されている場所である。そこに古くからの神社の位置を重ねていく。さらに古墳と寺院のある場所も、重ねて描く。こうして出来上がったアースダイバー用の地図と、現在の市街地図をいっしょにザックに詰め込んで、街を歩くのである。

どんなに都市開発が進んでも、ちゃんとした神社やお寺のある場所には、めったなことでは手を加えることができない。そのために、都市空間の中に散在している神社や寺院は、開発や進歩などという時間の侵食を受けにくい、「無の場所」のままとどまっている。猛烈なスピードで変化していく経済の動きに決定づけられている都市空間の中に、時間の作用を受けない小さなスポットが、飛び地のように散在しながら、東京という都市の時間進行に影響を及ぼし続けている。

そして、そういう時間の進行の異様に遅い「無の場所」のあるところは、きまってアースダイバー地図における、水辺に突き出た岬ないしは半島状の突端部なのである。縄文時代の人たちは、岬のよ

［右ページ］：神田川沿いの広葉樹林を行く筆者

うな地形に、強い霊性を感じていた。そのためにそこには墓地をつくったり、石棒などを立てて神様を祀《まつ》る聖地を設けた。

そういう記憶が失われた後の時代になっても、まったく同じ場所に、神社や寺がつくられたから、埋め立てが進んで、水が深く入り込んでいた入り江がそこにあったことが見えなくなってしまっても、ほぼアースダイバー地図に記載されている聖地の場所にそって、「無の場所」が並んでいくことになる。つまり、現代の東京は地形の変化の中に霊的な力の働きを敏感に感知していた縄文人の思考から、いまだに直接的な影響を受け続けているのである。

東京を歩いていて、ふとあたりの様子が変だなと感じたら、この地図を開いてみるのである。するとこれは断言してもいいが、十中八九そのあたりはかつて洪積層と沖積層のはざまにあった地形だということがわかる。そういうところはたいてい、洪積層台地が水辺に突き出していた岬で、たくさん古墳がつくられ、古墳のあった場所には後にお寺などが建てられたり、広大な墓地ができたりしている。あるいは天皇家の所領となっていたそのような土地を戦後になって買い占めた大資本が、都内有数のホテルを建てたりしているが、そのあたりはかならず特有の雰囲気をかもし出している。つまりそういう場所からは、死の香りがただよってくるのだ。

東京はけっして均質な空間として、できあがってなどはいない。それはじつに複雑な多様体の構造をしているが、その多様体が奇妙なねじれを見せたり、異様なほどの密度の高さをしめしている地点は、不思議なことに判で押したように、アースダイバー地図においても洪積層と沖積層がせめぎあいを見せる、特異な場所であったことがわかる。そこから、東京という都市が轟《とどろ》かせている「大地の歌」が聞こえてくる。ぼくはその「歌」を、文章に変換するだけでいい。

第1章

ウォーミングアップ 東京鳥瞰

Tokyo Bird's Eye View

12. 立正佼成会大聖堂

1km

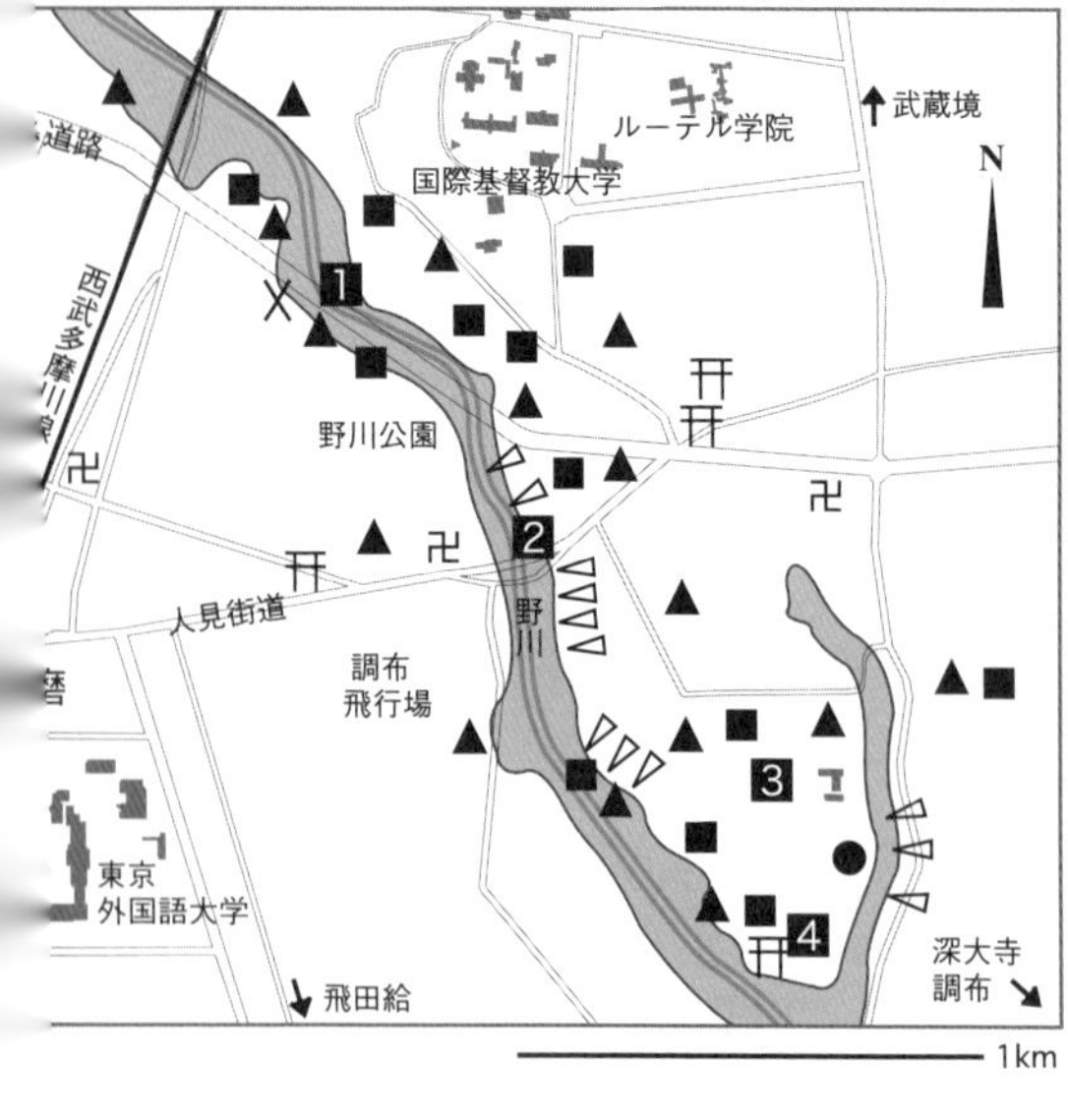

1. 野川公園遺跡群
2. 出山横穴墓群
3. 国立天文台遺跡群
4. 古八幡神社

洪積層　沖積層

■ 旧石器遺跡　▲ 縄文遺跡
╳ 弥生遺跡　▽ 横穴墓　● 古墳
⛩ 神社　卍 お寺

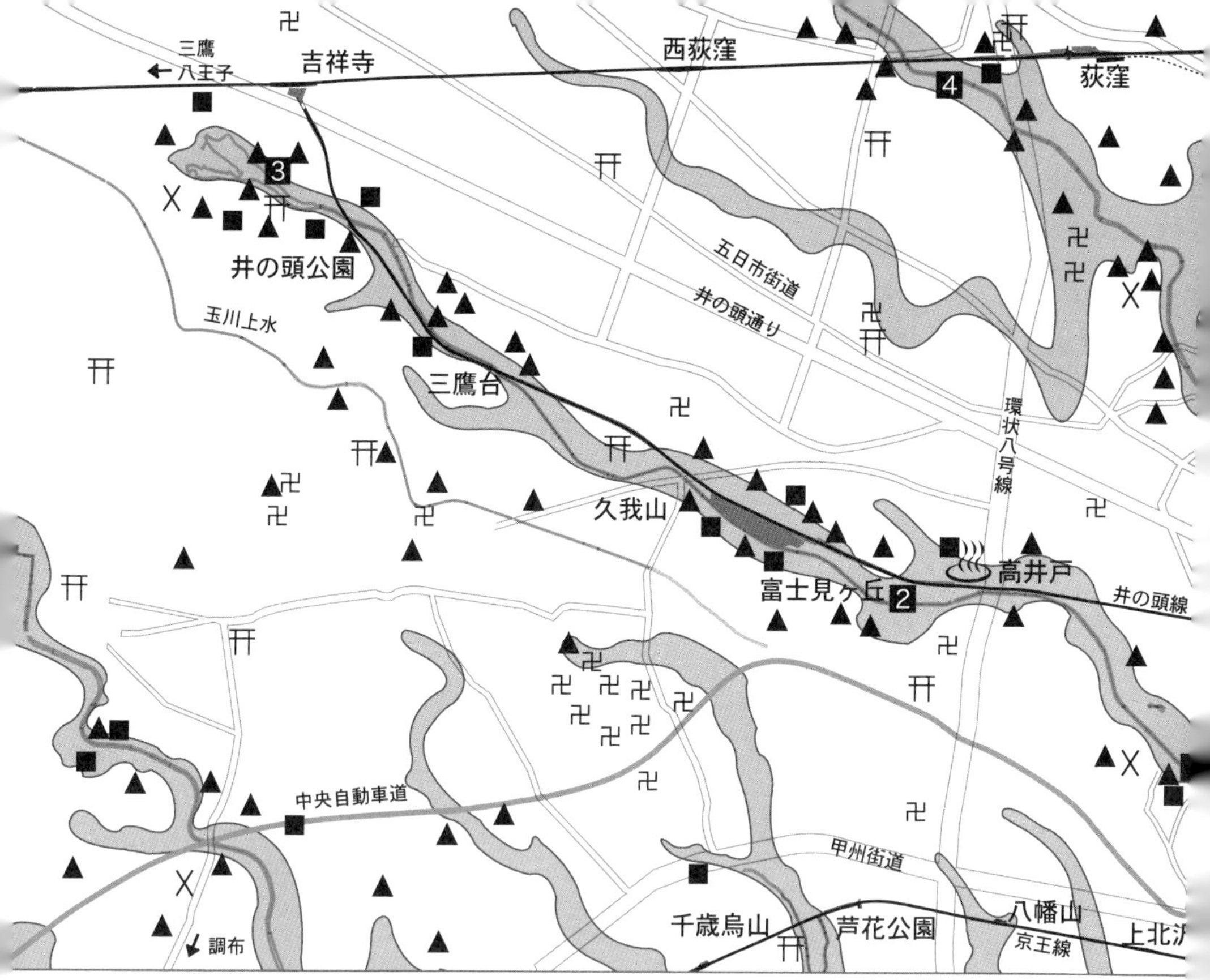

1. 塚山公園
2. 神田川
3. 井の頭公園
4. 善福寺川
5. 尾崎熊野神社
6. 尾崎橋
7. 大宮八幡宮
大宮遺跡
8. 和田堀公園・武蔵野園
9. 成宗白山神社
10. 和泉熊野神社
11. 釜寺東運寺

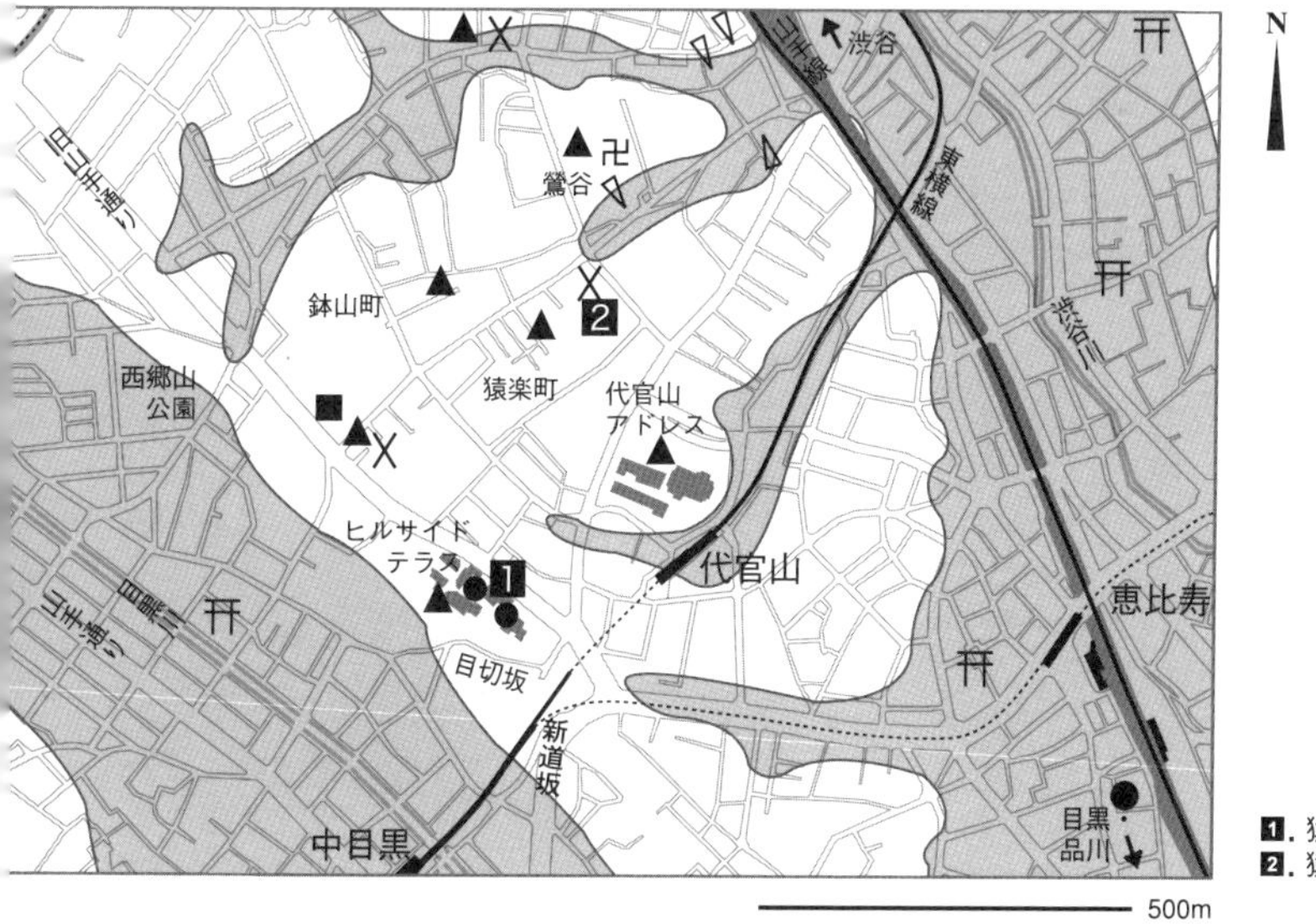

1. 猿楽塚
2. 猿楽古代遺跡公園

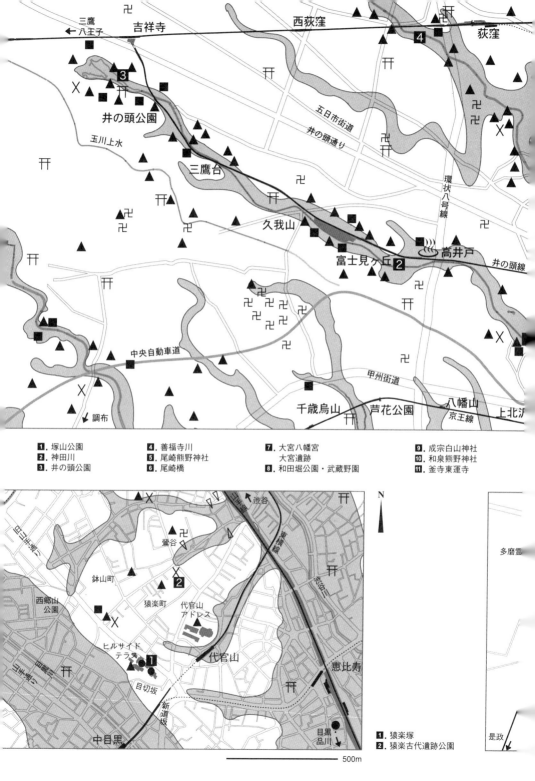

素敵なドーナツ

「トウキョウはまるでメリーゴーランドのような都市だ」。最近この都市にやってきたばかりのフランスの友人が、いっしょにタクシーに乗っているときに、こうつぶやいた。右側の車窓には皇居があり、水中に浮かぶ緑の小島のようなこの不思議な場所をみつめながら、東京は遊園地のようなつくりをしている、と奇妙なことを言っている。

「なぜそんなふうに思うんだい」

「だってトウキョウでは行きたい所にたどり着くためには、いつもこのパレスのまわりをぐるっと一周しなくちゃならないだろう。内側と外側と、二つの方向に自動車が流れていく様子が、まるでメリーゴーランドみたいで素敵だなって思うんだ。だって資本主義の経済活動は、こんなふうに環《わ》を描いちゃいけないものだろう。どこまでもまっすぐに、ぐんぐんと進んでいかなくちゃいけない。ところが世界有数の経済大国の首都の構造は、まるで資本主義経済の原則をあざ笑うかのように、人々に環を描いて移動することを強いている。これはいったいなにを意味しているんだろう」

言われてみれば、そのとおりである。東京駅でタクシーに乗り込んで麹町《こうじまち》へ向かおうとすると、右側からか左側からか、とにかくこの緑でおおわれた池の小島を迂回して、大きな円を描くようにして走らなくてはならない。この様子を上空からながめてみれば、皇居をまんなかにした大きなドーナツの環ができあがっていて、そのドーナツの縁にたくさんの自動車が乗り込んできては回転運動に身をゆだねたのち、ふたたびドーナツの縁を出ていく様子が見られるはずである。

しかもその外側にはさらにドーナツ状をした山手線の線路が走り、その外側を二本の太い環状道路

［右］：皇居の航空写真（国土地理院）
［左ページ］：神田川沿いの広葉樹林

がしっかりと取り囲んでいる。電車も自動車の流れも、都心部に近づくとみんながメリーゴーランドのような動きに入ることを強制される。まったく東京は巨大なドーナツのつくりをしているのだ。

ドーナツのまん中には穴が開いている。それと同じように、東京の中心にも穴が開いている。この都市の中心は空なのである。ドーナツの縁を巡る大小さまざまな環の上では、経済や流通のせわしない流れが、流れ続けている。そこではさまざまな記号や数字や映像が飛び交いながら、なにか有用な価値をもった「有」が流れているのだ。ところが中心部に開いた穴には、それとはまったく異質な時間がゆっくりゆっくりと流れている。そこでは現実原則にしたがっている時間ではなく、遠い過去と現在とをひとつに結ぶ「神話」の時間が流れている。

「ある」と「ない」

このような構造をもった首都は、世界にもめずらしい。ヨーロッパの首都はおおむね放射状の構造をしている。太陽の光のように、権力は中心から外に向かって放出されていくという考えにもとづいてデザインされたそうした都市では、主要な道路はウニのからだのように放射状に広がっていく。中国の都は格子《グリッド》状につくられていて、いちばん上の部分に王宮がつくられている。いずれにしても、中心にはなにかが「ある」。そしてその「有」の源泉の場所から、現実世界の秩序をつくりだす力が、外側に向かって放射されている。

ところが東京の中心部につくられているこの緑の小島には、なにも「ない」のである。京都に御所があった時代には、御所は中国の王城をモデルにしていたから、まだなにか現実世界をつくっているのと同質の力が「ある」という状態を、抜け出すことはできなかった。ところが明治になって、江戸

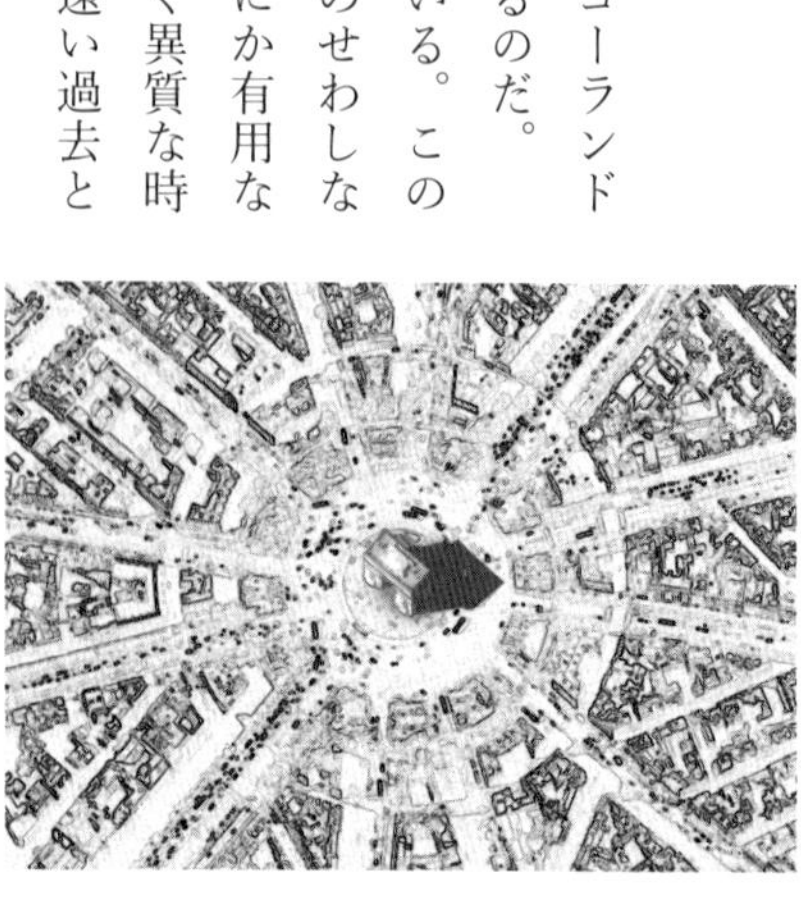

パリの凱旋門から放射状に延びる道（KMC）

城の天守閣を取り払った跡に皇居ができた。そのときから、東京はひたすら中心が空虚なドーナツ状の構造に向かって、せっせと自己組織化にいそしんできたとも言える。経済と軍事の大国をめざしながら、およそ経済性や効率や権力の表象力という近代化の視点から見たら、目的に逆行しているかのような、不思議な構造をつくりだそうとしてきたわけである。

皇居を京都から、東日本の、関東洪積台地の突端部につくられた江戸城の跡地に移したことから、このような事態がおこったのだろう、と私は推測する。つまりそれまで皇居が京都に置かれていたときには表面に出てくるのを押さえられていた、潜在的な「自分たちの世界をデザインしようとする思想」が、関東の土地の磁場のようなものを受けて表面化してきた結果、このようなドーナツ状をした首都のつくりができてきたのではないだろうか。

英語はアメリカ大陸に移植されてから、イントネーションやアクセントや発音の仕方などを、イギリスでしゃべられていたときとは微妙にちがうかたちに変化させることになったが、それに一番大きな影響をあたえたのは、最初の入植者たちを取り囲んでいたアメリカ先住民のしゃべっていたことばだったと言われている。ニューヨーク州の近辺にいたアルゴンキン諸族のことばが、英語がアメリカ語に変化していく方向性を決めている。

これが土地の力というものである。皇居を「空虚な中心」として、そのまわりに環のようなかたちに発達していった東京の都市構造のなかに、私はそれとよく似た土地の働きを感知する。私たちがいま知っている東京のかたちは、けっして偶然にできあがったものではない。ドーナツのかたちをした東京の秘密を探って

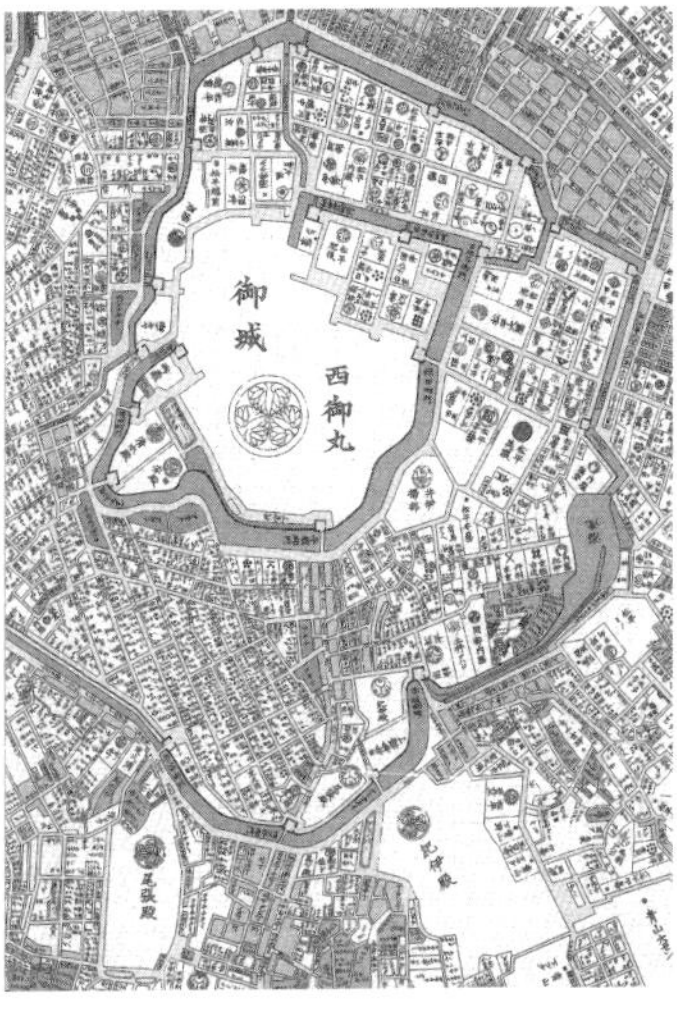

江戸城の周囲（「御江戸大絵図」、人文社）

いるうちに、私たちは自分の心の深層に大きな影響をあたえている、不思議な実体と出会うことになる。しかし奇妙なことにその実体については、いままでほとんど語られることさえなかった。

サムライとインディアン

『ラスト　サムライ』でトム・クルーズの演ずるオールグレン大尉は、騎兵隊に所属していた当時、上官の命令とは言え、インディアン（アメリカ先住民）の虐殺に手を貸してしまったことが、心の深い傷となっていた。インディアンの戦士たちは手斧《ておの》と弓矢だけで武装して、勇敢に銃の前に突進をくりかえして全滅していった。その光景の記憶がトラウマとなって、何度も何度もよみがえってくるのだ。

文明は人間をいやしくしていく。文明の軍隊に所属して、誇り高い未開の戦士たちを虐殺していく立場に立たざるをえなかった自分は、いつの日か、人間としての、戦士としての、誇りをとりもどすことができるだろうか。こうして彼は、文明開化の時期の日本にやってきて、「最後のサムライ」たちと遭遇することになったのである。

この映画が興味深いのは、サムライという存在を、徹底してインディアンの戦士と重ね合わせて描いていることだ。そう言われてみれば、サムライの生き方や死に方の理想は、たしかにインディアンの戦士の伝統として伝えられているものと、そっくりなのである。サムライは倒した敵の首を取る。インディアンの戦士は敵の頭の皮をはぐ。どちらの風習も、人間の生命力は頭部に宿っているという考えからきている。

屈辱に耐えるぐらいなら、どちらの戦士も自殺を選ぶ。死を恐れない。自分に立ち向かってくる敵

［右ページ上］：神田川の清掃
［右ページ下］：夕陽の中の神田川

の名誉を、よく尊重する。どちらもとてもいさぎよい、一本筋の通った人々である。『ラスト　サムライ』はあきらかに『ラスト・オブ・モヒカン』を意識してつくられている。インディアンの文化を滅ぼしてしまったアメリカ人の秘かなトラウマが、日本人にはなんとなく面《おも》はゆい、こんな映画をつくらせているのだろう。

　でもどうして、サムライとインディアンの戦士の精神は、こうまでよく似ているのだろう。サムライの文化は、最初のうち東日本の狩猟民の伝統の中から発達してきている。西日本にもサムライはいるけれども、宮本武蔵や佐々木小次郎をみても、どうも職人芸として剣術がうまい人たちという印象が強くて、乗馬や集団戦法がたくみで、独特の主従関係の中で、いさぎよい生き方死に方を理想としていた東日本のサムライとは、どこかが違っている。

　それもそのはずである。東日本のサムライは狩猟文化の中から出現してきたものとして、その伝統は縄文時代にこの列島に暮らしていた人々の世界にまで、深い根を下ろしているのである。これにたいして、職人芸としての西日本の武士のほうは、大陸や半島からやってきたもっと新しい文化から生み出されている。だから、東日本で発達したサムライの文化には、どこか縄文文化の精神を感じることができるのだ。

　サムライを生むことになった縄文文化の狩猟民と、アメリカ大陸に渡ってインディアンの文化をつくった人たちとは、同じルーツをもっている。一万数千年前、バイカル湖東岸のあたりを出た人間の群れのうち、南下して日本列島に渡ってきた人々と、東に進んでアメリカ大陸に入っていった人々とは、人間の尊厳や生きることと死ぬことの意味などについて、共通の考えを持っていたらしい。とくにそれは戦士の伝統の中に、はっきりとあらわれている。こうして因果はめぐりめぐって、トム・ク

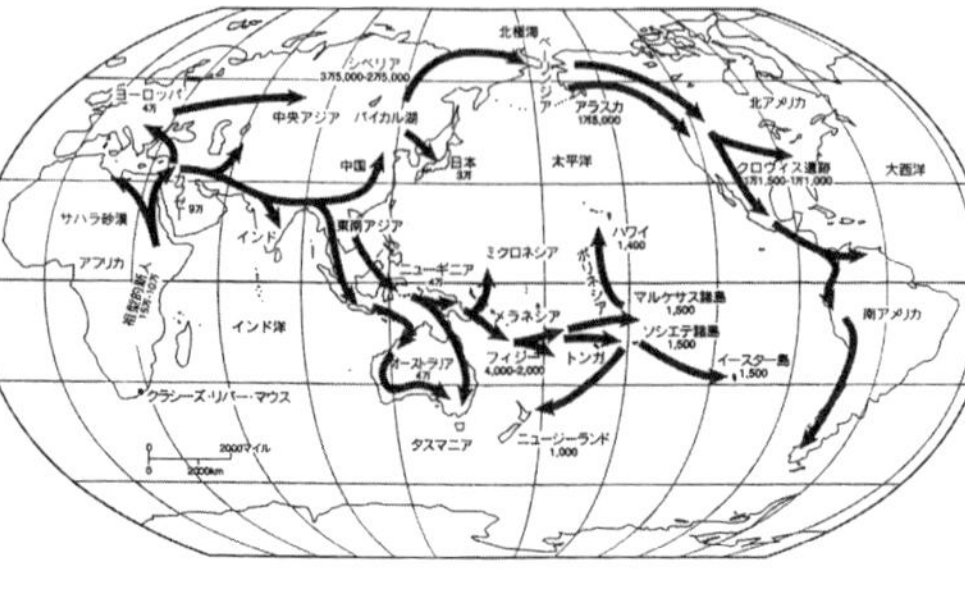

現生人類の移動の模式図
（ストリンガー、ギャンブル
『ネアンデルタール人とは誰か』
河合信和訳、朝日新聞社）

ルーズが「最後のサムライ」の一人となって、近代軍隊の前に突撃していくことで、尊厳を深く傷つけたトラウマから、ようやく解き放たれることができた、というお話がつくられることになったわけである。

ドーナツ状をした縄文の村

東京という都市は、そういう東日本のまっただ中につくられた。都市をつくったのはサムライたち。郊外につながっている神田川《かんだがわ》や善福寺川《ぜんぷくじがわ》や渋谷川《しぶやがわ》や目黒川《めぐろがわ》の、川縁の気持ちのよい地形を探して、ちょっと地面を掘れば、厚手の縄文土器や石器がごろごろ出てくるこの土地に、彼らは新しい都市の建設をはじめた。

サムライの棟梁《とうりょう》であった頼朝《よりとも》が鎌倉に幕府をつくったとき、西日本の天皇の権力に対抗して、自分たちの威厳をみせようとしてしたことは、東日本のサムライたちを富士山の麓《ふもと》に総結集して、そこで壮大な巻狩り（狩り場を四方から取り巻き獲物を追いつめて捕獲する）の狩猟ページェントを演じてみせることだった。おれたちはあんたたちと違って、狩猟民の伝統を生きているのだ、と頼朝は言いたかったのだろう。東京のつくられているこの大地の上には、そういう人々が生きてきたのである。この都市は、ローマのような新しい遺跡の上に建設されたものではない。立派な建築などなにひとつ残さなかったけれど、つぎからつぎへと形を変えながら生き延びてきた強靭《きょうじん》な生命力が、そこには生き続けている。

ここに都市がつくられはじめたばかりの頃、荻窪や阿佐谷のあたりの村々にある神社をのぞいてみれば、神社といっても小さな祠《ほこら》があるだけで、その祠の扉を開い

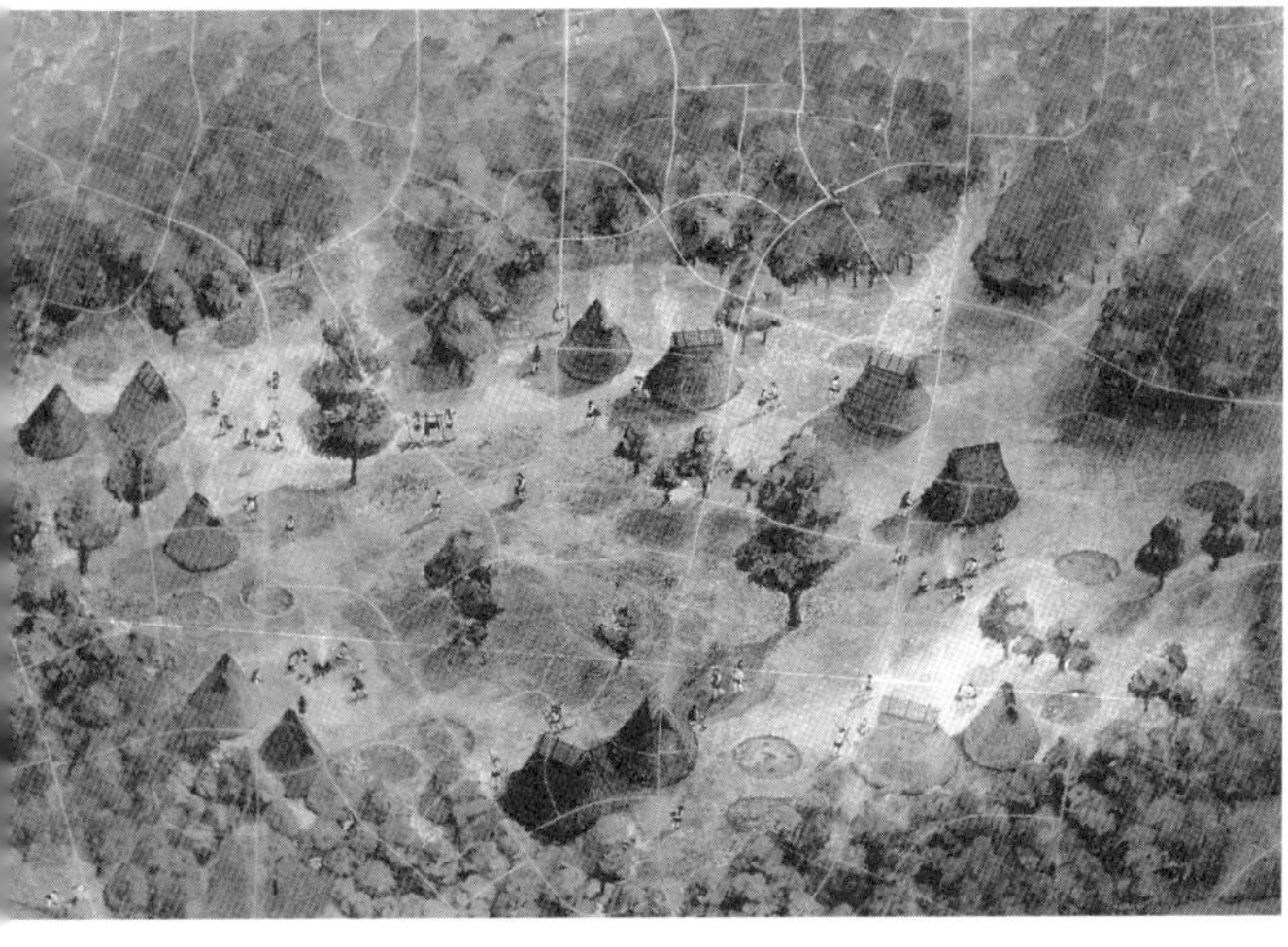

塚山公園にある縄文集落の復元図

てみると、中には男根そっくりの石の棒が祀ってあるのを、見つけることができただろう。御神体に祀ってあるのは、縄文時代の人々が使っていた生活の道具だった。地形の特徴も、何千年たってもそんなには改変されていなかった。縄文時代の人たちが生活していた場所は、やっぱり気持ちのよい場所として、残されていたし、お祭りのための広場だったり埋葬地だったりした場所には、神社やお寺が建てられて、ここはもと神聖な土地だったのだという記憶をとどめている。

さてこの関東の台地に縄文の文化が花開いていた頃（五千〜六千年前の縄文時代中期がそのピークであった）、人々の暮らしていた村の構造に注目してみると、意外な事実に驚かされる。どの村もどの村も、ドーナツを思わせる環のかたちをしていたのである。あのすばらしい縄文土器をつくっていた人々は、自分たちの住む小屋をまあるい円環状に並べた。するとまん中にぽっかりと開いた広場ができる。彼らはそこをなんと墓地にしていて、仲間が死ぬとそこに埋めていた。

つまり、縄文の村は中心が空虚な、環のかたちをしていたわけである。生きている者は環の上に住んで、まん中の広場にはふだんは入っていかない。ドーナツの中心の空虚には、死者たちが住んでいる。死者たちは現実世界とはちがう他界に住んでいるので、もう狩りをしたり木の実を集める仕事をする必要はなくなった。そういう仕事は、広場の外側の円環状をした村に住んでいる生者たちにまかせておけばいい。ここでも生きている者たちの経済活動は、環のまわりをぐるぐるまわりながらおこなわれている。

ところが夜になると事態は一変する。昼間のあいだは環の中の空虚の部分にけっして入ってこようとしなかった人々が、からだに美しい文様を描きこんだり、鳥の羽をつけて装飾をこらしたりして、楽器を手に中央の広場に集まってくるのである。彼らはそこで音楽に合わ

縄文の石棒（ＫＭＣ）

せて踊りをはじめたにちがいない。死者たちの霊が休らっている大地の上で、生きている者たちの祭りがはじまるのだ。

すると大地を踏みしめる踊りのリズムに誘われるようにして、死者たちの霊がゆらゆらと地上にあらわれてくる。そして目には見えない死者たちと生きている者とがいっしょになって、踊りの輪がつくりだされてくる（盆踊りの光景を思いおこしていただきたい。中央のやぐらの上で太鼓をたたいて音頭をとると、お盆に集まってきた死者の霊といっしょになって、生きている者たちが輪を描いて踊っている。いまでも、である）。陶酔した人々を驚かせるのは、いつも一番鳥の鳴き声だったのだろう。夜明けがやってくるのを前にして、死者と生者の交歓の踊りは終わる。死者の霊はふたたび広場の下の地面の底に戻っていき、生きている者たちは広場を出て、環状に並ぶ小屋へと帰っていくのである。

私がこんなことをいかにも見てきたように書けるのは、アメリカ先住民の習俗について残されている、膨大な記録のおかげである。そこではインディアンの思想をよく「円環の思想」として説明してあるのに出会う。インディアンたちは小屋を環状に並べて村をつくり、なかには日本列島の縄文人と同じように、まん中の広場になったところを墓地にして、夜になるとそこでお祭りをしていた連中もいた。それどころか、村を環状につくる習俗は、中国大陸からメラネシアの島々にも広くおこなわれていたらしいのだ。私の驚きは、近代的な都市計画の思想にもとづいてつくられたはずの東京に、この「汎環太平洋《はんかんたいへいよう》」的な円環構造がはっきりと見いだされて、それが東京という都市に流れる時間とエネルギーを、いまもなお決定づけているという事実にある。

どうしてそのようなことになっているのか、私は理由を知りたいと思う。たくさんの偶然が重なって、東京のこのかたちができあがってきたとはいえ、近代の経済的功利性を重視した都市計画からは

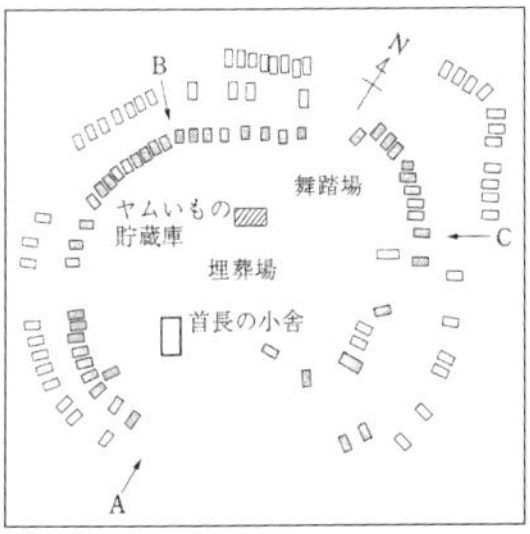

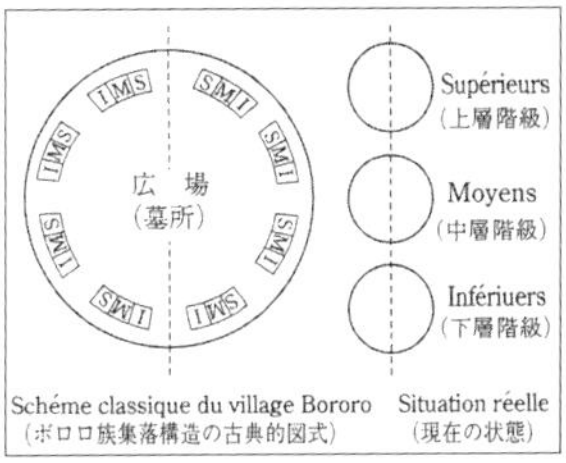

環状集落の例
[右]：ボロロ族
(レヴィ＝ストロース『悲しき熱帯』)
[左]：トロブリアンド島
(レヴィ＝ストロース『構造人類学』)

説明できない要素が、そこでは大きな働きをしてきたような気がする。その理由を探るためにも、一度アースダイバーとなって、上空に舞い上がったのち一気に大地の底へと突入していく、垂直的な知性の冒険を試みる必要がある。

縄文時代の原《プロト》・東京

地球環境に関心のある人たちは、異様に暑い夏やちっとも寒くならない冬に、地球温暖化がますます進行していることを感じて危惧を抱いている。自動車排気ガス規制も、地球規模が相手ではなかなかその効果はあらわれてはこないし、問題はすべて人間が発達させすぎてしまった工業文明にあると言っている。しかし、地球の問題を数億年単位で考えている地球学者に話を聞いてみると、地球の温度はじつに気長な長周期で変化しているので、ことによるといまがその温暖化のカーブにさしかかっているだけかも知れない。だから原因を人間の愚行にばかり求めるのはどうか、という返事が返ってくる。

環境汚染の深刻さは言うまでもないが、こういう長周期の物の見方もときには必要ではないか、と思う。産業の発達の恩恵をさんざん受けている人間たちが、自分を支えてくれているものを批判するときには、よっぽど注意してかからなければならない。それはパスポートを持って外国を安全に旅行しているくせに、やたらと自分の国を批判する人のようなものである。ものごとは、全体を巻きこみながら、気長な周期で変化していく。森を見ないで木のことばかりを気にしていると、その人は知らないうちに沼地にはまりこんでしまうだろう。地球はゆったりと動き、変化している。ものごとを本質的なレベルで決定してきたのは、そういう長期的なサイクルをもった変化のほうなのである。

東京の今日あるすがたについても、まったく同じことが言える。いまの東京で、縄文人たちが文化の花を咲かせていたとき、地球はまさに温暖化の真っ最中だった。南極や北極の氷が溶けて、海の水位は氷河期（最終氷期）に比べると、百メートル以上も高くなった。そのおかげで、それまで大陸と地続きだった日本列島の多くの陸地が、海に沈んだ。東京湾はいまよりもずっと内陸に進出し台地から湧き出した水は大きくうねって海へと注ぎ、都心部の広い範囲にわたって、みごとなリアス式海岸のような地形が広がっていた。そこに、原日本人たちが暮らしていたのである。

関東の台地では、大宮《おおみや》から吉祥寺《きちじようじ》あたりにかけて、海抜数十メートルの等高線のそこここに、いくつもの立派な泉が湧《わ》きだしていた。善福寺と井の頭にもそういう湧き水の涌きだしている場所があり、そこを水源地として、善福寺川と神田川の二本の川が並行しながら、巨大な東京湾に向かって、とうとうと流れ出していた。どちらもいまよりもずっと立派な川で、その川岸にはいくつもの人間の住む村がつくられていた。

上水道整備の過程で、東京の原地形をかたちづくってきた川の多くが埋め立てられて、表面からは見えない水脈に姿を変えてきた中で、神田川や善福寺川は、不思議ともともとの流れの位置の記憶を保存し続けてきた。地球温暖化がピークに達した頃、そのあたりを流れていた川の位置が、あまり大きく変化していないというあたりが、この都市の面白いところである。そのおかげで、住宅地の裏庭が縄文の遺跡になっている。

善福寺川のほとりに自転車を走らせていると、何千年もの間このあたりはたいして水路が変わっていないのではと思わせる場所を、いくつも見つけることができる。いちばん印象的なのは杉並区の成《なり》田西《たにし》のあたりで、そこで川は大きくカーブを描いて湾曲していくのだが、そこは昔から「オザキ」と呼ばれるあたりで、たしかにいまでも「ミサキ＝岬」のかっこうをとどめている。そのミサキの突端に近いあたりに古い神社（熊野神社）がある。そして言うまでもなく、そこは縄文の古い遺跡の跡なのだ。

野川《のがわ》の流域の散策をしていても、たくさんのミサキに出会う。いまＩＣＵ（国際基督《キリスト》教大学）のある高台には、このあたりでも有数の縄文の村があったが、そこから森を抜けて野川に近づいていくと、川が大きく湾曲して典型的なミサキの地形をつくりだしている地点に、おあつらえむきのように「古八幡」の神社が建っている。私の想像では、かつてここには男根のかたちをした石棒を祀った、このあたりの中心的な聖地があった（はずである）。川に向かって突き出した「さきっぽ」の地点につくられた聖地で、人々はなにを祈ったのか。

ミサキに立つ情熱

はじめて野川の古八幡社を訪れたとき、小さな社殿の縁先に、私はお多福《たふく》人形がさりげなく置いてあるのに気がついた。それを見てひらめくものがあったから、手を合わせておまいりしたあとやおらそのお多福人形を逆さにして、人形の下半身をのぞいて見た。案の定である、そこにはぷっくらとした女性器が隠されていた。

ああ、なんという想像力の連続性。ミサキにある聖地では、遠い昔、生命と霊力の増殖の祭りがおこなわれていた。その感覚が、すがたを変えていまも生きているのである。縁先になにげなく放置してあった、そんな素敵なお人形がいまもまだ無事でいるかどうか定かではない。しかし、大切なのは大衆の想像力の、図太いまでの生命力である。ミサキの地が、なにかの増殖にかかわる不思議の地で

[上]：野川沿いの広葉樹林
[下]：野川近辺の遺跡群の地図

あることを、人形をさりげなく縁先におまつりしたこの人は、はっきりと知っているのである。

人間は昔から、なにかにつけて「さきっぽ」の部分に深い関心を持ってきた。そのさきっぽの部分で、人間にとってなにか重大な出来事がおこるのを期待してきたからである。古代語で「サッ」という音そのものが、境界を意味していた。人間の世界の外にあるどこか不思議な領域から、その境界を越えてなにか重大な意味や価値をもつものがあらわれてくるというのが、古代の人間の愛好する思考法である。この世にあるものの価値や数が増殖をおこすのは、きまってミサキにおいてでなければならなかった。

そこでなにかにつけて、さきっぽに関わるものには関心が払われた。そういう地形があれば、かならずそれは「サッ」という音にまつわる地名を与えられて、列島上いたるところにミサキやオザキなどと呼ばれる場所ができた。そこで現実になにがおこるというわけでもないのだけれど、さきっぽ、先端、岬などを見つけると、人間の心は妖しくざわめく。

ものごとや地形などの先端部分にたいして、人間の抱く深い関心には古代人も現代人もない。いつの時代でも、人間がいちばん大きな関心を寄せ、情熱を注いで追求してきたのも、ものごとのミサキにほかならなかった。精神の内部のそういうミサキのなかでも、いちばんめざましい働きをしたのが、資本主義という産業のシステムである。資本主義は西欧の言葉ではキャピタリズムと言うが、この言葉の要《かなめ》の部分は「キャピタ」で、それは「頭のさきっぽ」のことを意味

古八幡社

していた（帽子のキャップもここから来ている）。サムライが敵の首を落としたのは、そこが生命力の中枢だと考えていたからだった。つまり、人体の「さきっぽ」は生命力のみなぎる部分で、そこでいろんなものの増殖がおこると考えていたのである。資本主義はお金やモノをどんどん増やしていく、産業のシステムである。だからそれは産業のミサキ主義という意味で、キャピタリズムと呼ばれたのだった。

日本の資本主義の面白さは、グローバルな普遍性を持つその産業のミサキ主義である資本主義と、人類的な普遍性を持つ「野生の思考」とが、なにかまだよくわからない回路を通じて、たしかなつながりを保っているらしい、ということにある。西欧でもアメリカでも、この深層のつながりはすでにずいぶん前に破壊されてしまっているのに、この列島の住人ばかりは、資本主義という経済システムを動かしている原理が、（縄文時代以来とは言わないまでも）なにやらとてつもなく古い由緒を持っている人類の思考法と両立できるという、奇妙な確信を抱いていたのである。

しかしいまその確信が、大きく揺らぎはじめている。深層のつながりは、いたるところで破壊されかかっている。そういうときに、私たちはあの勇敢なカイツブリのことを思い出そうではないか。なんどでも水中深く苦しいダイビングをくりかえして、もう地上にはすっかり見られなくなってしまったあの創造の土台である海底の「土」を、しっかりつかんで地上に戻ってくる冒険に乗り出すものがいなくてはならない。手がかりはまだ残されている。しかも東京のまん中に、それは残されている。

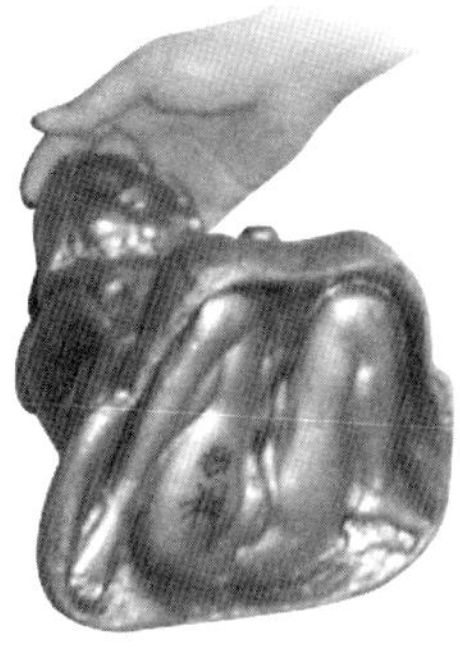
お多福人形（筆者撮影）

第2章

湿った土地と乾いた土地

新宿〜四谷
Shinjuku - Yotsuya

洪積層 | 沖積層

■ 旧石器遺跡　▲ 縄文遺跡
X 弥生遺跡　横穴墓　● 古墳
神社　卍 お寺

17. 公明党本部
18. 千日谷一行院
19. 創価学会本部
20. 於岩稲荷田宮神社

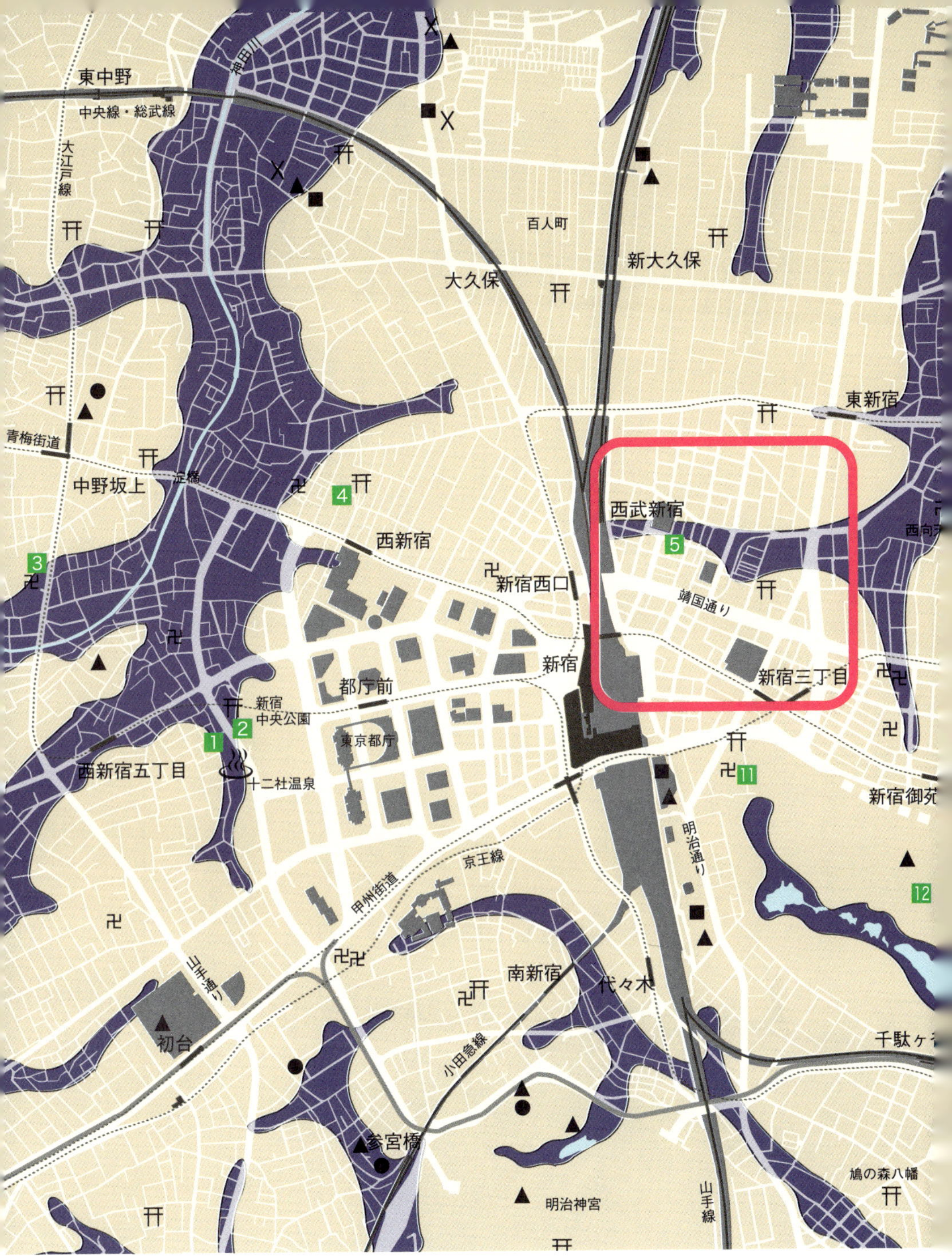

1．角筈十二社
2．十二社熊野神社
3．成願寺
4．成子天神
5．歌舞伎町
6．歌舞伎町公園・弁財天
7．王城ビル
8．ゴールデン街
9．花園神社
10．伊勢丹
11．天龍寺
12．新宿御苑
13．玉藻池（渋谷川水源）
14．荒木町
15．元鮫ヶ橋谷町
16．鮫ヶ橋跡・若葉町公園

新宿定礎の書　新宿 1

新宿はいまの新都心のある淀橋《よどばし》のあたりから開けてきた。その頃は、もちろん新宿などという地名はなくて、ただ漠然と中野村と呼ばれていた。豊島《としま》と呼ばれるあたりと多摩《たま》との境にある、どっちつかずの「中の野原」という意味である。文字通り、そこはいちめんの原野だった。そこへ室町時代、紀州の国から鈴木九郎《すずきくろう》という男が、妻をともなって流れ着いたのである。もともとは紀州熊野の神官の家系だったが、この頃にはすっかり没落してしまっていた。近いところの先祖が、源《みなもとの》義経《よしつね》に忠義をつくしたためである。奥州に落ち延びた義経を慕って、平泉にまででかけていき、そこで滅亡の戦いに加わって死んだ。それからの鈴木家は、すっかり世の日陰者になってしまった。紀州にいてにっちもさっちもいかなくなった鈴木九郎は、意を決して、板東の「芝《しば》」と呼ばれる港町に移住することにした。この海ぞいの岬の村には同じ鈴木姓を持つ紀州からの移住者が昔からたくさん住んでいた。手づるを求めてその地にたどり着いた鈴木九郎はさらに奥地をめざし、東国の人跡もまれな原野を開き、ささやかな馬飼を仕事として、この土地に住みついた。

ある日のこと、九郎は手塩にかけて育ててきた一匹の馬を、葛飾《かつしか》の市場に引いていって、一貫文（だいたい二十万円くらい）で売った。その頃は銭のまんなかにひもを通して環にしていた。よく見ると銭が、全部「大観通宝」という、中国製の貨幣だった。信心深い九郎は、それを見て神秘的な気持ちに打たれてしまった。これはなにか、観音さまにかかわりのある大切な暗号にちがいない。そう直観した九郎は、せっかく手に入れた銭を帰り道に

十二社熊野神社本殿

立ち寄った浅草寺で、惜しげもなく観音さまに奉納してしまった。

　不思議な気持ちにみたされて、中野村に戻ってくると、妻が心配して途中まで出迎えにきていた。九郎は一文無しで戻ってきた事情を説明した。お前さん、それはいいことをしたよ、と妻のなぐさめに元気を取り戻して、家に戻ろうとしたその矢先である。家の方角が煌々《こうこう》と輝いているのである。すわっ、火事だ。二人は大あわてで家に駆け戻った。ところが家は燃えていなかった。そのかわり家中が黄金で満たされていた。この黄金を資産として、零落の底に沈んでいた鈴木九郎は、突如として、中野長者と呼ばれる大富豪に変貌した。

　とまあ、ここまでの話は、貨幣経済が発達しだした室町時代によく語られた、神仏の加護で突然富を得て長者になった人の、パターン通りのお話である。大金持ちになった鈴木九郎は、家から少し離れた森の中に、紀州の熊野神社から神様をお連れして、十二の社からなる神社を建てた。当時は神仏習合の時代である。九郎も在家のまま神仏をお祀りする修行者となって、いつも神官とも山伏ともつかない格好をしていた。その格好をした修行者を、優婆塞《うばそく》とも角筈《つのはず》とも呼んだ。

　古い時代のシャーマンの格好である。シャーマンは先端部に鹿の角をつけた、長い杖をもって歩いていた。この杖のことを角筈と言った。そこで、このあたり一帯の土地は「角筈」と呼ばれることになった。西新宿の界隈が、こうして「シャーマンの杖」という意味をもつ角筈の地として、歴史に浮上してくることとなったのである。

角筈の黄金の謎

　それにしても、不思議な新宿伝説である（ただしここまでは、まだ伝説の前半部にすぎない）。この話を、

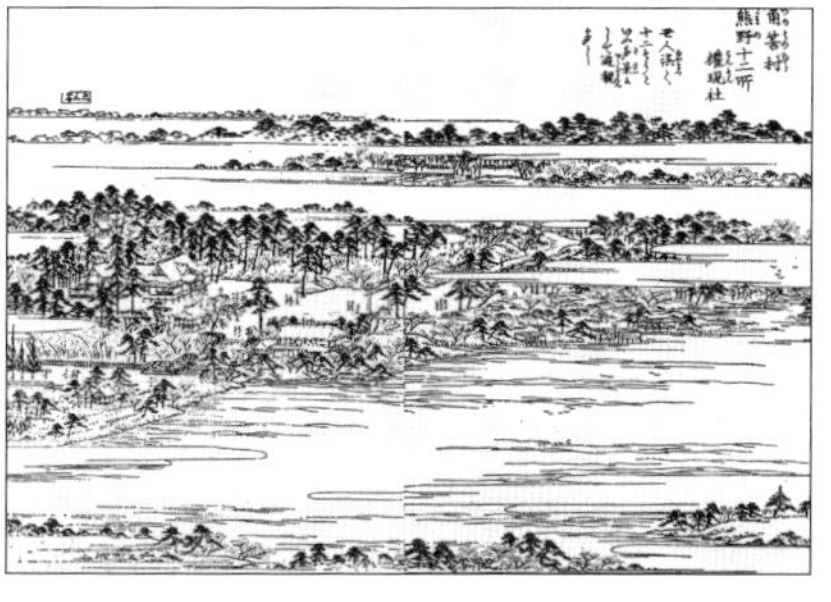

角筈村十二社権現社（『江戸名所図会』）

浅草の観音さまの御利益の話として片づけてしまうのは、もったいない。新宿のロムルス・レムス（ローマの礎《いしずえ》をつくった伝説的な兄弟）とも言うべき鈴木九郎をめぐる、この黄金伝説の裏に、私はどうしても奥州《おうしゅう》藤原氏の影を感じ取ってしまうのである。

東北ではたくさんの金が採れた。深い山の中でそれを採取する仕事にたずさわったのは、山中の地学に詳しく、金属を採取して純化する技術をもっていた山伏たちだった。彼らは川筋を使った通信と運輸のネットワークを、全国的な規模で張りめぐらしていた。角筈とも呼ばれる山伏たちは、鉱山開発をおこなう技術者であり経営者であり、情報と物流に独自のネットワークをもった商人でもあった。

そういう山伏と奥州藤原氏は、深い結びつきをもっていたのである。義経が鞍馬《くらま》山《やま》に隠れ住んでいるときに、いち早くその存在に目をつけて、金売《かねう》り吉次《きちじ》という商人に命じて、奥州に連れてきたのが藤原氏だった。平泉は内陸にあるが、北上川をとおして太平洋につながり、そこから紀州は熊野の水軍とも密接な連携をつくりあげていた。

こういう話のなにからなにまでに、新宿の定礎者である鈴木九郎はかかわりをもっている。鈴木氏はもともと熊野の神官である。熊野に深いかかわりをもつ義経の恩義を受け、義経が兄の頼朝に追われると、いちずに義経に加勢して敗者となった。東国の原野に落ちてきてからも、山伏としての心持ちを失うことがなかった。その鈴木九郎が葛飾の馬市にでかけたのをきっかけとして、突然おびただしい金銀財宝を得たというのである。おそらく彼はこの時期、東北の鉱山開発とかかわりをもったのだ。

新宿という街の定礎には、奥州の金属採掘者たちの隠された歴史が、深くかかわっているのではないか。歴史の表面にあらわれてくることのない「もうひとつの日本史」が、新宿を生み落とした。こ

中尊寺金色堂（KMC）

十二社熊野神社の水場

のことは、新宿の発展の歴史にずっとついてまわる、不思議な因縁となるのである。

新宿定礎の書　新宿 2

新宿の起源を語る伝説は、どことなくワーグナーの世界を連想させる。北欧の古い神話をもとにしてつくりだされたワーグナーの楽劇には、水中に沈んでいる黄金の宝であるとか、とぐろを巻いて黄金の指輪を守っている龍とかいったイメージが、ひんぱんに出てくる。水と龍と黄金が、そこではひとつに結び合って、世界のはじまりをめぐる神秘的なイメージを、かもしだしている。不思議なことに、新宿の起源を語る「中野長者伝説」でも、水と大蛇と黄金がひとつになって、妖しい世界をつくりだしているのである。

中野長者伝説の続きを語ることにしよう。荒川沿いの船着き場の近くに出来ていた市場にでかけて、一匹の馬を売って得たお金を、そこから少しくだったあたりの浅草港の観音さまに奉納したことをきっかけに、巨万の富を得ることになった鈴木九郎は、その後も順調に富をふやしていった。あとからあとから財産がわきあがってくるのである。それをもとに鈴木九郎は、いまの中野区本町《ほんちょう》の成願《じょうがん》寺《じ》のある場所に、大きな邸宅を構えて、その名も中野長者と呼ばれるようになった。その屋敷のあったあたりから新宿十二社《じゅうにそう》の森までは、一続きの地脈をなしていた。

角筈の行者として尊敬されていた中野長者には、しかし重大な秘密があった。日増しにふえていく財産の保管に困った彼は、人夫を雇って、ひそかに近隣の人跡まれなさみしい場所に運んで、おびただしい黄金や銭や漆の器などを、土中に埋め隠すことにしていたが、財産を運んで隠すこの作業が終

昭和初期の十二社大池の船遊び（『淀橋誌考』）

わるたびに、雇った人夫を暗い夜道で斬り殺しては、その死体を隠していたのである。人夫たちは、いまの淀橋のあたりにあった橋を渡って、原野に消えて、二度と戻ってくることがなかった。そこでその橋を人々は、いつからとはなしに「姿不見《すがたみず》橋《ばし》」とも「おもかげ橋」とも呼んで、怖がるようになっていた。ありあまる財産に恵まれた中野長者が、なにか背後にとてつもない犯罪を隠していることに、みんなも気がついていた。

鈴木九郎が三十五歳になったとき、夫婦には一人の娘が生まれた。愛らしい少女は、ほどなくして世にも美しい娘に成長した。ところがある日のこと、この美しい一人娘の全身に鱗《うろこ》が生えてきたのである。それどころか、頭には角が生え、眼光らんらんとして口は裂け、ついにはまったくの大蛇の姿に変貌をとげてしまった。布団から這いだした大蛇は、くねくねとからだを動かしながら庭に出た。すると一天にわかにかき曇って、大雨が降り出し、地面にあふれた雨水は川となって十二社の森に流れ込んでいき、そこで大きな池をつくった。大蛇はさっそくその池の中に入って、主となった。

西新宿の地に、こうして大蛇の棲《す》む大池が出来た。そこは「みたらし池」とか「蛇池」とか呼ばれて、戦前まで人々のかっこうの遊び場所になっていた。十二社の森はうっそうとして、妖しい雰囲気をたたえていたので、この池でボート遊びなどをしていた男女は、きまって妙な気分になってきた。そこで池のまわりには、たくさんの連れ込み宿などもできることになった。その雰囲気は、池が埋め立てられてしまった現在でも、十二社の界隈《かいわい》に、微妙な残り香を漂わせている。

黄金と大蛇の西新宿

新宿の起源を語るこの「中野長者伝説」には、とても興味深いテーマが、いっぱいに詰め込まれている。その伝説は、資本主義の起源と本質を問題にしているのである。

貨幣経済が発達してくると、あくせく土地を耕したり、汗水たらして労働をしない人たちのもとに、たくさんの富が集まってくるという現象がおきるようになった。この鈴木九郎のように、チャンスをつかんで商品が流通していく通路のどこかに、うまい居場所をみつけることができた人間は、手頃な資本金をもとに、それをどんどんと増殖させていくことができるようになったのである。そういう富の増殖は、金属採掘のイメージでとらえられることが多かった。大地深く埋められていた富を、まるで黄金を掘り出すように、地上に持ち出すことができた人間が、無尽蔵の富を獲得し、さらにそれをどんどんふやしていくことのできる、「はじまりの資本家」となることができたわけである。

そういう資本主義の富は、地中深くにイメージされた「他界」からもたらされる。そうでもなければ、まるで「無から有が生まれる」ようにして富がふえていく、資本主義の現象を、合理的に理解することなどはできないからである。となると、地中に埋蔵された富の源泉を守っている者は誰か、ということになる。それはワーグナーの場合も、わが中野長者の場合も、黄金の上にとぐろを巻いているこの富の源泉を守っている、巨大な龍や大蛇にほかならない。こうして室町時代のあたりから、深い淵の底や池の底に棲んでいる龍や蛇のイメージが、資本主義的富の守護者として、人々の想像力に浮かび上がってきたのだった。

中野長者は人夫殺しという重大な罪を犯した。そのおかげで、それまで地中深くにひそんで富の源泉を守っていた大蛇が、美しい一人娘の体に乗り移るという、おそろしい出来事が発生した。大蛇は大雨を降らし、それによって出来た十二社の大池に、隠れ棲むことになった。それまで人に知られなかった資本主義の秘密が、こうしてしだいに地表の現実になってきた。そのとき地表に出来た池の周辺から、新宿は生まれた。

乾いたものと湿ったもの　新宿 3

新宿の定礎を語る「中野長者伝説」のなかに、すでに乾いたものと湿ったものの対立が、印象的に語られていた。尽きることなく黄金の涌きだしてくる聖杯を手にいれたも同然の中野長者こと鈴木九郎は、その屋敷を、今の山手通りにほど近い本町《ほんちょう》の高台に建てた。

その高台はスロープを描くようにして下っていき、西新宿は十二社のあたりで、暗い森に呑み込まれていく。その森にはまんまんと水をたたえた池が、静かに横たわっていたが、その池の水の底には、鈴木九郎の蓄財の秘密を知っている大きな蛇（その蛇は長者の娘の変態した姿にほかならない）が、ひそんでいた。

新宿の定礎を語る物語は、乾燥した高台から湿り気をおびた森の池に向かって、劇的に展開していく。高い社会的身分を得た者は、高台の乾いた土地に住んでいるが、その人が不思議なやり方で獲得している富の秘密をにぎっているのは、逆に湿り気をおびた暗い土地に住む者のほうである。この町では表の顔は乾燥地にあるが、真実の心は湿地帯にひそんでいる。このように乾燥した土地と湿地の対立は、そもそものはじめから新宿という土

中央公園から都庁を望む

地の出来上がり方に、深くかかわっていた。

甲州街道や青梅街道は湿地帯をさけて、乾燥した高い土地をできるだけ走ろうとしていた。そのために鉄道の駅も、少し高い乾燥地に建てられた。この駅からまっすぐに延びている道の両脇には、中村屋や紀伊國屋や伊勢丹が立ち並んでいるが、このあたりは新宿全体でみても、乾燥した高台にあたる土地なのである。

しかし、そこをはずれると、新宿はいたるところで湿地帯にまぎれこんでしまう。西新宿には暗い森に包まれた十二社の池があり、西新宿一帯はなんとはなく湿り気をおびた土地となっていた。そのあたりから大ガードあたりを越えて大久保に近づくと、そこにもじめじめとした沼地が広がっていた。沼地の中心には弁天様を祀った湧水池《ゆうすいち》があり、そこが水源地となって、一本の川が東大久保村、戸山村を抜けて、神田川に合流していったのである。

その一帯は正真正銘の湿地帯だった。じめじめとしていて薄暗く、あまり人も近づかない土地だった。ところが、明治三十年代になって、十二社の続きにある淀橋の荒れ地に、浄水場をつくるという計画が持ち上がった。そしてなんという因縁であろうか、淀橋から掘り出された大量の土で、大久保の湿地帯を埋め立てて、平地にしようということになった。角筈からせっせと運び込まれた土が、しだいにこの大きな湿地を、乾いた土地に変えていった。こうして湿地のただなかに、後の歌舞伎町の土台がかたちづくられていった。

[上]：王城ビル
[下右]：縄文土器（KMC 井戸尻考古館）
[下左]：弥生土器（KMC 大阪市文化財協会）

湿地のエロチシズム

十二社の森の奥の池には、美しい娘が変じた大蛇が住んでいると、考えられていた。女性のエロチシズムと水と蛇が結びついて、新宿の定礎の秘密を語っていた。今日の新宿のたましいの中心ともいえる歌舞伎町も、水や蛇や女性のエロチシズムと深い結びつきを保っている。

角筈から運び込まれた土は、しだいにこの大久保の沼地を乾いた土地に変えていったが、最後まで残った湿地の中心地が、弁天様を祀った小さな公園に姿を変えて、いまも歌舞伎町のど真ん中に、その記憶をとどめている。かつてのはなやかな面影をなくした「王城《おうじょう》」ビルの脇、つるかめ食堂の正面にあたるコンクリートで覆われた公園の地面が、沼地の中心にあった池の跡である。

新宿は空襲で一面の焼け野原になった。その焼け野原の一角に、歌舞伎町は生まれたのである。もっともはじめから歌舞伎町などという、しゃれた名前がついていたわけではない。湿地を埋め立てたあとに生まれた新しい盛り場に、ぜひとも歌舞伎座を持ってこようじゃないか、という気宇壮大な計画が立てられたことが、その命名のきっかけとなった。

銀座の歌舞伎座もいいけれど、もともと歌舞伎は湿地を住処にするような人々によって、守り育てられてきた芸能ではないか。銀座の歌舞伎には、もうそういう湿地に生まれた芸能としての生命は失われて、乾燥した高台に住む上品な人々のための、お上品な芝居になり果ててしまっていた。歌舞伎を乾いた土地から、湿った土地へ取り戻そう。それは、歌舞伎という芸能にとっても、生命復活のきっかけをもたらすにちがいない。こうして、「新宿歌舞伎座」計画は、にぎやかな音頭とともに、この沼地にできつつあった盛り場の人々の心を、大いに浮き立たせた。

しかし、残念なことに「新宿歌舞伎座」計画は、挫折してしまった。建築基準がクリアーできなかったのが、直接の原因と言われている。しかし私には別の理由も感じられる。いったん乾燥地に慣れ親しんでしまった歌舞伎関係者には、なにも好きこのんで、じめじめした沼地を埋め立ててつくられた、いささかいかがわしい新興盛り場に舞い戻って、湿地生まれの芸能という、自分の過去の素姓に回帰することもなかろう、と思われていたのではなかろうか。いやしい芸能は湿地を出て、乾いた土地で芸術として成り上がればよい、というわけだ。

こうして、「新宿に歌舞伎座を」という人々の夢はついえた。しかし、この美しい計画は死して、町名を残した。歌舞伎町はその後、湿地の上に立つ盛り場として、水（流れるもの）と蛇（貨幣の魔力）と女性のエロチシズムの三位一体によって、動いていくことになる。

縄文的盛り場　新宿　4

新宿は乾いた土地と湿った土地が、絶妙なバランスで、入れ子になっている。そのために新宿を歩いていると、資本主義の「乾いた部分」と「湿った部分」に、適度なリズムで触れ合っていくことになるので、ここは銀座や渋谷などに比べても、盛り場自体がダイナミックなつくりをしている。大人っぽさと子供っぽさと上品さと下品さが、ここではひとつに溶け合っているのだ。

資本主義は「乾いた」面と「湿った」面との、二面性をもっている。そのこ

歌舞伎町の夜

とは、まず貨幣に象徴的にあらわれている。貨幣はものの価値を数量であらわす精神的な面と、その価値を印刷したり彫り込んだりしたお札やコインのもつ物質的な面との、二面性をもっている。貨幣の上で、精神的なものと物質的なもの、神につながる要素（乾いた面）と物質や肉体につながる要素（湿った面）とが、ひとつに結合しているのである。

そういう貨幣の上で交換されて動いていく商品もまた、同じタイプの二面性をもっている。商品にも、「乾いた商品」と「湿った商品」との、二種類があるのだ。伊勢丹や高島屋やバーニーズのような高級なデパートにある商品は、デザインと素材の美しさで、キラキラ輝いている。デザイナーの美的な感覚のすばらしさや、宝石などの高価な素材の高級感によって、そこは「乾いた」精神的な商品にあふれている。

ところが、同じ新宿の地続きでも、湿地帯の上につくられた盛り場である歌舞伎町で「売られている」商品は、ぐっと「湿っている」。肉体に直接的な快楽をあたえるソドム的な商品が、そこでは売られているのだが、そうした商品は体液や粘液や乳液にまみれて、文字どおり「湿っている」からである。それに、歌舞伎町にあふれているデザインも色彩も、お世辞にも上品とは言えない。感覚に生に訴えかけてくる、直接的で悪趣味なもののほうが、ここにはふさわしい。

資本主義には乾と湿との、ふたつの面があり、そこで売られる商品もまた乾と湿の二面性をそなえている。新宿の場合それが、じっさいにちょっと高台になった乾燥地では「乾いた商品」をおいてあるお店が立ち並び、そこを少しはずれた湿地の上にできた区画では、貨幣のもつソドム的な魔力をあらわす「湿った商品」が売りに出されている、という具合に、みごとな棲み分けがおこなわれている。それによって、あらゆる意味で乾湿が一体となった新宿という街は、商品社会のダイナミックな本質

性風俗店の看板

を、まるごとおもてにさらけだし、それによって時代は変われど、つねにあなどれない力強さを発揮してきたのである。

水と蛇と女

それもこれも、新宿という街が、最初から湿地と深い結びつきをもっていたからである。室町時代にそこにはじめて街づくりの定礎がおかれたときから、そのことは問題になっていた。近世のはじめに貨幣経済のひとつの拠点になったことが、新宿に街が開かれるきっかけをつくったのだが、貨幣の本質のひとつである「湿った面」が、そこでは水の底に棲む女体の蛇をめぐる伝説として、あからさまに表現されていた。

中野長者は大きな邸宅は、高台につくった。しかし、その財産がどこから涌いてくるのかという蓄財の秘密に関しては、これを暗い十二社の森深くに眠る、水の底に女である蛇といっしょに沈めたのである。

その後も、新宿では高台の周辺に広がる湿地帯から、さまざまな興味深いものが生まれてきた。歌舞伎町には、資本主義の「湿った面」が、爆発的に開花した。湿地帯の記憶もなまなましいそこでは、貨幣のもつ「湿った」肉体的な本質が、女性の肉体的エロチシズムとして、そのまま商品になって売られている。水と蛇と女のエロチシズム——たしかに新宿の秘密を握っているこの三位一体には、どこか「縄文的」なものが潜んでいるのを感じ取ることができる。

縄文時代（世界的な言い方をすれば新石器時代）になって、はじめて人間は、蛇や魚のような、湿地帯や水中の生き物を、土器などに描くようになった。蛙や蛇やミズチの姿が、魅力たっぷりの女性の肉体と組み合わされて、表現されるようになるのだ。涙や体液にも関心がはらわれるようになった。粘液にまみれる性行為や、文字どおり母親の胎内の水のなかから子供が生まれ出てくる出産の様子にも、注目が集まって、それをそのまま縄文土器の表面に描いたりした。料理は、深い土器のなかでクツクツと長時間かけて煮詰められた煮物料理がメインである。

縄文文化というのは、とことん「湿った文化」なのである。これにたいして、高い温度で薄手の土器を焼き上げる弥生の文化は、あきらかに「乾いた文化」をあらわしている。弥生的な文化は、蛇や蛙を嫌う。湿地帯に住むことを好まない。「乾いたもの」に高い価値をあたえ、精神的に純化されたものを評価して、「湿った」肉体的なもの・エロチックなものを見下す傾向がある。

新宿という盛り場のおもしろさは、そこに弥生的な乾燥性の商品文化と、縄文的な湿地性の商品文化とが一体になって、ダイナミックな全体をつくりだしているところにある。新宿とは、日本列島に生きてきた人間たちの歴史そのものを、凝縮した街だということが見えてくる。伊勢丹から歌舞伎町へむかって靖国通りを横断していくとき、私たちは日本史を横断しているのである。

湿地からの逆襲　四谷怪談 1

四谷三丁目の交差点から信濃町に向かう広い道路の両脇は、台地になっているために、「乾いた」土地が広がっている。ところが、台地は四谷三丁目交差点から東の方角に百メートルもいかないうちに、急激に崖の底へと転がり落ちていく。

於岩稲荷田宮神社

崖の底には、いつまでもじめじめと「湿った」気配を含んだ、長い回廊のような町並みが続いていた。四谷怪談は、この「湿った」回廊と「乾いた」気持ちのよい台地の対立を、想像力の糧《かて》として生まれた、近代の神話なのだ。

四谷怪談の舞台は、「乾いた」高台にある四谷左門町《よつやさもんちょう》である。そのあたりは、江戸時代の後期に、戯作者鶴屋南北《つるやなんぼく》があんな芝居を書きさえしなければ、怨霊の気配などが寄りつくこともなかっただろうと思えるほど、さわやかな風の吹き抜ける明るい土地柄である。

ここに「於岩稲荷田宮神社《おいわいなりたみやじんじゃ》」通称「お岩稲荷」が、祀られている。鶴屋南北があんな芝居を書きさえしなかったら、そしてそれが大当たりさえしなかったら、この稲荷神社はおそらく東京でも有数の福徳をもたらす稲荷として、もてはやされたにちがいない。それほどに明るい、「乾いた」土地に建つ、お岩稲荷は幸福感のただよう小さな神社である。

江戸の初期、このあたりは武家屋敷の立ち並ぶ、なかなかに格式の高い「乾いた」お土地柄だった。そこに徳川家の御家人である田宮又左衛門《たみやまたざえもん》の屋敷があった。又左衛門の娘がお岩。お岩の容貌が、とりたてて話題になった形跡はあまりない。それよりも性質のとてもよい人だった、という話はいろいろと伝わっている。又左衛門はこのお岩に婿養子をとった。それがかの伊右衛門《いえもん》である。とはいえ、この結婚が怪談話に話題を提供するような、悲劇を生んだわけではない。それどころかお岩と伊右衛門は、最後までいたって仲のよい夫婦だったと言われている。伊右衛門もお岩を裏切ったりしなかったし、お岩も伊右衛門に尽くしきっている。まったく幸福な、夫婦の鑑《かがみ》のような二人だったのである。

問題があるとすれば、お岩が立派な女性すぎたということだったかもしれない。岸乃青柳《きしのあおやぎ》著『東京

於岩稲荷の井戸

のお寺・神社謎とき散歩』によれば、田宮家の収入は、三十俵三人扶持、一年の俸給は十六石たらずで、台所はいつも火の車だった。そこで御家人でありながら、お岩夫婦は商家の奉公人になって働いて、家計を助けようとした。身を粉《こ》にして働いたおかげで、夫婦の蓄えはどんどんふえた。

こういうとき、昔の人たちはこう考えた。お岩さんは、田宮家の庭に祀っている屋敷神にお参りするのを欠かしたことがないほどの信心家だ。あの信心のおかげで、田宮の家には富がもたらされ、また昔のような勢いを取り戻したのにちがいない。なんとまあ、ありがたい神さまじゃあるまいか。俺もお岩さんの幸福にあやかりたいもんだから、ひとつその屋敷神でも拝みにいこう。

こうして左門町の「お岩稲荷」は生まれたのである。江戸にはこういう流行神様がいっぱいいた。なかでもお岩稲荷はなかなかの人気で、家内安全、無病息災、商売繁盛、災難除けに効能ありの神様として、参拝者は毎日ひきも切らないありさまだったという。それがなぜ、あの四谷怪談のお岩に変貌させられたのか。

崖下のおそるべき想像力

その謎を解く鍵は、新宿周辺地帯の特徴をなす、あの「乾いた土地」と「湿った土地」の対立の中にひそんでいる。江戸でも評判の「お岩稲荷」は、まるで市民生活の幸福の象徴のようにして、左門町の気持ちのよい「乾いた」台地の上にあった。その人気は、鶴屋南北が台本作者として有名になっていた頃にも、いよいよ盛んだった。お岩夫婦の生きていた頃から、二百年も後のことである。

さて四谷怪談の作者となった鶴屋南北は、その頃どんな世界を生きていたか。南北は、

天龍寺

江戸でも有数の「湿った土地」の、「湿った社会」を、想像力の源泉としていたのである。歌舞伎芝居の役者たちは「河原者」と呼ばれて、低い社会的評価しかあたえられていなかったから、たいがいの売れない役者や台本書きたちは、ちょぼくれや願人坊主《がんにんぼうず》や神楽回しや大道芸人などの貧しい芸人たちが、たくさん集まるスラムに住んでいることが多かった。

そういう芸人たちの暮らすスラム街が、お岩稲荷のある四谷左門町の高台をはさむようにして、二ヵ所もあった。ひとつは新宿御苑の水源地のすぐ脇にある、天龍寺というお寺の周辺を取り囲むようにしてあった。そして、もうひとつの芸人街は、左門町の台地の崖下にえぐられたように続く回廊の南端、東京オリンピックのときに跡形もなく消されて、公園に塗り固められてしまった、「鮫河橋《さめがばし》」と呼ばれる大きなスラム街の一角にあった。そこはいずれも、水源地や沼地であった「湿った土地」の上につくられた街である。

鶴屋南北とその仲間たちは（当時の芝居の台本は、たいがい何人かの共同制作で書かれていた）、そういう「湿った土地」の、「湿った社会」の人々と生活感情をともにしていたので、彼らが日頃、空をあおぐようにして見上げているあの台地の上に建てられた、評判のお岩稲荷の話を聞いていた。そして、怪談話を芝居に仕立てようという話になったとき、彼らの頭に浮かんだのが、湿地の想像力によって、この幸福の象徴とも言うべき高台の神様を、とてつもないかたちに変容させてしまおうという、不穏なもくろみだった。

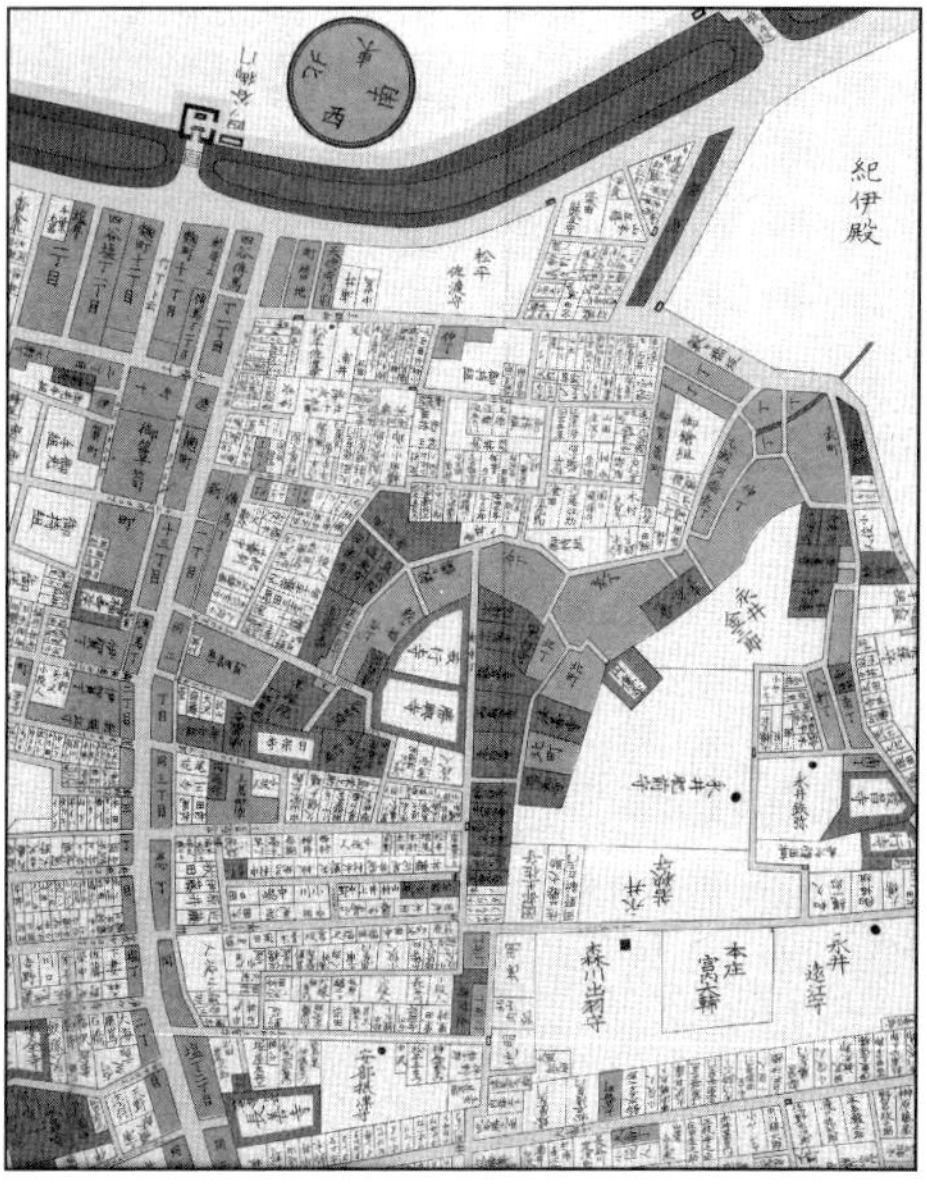

江戸時代の鮫ヶ橋（『赤坂絵図』人文社）

名前の魔力　四谷怪談 2

『四谷怪談』の成立をきめたのは、主人公の名前だった。「お岩」という名前が、鶴屋南北の想像力を刺激して、あの奇跡のような作品は書かれたのだ。福徳の守り神である田宮家の屋敷神は、お岩という名前の女性と結びついて評判だった。『四谷怪談』が書かれる前から、そこが「お岩稲荷」と呼ばれていたかどうかはさだかではないけれど、とにかく四谷の高台、左門町にあるそのありがたい神様は、「岩」のイメージを呼び寄せる可能性を、はじめから用意してあった。

格別に怖い怪談ものをこさえてやろうと構想を練っていた南北は、たくさんの小説を読みまくったり、世間を騒がせた猟奇事件やスキャンダラスな噂話の種を、得意の情報網を利用して、かき集めていた。その中に、柳亭種彦《りゅうていたねひこ》が書いて当時よく読まれていた読本『近世怪談霜夜星《しもよのほし》』があった。この小説の主人公の名前は「お沢」、たいへんな醜婦という設定である。この女性の死霊が蛇となって、執念深く関係者にまとわりつくという筋立てである。お沢に下心ありの伊兵衛が婿入りしてくる。ところが伊兵衛はすぐにお沢にあきて、花子というほかの女と密通してお沢を責め抜いたので、お沢は投身自殺し、それ以後蛇の死霊となって関係者をつぎつぎと祟《たた》り殺していったのである。

こいつぁいける、と南北は思ったことだろう。なによりも主人公の名前がいい。「お沢」という名前は、ただちに湿地帯を連想させるからである。まだまだ自然感覚の豊かだった当時の江戸の人は、沢と聞けばすぐに水に湿った場所を連想し、水と言えば蛇で、しかも沢は死霊の好んで集まる場所だった。湿地の想像力は、そういう場所にただの美人を引き寄せたりはしない。縄文的想像力豊かな小説家だっ

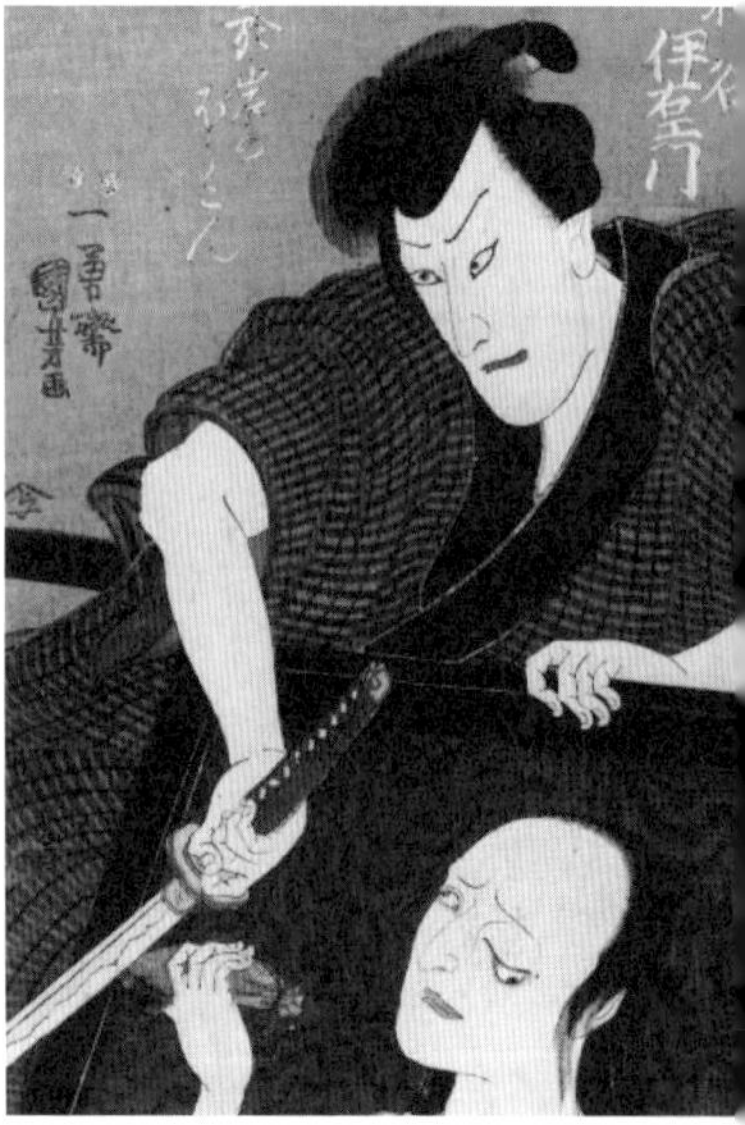

東海道四谷怪談（KMC）

た種彦は、じめじめとした沢に結びついた女性を、怪物的な容姿に描かなければならない必然性を感じたのである。

その小説を読んだあとで、鶴屋南北の頭に「岩」のイメージが浮かんだのである。あれもたしか「お岩」って名前じゃなかったか。湿地帯の女、お沢は醜い容姿をしていた。醜い容姿をした女性の代表と言えば、日本神話の「磐長姫《いわながひめ》」と相場はきまっている。大先輩の近松門左衛門が、磐長姫を題材にした『日本振袖始《にほんふりそではじめ》』という芝居を書いていることぐらい、南北はよく知っていた。磐長姫は大地の底や海の底と結びついた女性として、たいへんに醜い怪物的な容姿に描かれてきた。暗い大地の底に近い湿地と関係の深いお沢のイメージは、神話に語られた「岩」の女神とつながっている。

縄文的想像力と芝居の関係

南北はすぐに、四谷の気持ちのよい高台に祀られた「お岩様」のことを思ったはずである。歌舞伎芝居は湿地帯に成長する、縄文的想像力の芸能である。南北という人は、歌舞伎の人気台本作者として有名人になったあとも、とりわけそういう世界とのつながりを、強く保ち続けた人だ。四谷の高台を散策しているときにも、眼下に見下ろせる沢の底にできた細長いスラム街のことを、親しみをこめて見つめたことだろう。

回廊のように続く細長いその沢の南端に、たくさんの芸人たちの住む地帯がある。横山源之助の『日本の下層社会』で有名な鮫河橋界隈である。いまは小さな公園になっているその狭い一角に、その頃は下級女郎の夜鷹がなんと四千人も商売をしていたという。その元湿地帯の上で、河原者の芸能は生き生きと想像力の羽根をはばたかせていたのだ。

鶴屋南北の心の中で、湿地帯の想像力がむくむくと頭をもたげだした。高台に住む幸福な武家の主婦であったという、その女性の名前は「お岩」。その名前によって、彼女は崖下の湿地帯に、秘密の通路でつながっているはずだ。お岩というこの女性は、お沢の同類でなければならない。暗い大地の底の死霊の世界につながりをもっているお岩は、なにかの原因で、ふためと見られない醜い容貌になり果てる必要がある。夫はお岩を裏切るだろう。そして、お沢と同じように、夫とその愛人にいびり抜かれたあげくに、陰惨なやり方で殺されることになる。そして恐ろしい怨霊となった彼女は、関係者をつぎつぎと祟り殺していくだろう。

『四谷怪談』は四谷の話ではありません、と弁解するかのように、わざわざ『東海道四谷怪談』というタイトルで上演された。しかし、誰の目にもそれが四谷左門町の田宮家のことを題材にしていることはあきらかで、芝居の評判を聞かされた田宮家のご当主は、芝居小屋に出かけてみてびっくり。すぐさま抗議を申し入れたがもうあとのまつり、歌舞伎の世界にそんなまともなやり方が通用するはずもなく、けっきょく福徳の神様であった「お岩稲荷」は、おどろおどろしい怨霊劇の舞台に仕立て上げられていってしまった。

なんとも四谷らしいというか、新宿らしい話ではないか。『四谷怪談』創作の過程では、新宿一帯の縄文考古学が、決定的に重要な働きをしていたことは明白である。歌舞伎町の町名の話といい、「お岩」様の名前の因縁話といい、すべては「乾いた土地」と「湿った土地」の神話的な対立に根ざしている。「乾いた土地」と「湿った土地」の絶妙な交錯が、新宿から四谷にかけての界隈の活力と魅力をつくりあげていて、ふたつの領域の間には、潜在的な戦争がいまも続いている。そしてその戦争の最中に生まれる束の間の均衡が、新宿のダイナミズムをつくっているのだ。

［左ページ］：崖にへばりつく墓地（鮫河橋近辺）

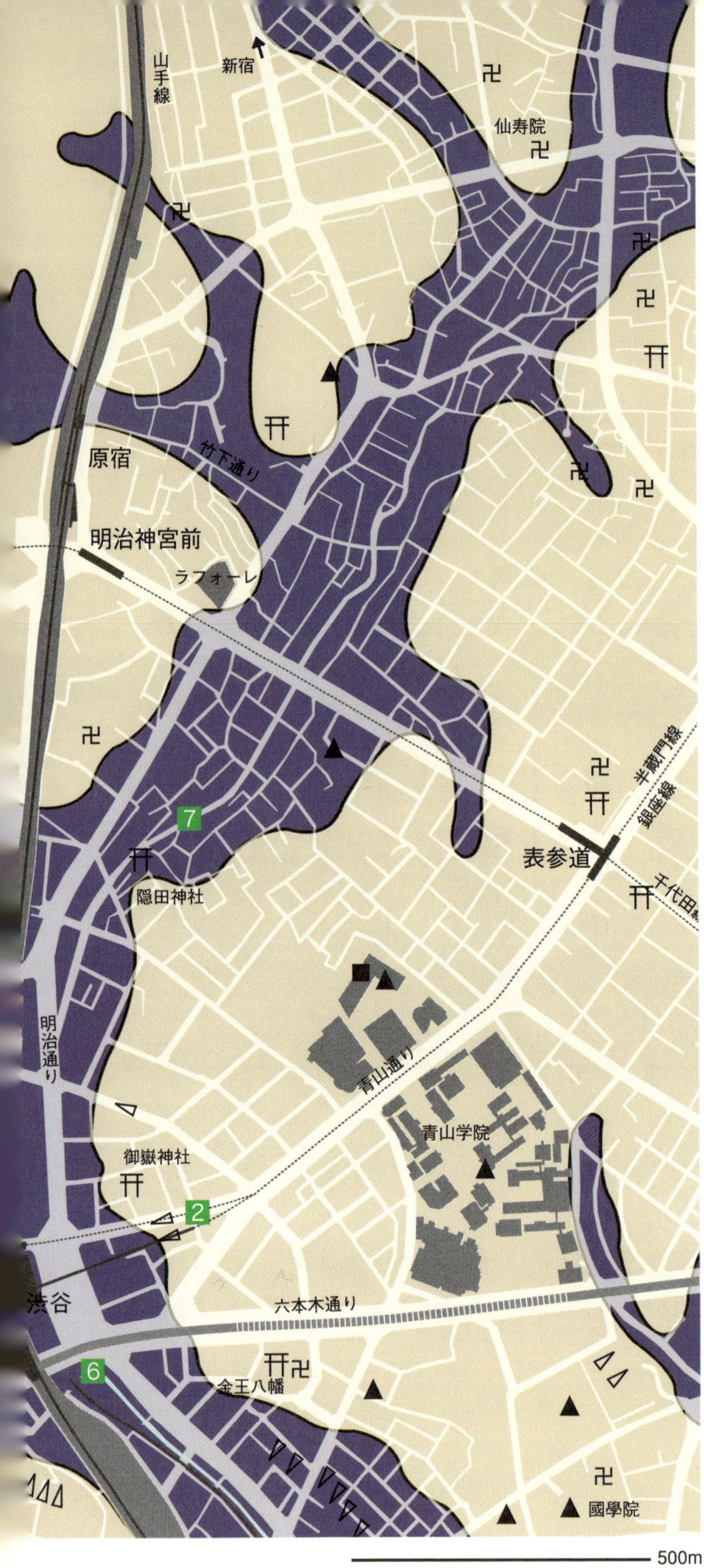

第3章

死と森

渋谷～明治神宮

Shibuya - Meiji Shrine

洪積層　沖積層

■ 旧石器遺跡　▲ 縄文遺跡

X 弥生遺跡　∆ 横穴墓　● 古墳

⛩ 神社　卍 お寺

8. ＮＨＫ放送センター
9. 明治神宮
10. 代々木八幡宮・代々木八幡遺跡

1. スクランブル交差点
2. 宮益坂横穴墓群
3. 円山町
4. 弘法湯跡
カフェ・ド・ラ・フォンテーヌ
5. センター街（宇田川暗渠）
6. 渋谷川暗渠入口
7. 渋谷川暗渠
キャットストリート・裏原宿

陽の当たる坂道 1

アースダイバー地図を片手に、東京の散歩を続けていると、東京の重要なスポットのほとんどすべてが、「死」のテーマに関係をもっているということが、はっきり見えてくる。古いお寺や神社が、死のテーマとかかわりがあるのは当たり前だとしても、盛り場の出来上がり方や、放送塔や有名なホテルの建っている場所などが、どうしてこうまで死のテーマにつきまとわれているのだろうか。

しかし、これは死にかかわることを嫌って、自分たちのそばから遠ざけておこうとする近代人だから、そんな考え方をするのであって、かつては死霊のつどう空間は、神々しくも畏れるべき場所として、特別あつかいをされていたのである。そこは神聖な空間だからこそ、重要なスポットだと考えられていた。

そう考えてみると、死のテーマにかかわりをもつ場所をわざわざ選んで、都市の重要な機能をになう建物や施設をつくった人々の感覚のなかには、近代人の限界をこえるものが、ひそんでいたのにちがいないと思えてくる。その意味で、東京は近代的な発想をこえた、おもしろさを秘めているのだ。

今日の東京のランドマークの多くは、古代に「サッ」と呼ばれた場所につくられている。「サッ」ということばは、生きているものたちの世界が死の世界に触れる、境界の場所である。太平洋に突き出した洪積台地の突端に、都市を形成することにした東京では、たくさんの場所がこの「サッ」にかかわっていた。そこは「水の世界」へ突き出た突端部で、しかも「水の世界」と言えば、古代人の感覚では、死の領域への入り口にほかならなかった。そのために、そういう場所には、死の領域へのアンテナの働きをする、墓地や聖地が設けられた。古代人はそこから、死のリアリティをこちらの世界に取り入れようとしたのである。そしてその感覚は、ずっとのちの時代の人々の思考にも、深い影響を及ぼすことになった。

権力を手に入れた人たちは、生きている者たちのつくるふつうの世界から超越していなければならない、と感じるものである。そのためにどうしても、生をこえた領域である死に触れていくことになる。権力者は死とまぐわっていなければ、いったん手に入れた権力を、保ち続けることはできない。メディアの権力もそうである。こちらは、目に見えない電波を媒介にした権力であるから、人々の無意識に霊界とのつながりを連想させる。

こうして、現世的なパワーと結びついたスポットは、知らず知らずのうちに、死の領域に接近していくことになったのだろう。こうしてメディア権力の象徴たるテレビ塔は、岬状をしたかつての「サッ」の土地の上に、そろいもそろって建てられてきたのだった。

そしてもうひとつの、現代人の生活にとってとても大きな意味をもっているものがまた、死のテーマと深い結びつきをもっている。それはほかならぬ資本主義なのであるが、これについては難しい説明をするよりも、それがいまの東京でいちばんラジカルなかたちで、むきだしに展開されている街、渋谷を例にとりあげてみると、感覚的にすんなりとわかってもらえるはずだ。

墳墓に見下ろされながら

渋谷の駅前の大交差点は、かつては水の底にあり、そのまわりを宮益坂《みやますざか》側からと道玄坂《どうげんざか》側からと、ふたつの方角からのなだらかな斜面が、取り囲んでいた。その斜面に、古代人は横穴を掘って、墳墓《ふんば》をつくっていた。とくに陽あたりのよい宮益坂側の斜面が好まれた様子で、死者たちはそこに掘り抜かれた墳墓から、豊かな水たまりを見下ろしていた。渋谷駅とその前の大交差点のあたりは、こうして長いこと、死霊に見守られ続けていたのである。

しだいに水は引いて、底まで干上がるようになると、今日私たちの知っている渋谷の地形があらわれた。ふたつの方角から大きな坂が、すり鉢の底にむかって下りてくる、あの独特の地形である。すると、そこにはごく自然に、花街がつくられた。花街はふつうの場所には、めったにつくられない。それを引き寄せる特別な要因が地形にそなわっているのでないと、性を商品にして売ることもできるような場所は自然に出来上がったりしないものなのだが、渋谷の坂にはごく自然に、それがつくられたのである。

古代の売春は、死霊や神々の支配する、神社やお寺や聖地の近くでおこなわれた。生きている人間たちのつくる共同体では、きびしいモラルの掟《おきて》が支配していたけれども、死霊や神々の支配下にあっては、世俗のモラルは効力を失ってしまうので、そこでは共同体では警戒されている自由な性のまじわりが、許されていたわけである。そこに最初の資本主義が発生する。さっきまで気前よくまじわってくれていた女性が、楽しんだことへの代価を要求した瞬間に、資本主義の萌芽は生まれる。性的な快楽とそれを生み出す女性のからだが、商品となったのである。

そしてこのときから、ありとあらゆるものを商品に変えてしまう、資本主義の運動は開始されたといっても過言ではない。こうして、陽のあたる坂の街である渋谷では、死と性と資本主義がひとつに結びついていく素地が、しっかりとつくられていった。

[左ページ上]：代々木の森
[左ページ下]：明治神宮にて

陽の当たる坂道 2

古地図を見ると、いまのセンター街を中心にひろがる、渋谷系若者たちの群生地帯のほとんどが、長いことじめじめした湿地のままで、商店街どころか、人家らしい人家もほとんどない、しけた土地だったことがわかる。宮益坂と道玄坂の中腹あたりになって、ようやく町並みがあらわれてくるのである。渋谷はまず、この道玄坂の中腹あたりから発達しだした。

ひとつには、そこに江戸の人々にとって最大の信仰であった、「富士講」の本部がおかれたからである。この信仰では、富士山が巨大な幻想の女体にみたてられ、山麓に点在する「風穴」と呼ばれる洞窟にもぐりこんで、象徴的な死と生まれ変わりを体験して、気分も新しく江戸に戻ってくるという、とても不思議なことがおこなわれた。その死と生まれ変わりの空間にむけて、人々はこの渋谷から出発したのだった。

しかし、興味深いことには、道玄坂の裏側の谷には、別のかたちをした死の領域への出入り口が、つくられてあった。うねうねと道玄坂を登っていくと、頂上近くに「荒木山」という小高い丘があらわれた。いまの円山町《まるやまちょう》のあたりである。この荒木山の背後は急な坂道になっていて、深い谷の底に続いていく。そこに「神泉《しんせん》」という泉がわいていた。

この谷の全域がかつては火葬場で、人を葬ることを仕事とする人々が、多数住みついていた。神泉の谷は、死の領域に接した、古代からの聖地だったので、このあたりには聖《ひじり》と呼ばれた、半僧半俗の宗教者が住みついていた。彼らは泉の水をわかして

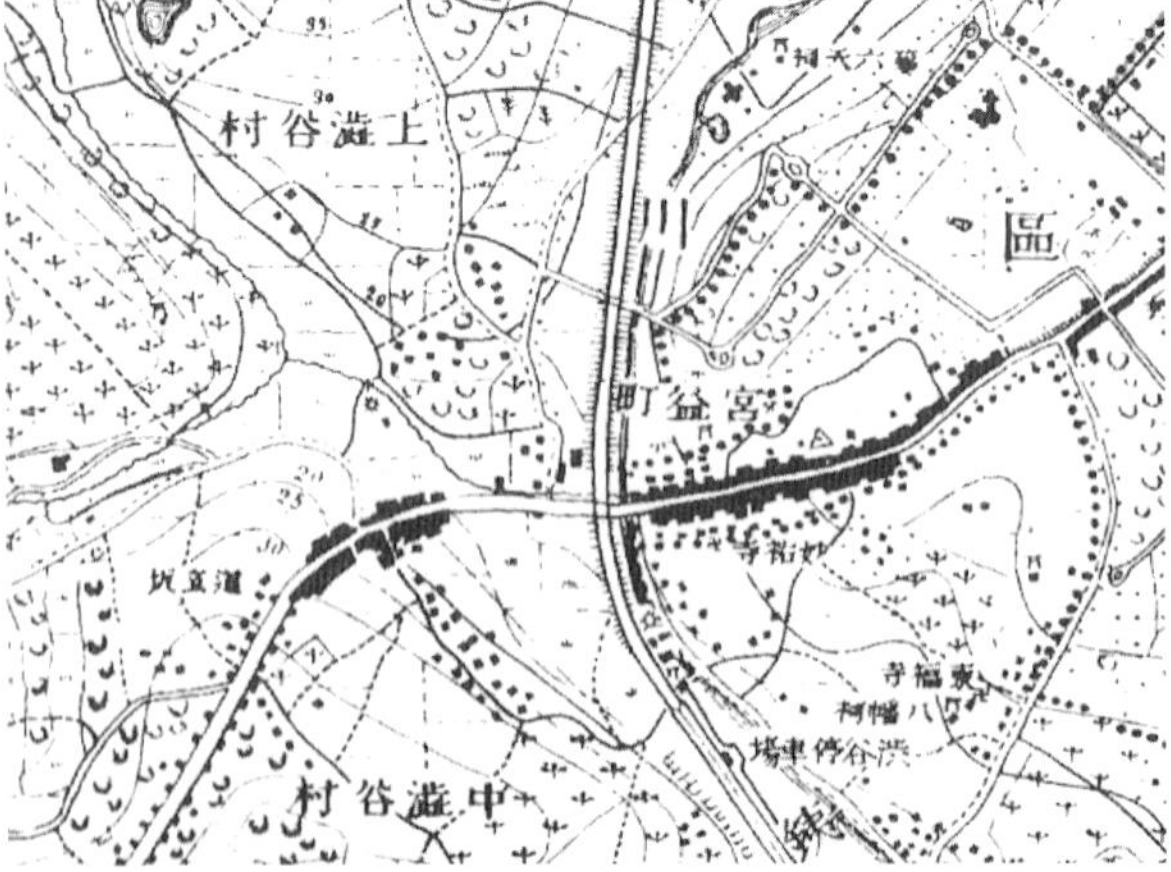

戦前の渋谷（『２万分の１迅速図 明治13年測量 24年修正再版』陸地測量部発行）

「弘法湯《こうぼうゆ》」という癒しのお湯を、疲れた人々に提供していた。地下からわいたお湯につかることで、人は自然の奥底にひそんでいる力に、直接触れるのである。だから、お湯へつかることは、また別の意味の、「小さな生まれ変わり」を体験することでもあった。

道玄坂はこんなふうに、表と裏の両方から、死のテーマに触れている、なかなかに深遠な場所だった。だから、早くから荒木山の周辺に花街ができ、円山町と呼ばれるようになったその地帯が、時代とともに変身をくりかえしながらも、ほかの花街には感じられないような、強烈なニヒルさと言うかラジカルさをひめて発展してきたことも、けっして偶然ではないのだと思う。ここには、セックスをひきつけるなにかの力がひそんでいる。おそらくその力は、死の感覚の間近さと関係をもっている。

夜空をみたす「小さな死」

宵闇せまる円山町をそぞろ歩いていると、ああ、道の両脇に積み重ねられた小部屋の中で、今夜も

[上]：センター街
[中]：円山町のラブホテル街
[下]：神泉の歴史を伝える「カフェ・ド・ラ・フォンテーヌ」

たくさんの男女が、セックスという「小さな死」にむかって、性愛の儀式をくりひろげているのだなあ、という感慨に打たれる。セックスをして、オルガスムスに達するたびに、男も女も、生きたからだのまま、少しだけ死のリアリティに触れるのである。

そうした「小さな死」が、小部屋のひとつひとつを充たし、むなしく死んで地下を流れる渋谷川に吸い込まれていく運命にある、膨大な数の精子の霊とともに、円山町の上空に昇天していこうとしている。その様子を想像して、私は恍惚《こうこつ》となる。渋谷のもっとも小高いところにある丘の上で、「小さな死」をつかさどる儀式が、自分たちがなにをしているのかさえ知らない若者たちによって、とりおこなわれている。ゲームをしようが、カラオケをしようが、ソフトクリームをなめていようが、ことの本質に変化はない。君たちは、そうやって死に少しだけ近づいているのだ。

しかし富士講の人たちは、同じことをレアのかたちでは表現しなかった。現代人よりもずっと高級だった彼らは、富士山というなんとも大がかりなセットをつかって、「小さな死」であるセックスの本質を表現しようとしたのである。そんな雄大な想像力をいだけなくなった現代人は、シュールな小部屋を都市空間の中にしつらえて、そこで「小さな死」の儀式を執行する。私たちの世界のセックスは、どんどんレアで薄っぺらになっていっている。セックスの領域に、資本主義が侵入しているからである。

資本主義は象徴が嫌いだ。象徴は高次元的に、自分の中に宇宙を閉じこめている。それだと、商品や情報にならないというので、資本主義はもっと根も葉もない記号のほうを愛するのだ。記号は薄っ

「弘法大師　右神泉湯道」と石碑にある

ぺらなところが魅力である。それは、なんでもかんでも表層化してしまうので、セックスのような奥の深い（はずだった）行為でも、どんどんレアで、底の浅いものにつくりかえてしまうことができる。

死のテーマだってそうだ。資本主義はそもそも、なにもかもをお金に換算できる商品につくりかえてしまうことを、理想としてきた。つまり、それもまた生きた複雑な世界を、薄っぺらな記号にかえてしまうのであるから、別のかたちであらゆるものに「小さな死」をもたらそうとしてきたのだと言える。その原理が浸透してきたおかげで、皮肉なことに、あの偉大な死のテーマでさえも、ぺらぺらな記号に変貌させられてしまった。死のテーマが、資本主義を生んだ。しかしその鬼っ子の手によって、母親が殺されかかっている。

そんな恐ろしい出来事のすべての過程が、この渋谷においては、東京中でいちばんあからさまなかたちで、進行しているのである。坂道の底にひらかれたこの繁華街は、東京でもっともニヒルでラジカルな場所となってしまった。

地下の大伽藍

地下に広がる世界について、昔から想像力の豊かな人たちが抱いてきたイメージは、こうである。地上には、お金や地位や力によって支配された世界が広がっている。その世界で有用ならば、うまくやっていくことができる。しかしそこでいったん役立たずと認定されてしまったものたちは、明るい有用性の世界を去って、静かに地下の世界に消えていく。

私たちの知らない地下の世界には、地上で役に立たないとされたものたち、競

ローマにある聖カリストのカタコンベ（KMC）

争に敗れてしまったものたち、地上を支配する価値から排除されたものたち、ようするに地上の世界の秩序からの「排泄物《はいせつぶつ》」のすべてが、無数の水路を通じて、地下の世界の王宮に、流れ込んでくるのである。そしてそこに、地上の価値に見放された、のけものたちの王国がつくられて、別の価値と別の美に輝く、息をのむような大伽藍《だいがらん》が開かれているのである。

じっさいに、初期のキリスト教徒は、そういう地下世界の住人だった。彼らは地上を支配しているローマ帝国の価値を、まったく認めない人たちだったために、けがらわしいのけものとして、地上の世界から追い出されて、古代ローマの地下に掘りめぐらされたたくさんのカタコンベ（地下埋葬所）の中に、住みついたのだった。地上の世界の排泄する汚物のような扱いを受けていたこの人たちは、そこで地下の世界に降りていって、そこに精神の大伽藍をつくった。

地上世界の富や権力を謳歌していた人たちは、自分たちの世界の足下に、まったく別の価値や美でできた世界が広がっていようとは、夢にも思っていなかった。ところがそのうちに、地上世界をささえていた価値が揺らぎはじめた。そしてとうとう、地下に住むけがらわしいのけものたちの信じる神によらなければ、もはや地上の世界の秩序をささえることはできなくなってしまったのだ。いまでこそキリスト教は地上に君臨する「帝国」をささえる精神的バックボーンとなっているが、そもそもの出発点では、じめじめした地下世界に集まった汚物を養分にして花開いた、偉大な隠花植物だったのである。

地下の世界には、いまでもこの世の価値からはずれた敗者たちが、ひっそりと休らっている。「疲れた人たちは私のもとで安らぎなさい」とイエスは言った。そういうイエ

水源の玉藻池から流れ出る川

スは、ほんとうは地下の世界の住人なのであって、地上にそびえる伽藍の中にいるイエスは、じつは本人ではないのかも知れない。地下世界のイエスは、そこに流れ込んできた、さまざまな敗者たちに、いまも安らぎを説いているのにちがいない。

　腐敗した有機物。目的を達することのできなかった何億何兆という精子たち。子宮から流れ出した血液。都市生活の排泄するありとあらゆる敗者たちの集まるこの地下水路で、地上にいる私たちの知らない真実が、日夜ネズミやバクテリアを相手に、語られ続けている。気持ちのよい風が吹き抜けていく森や海だけが、私たちにとっての「自然」なのではない。東京の地下世界を流れる下水道の中にくりひろげられている、地上の価値からののけものたちのつくりだしているものもまた、立派なもうひとつの「自然」なのである。

無の世界への入り口

　そういう地下世界に広がる大伽藍の入り口のひとつが、渋谷の街の中にある。渋谷は渋谷川の渓谷沿いにつくられた街だから、もともとは街の真ん中を川が流れていたのである。この川は、新宿御苑《しんじゅくぎょえん》の中にある玉藻《たまも》池《いけ》を水源にしている。いまでは御苑を出るとすぐに暗渠《あんきょ》に入ってしまうから、いったいそんな川がどこを流れているのか、みんなは意識しなくなってしまっているが、原宿も神宮前も渋谷も、いまのおしゃれな街のほとんどは、暗渠の中を流れるこの川の上にできていることになる。そして宮益坂のあたりから渋谷の中心街に流れ込んだ川は、若い欲望の排泄したおびただしい量の有機物を飲み込んで、真っ暗な地下水路をゆうゆうと流れたあと、稲荷橋のあ

御苑裏手のふさがれた暗渠

たりで、ようやく地上にその姿をあらわすのである。暗黒の地下世界への入り口が、ここである。

そこで私たちは『レ・ミゼラブル』の主人公ジャン・バルジャンになった気持ちで、渋谷駅の脇に位置する橋の開口部から、その奥に広がる地下世界の大伽藍をのぞき込むことにする。臭気が鼻をつく。それをがまんして奥に進むと、ハロゲンライトの照らし出したそこには、不思議な静けさの支配する世界が広がっているのだった。

地上の喧噪《けんそう》が、ここでは嘘のようだ。ここには経済活動もない。うっとうしいイデオロギーをがなりたてる街宣車もいない。ファッションもない。セックスの欲望もない。テレビカメラもめったなことでは入ってこない。めんどうくさい家族もない。ましてや学校もない。ここにいるのは地上世界の価値からの敗者だけだ。有機物といっしょにこの地下の水路に流し込まれた、地上の役立たずどもが、いっときの安らぎを得て、渋谷の地下世界をゆっくりと流れていくのである。

ここには違う時間が流れている。長い時間をかけて、ゆっくりと有機物が分解されていく時間。いろいろな価値をもったものごとが、つぎつぎと生み出されていくのが、地上の世界だとすると、ここではもとあった形を壊されて、地下の水路に流し込まれたものたちを、微生物が時間をかけてさらに分解して、無の世界に押し出していこうとしている。私たちの世界は、形をもったモノをあまりにたくさんつくりすぎてしまった。私たちにとっては、いまや生産することよりも、分解することのほうが大切になっているのではないだろうか。

そういう分解の作業を、地下の敗者たちが受け持っている。二十世紀は生産の時代だった。そしてたくさん生産するためには、たくさんの資源が必要で、石油のような資源を手にいれるためには、「帝国」はかならず戦争を起こさないとすまないようにできている。ところが、二十一世紀がほんとうに

［左ページ］：地下世界への入り口

必要としているのは、たくさん生産してたくさん消費するものではなく、たくさん分解し、旺盛に解体作業をおこなってくれる、苔《こけ》やバクテリアのような存在なのである。

そう考えてみれば、地下の世界には資本主義の未来の可能性が、ひっそりと息づいているということになる。その昔、ゆきづまった古代世界を新しい可能性に向かって開いていったのは、地下のカタコンベに住んでいたキリスト教徒だった。それと同じように、地下世界を生かしている分解の原理が、限界に達している現代世界に未来を開いてくれないともかぎらない。

天皇の森 1

都内の有数の森は、その多くが天皇家にかかわりをもっている。明治天皇の御霊《みたま》を祀る、明治神宮の森の広大さは言うまでもないが、天皇ご自身も、深い緑におおわれた皇居の奥に、おすまいになっている。天皇ご自身が、森の中にサステナブルに身を潜められたというような事例は、近代天皇制の以前には、南朝の例以外にはない。その意味では、ここ百数十年の近代天皇制は、深い森にまもられて存続してきたと言える。

それ以前の歴代天皇は、一時的に深い森の奥に身を潜めるというこ

とはあっても、皇居そのものが森の中につくられたことはない。皇居はふつう、広々と開かれた空き地に建てられたので、奥の方までは見られないとしても、視覚をさえぎる樹木は極端に少なかったから、どの方角からもりっぱな建物の存在を認めることができた。そのため、天皇に近い皇族なども、世界を見る視線の高さだけは、下々のものとほとんど同じであったし、家の門を出て気軽に外出する感覚で、皇居の内外を行き来することができた。

歴代天皇たちは、こういう平地に開かれた皇居に暮らしていたのであるが、ときどき深い森の中に身を潜めるという、奇妙な行動をおこなった。そのころ熊野や吉野は、都から見ると、死の支配する野生の領域と考えられていて、多くの天皇はその「野生の森」に出かけて（御幸《みゆき》といった）、森の中に何日間も籠《こ》もってしまうのだった。森の奥に籠もって、野生の森の放つ霊威を身につけようとしたのである。平地の皇居に暮らしている間に、衰弱してしまった「天皇霊」のパワーを、死霊の領域でもある深い森に籠もることで、復活させようとしていたとも言える。

そういうわけで、天皇が森の奥に籠もるという行為には、どこかしら不穏なものがつきまとっている。皇位継承にからんで、皇子のご兄弟が不仲となり、一触即発の事態になったときなどは、形勢不利と見たいっぽうの皇子は、しばしば起死回生のために、命がけで神聖な森への脱出行をこころみたものである。森の霊威を全身に浴び、死霊の力を味方につけた皇子は、こうして死の領域からの決死の出撃をこころみた。じっさい壬申《じんしん》の乱でも南北朝動乱でも、クーデターを企てた皇子や天皇は、森の奥への退却行を実行している。

熊野古道（小雲鳥越　KMC）

このように、天皇と森とは、古来深いつながりをもってきたのではあるが、それはあくまでも日常とはちがう、「ハレ」の行為としての意味をもっていた。あくまでも、日常の政務や生活の空間としての皇居は、広々と開け放たれ、庶民たちの暮らしと地続きにある都市の一角にすえられていた。皇居はむしろ文明の象徴として、緑の少ない空間になければならなかったのである。

ところが、近代天皇はみずからすすんで、森の奥に身を潜めた。昔の暮らしのやり方では、「ハレ」の日にしか許されなかったことを、年がら年中昼も夜もやる、というのが近代都市というものである。その精神にあわせて、文明開化とともにかたちを変えた近代天皇制は、「ハレ」の時空の表現であった野生の森を、都市の中心部にすえて、そこを皇居と定めたのだろうか。

それとも近代天皇制そのものが、一種のクーデターによって生まれた「鉄砲から生まれた政権」なので、森の奥に皇居をすえることで、後醍醐《ごだいご》天皇さながらに、魔術的な戦士としての臨戦意識を持続しようとしたのだろうか。いずれにしても、近代になって、天皇は日常的に、森の中に身を潜められるようになってしまった。このことに、外国思想はまったく影響をあたえていない。

国民の森の創生

こういう近代天皇制を確立した明治天皇が崩御《ほうぎょ》されたとき、その御霊をどこにお祀りするかが、国民の一大問題となった。明治天皇ご自身は、京都の近くに戻りたいと考えていらっしゃったらしく、伏見桃山に自分の御陵をつくってほしいという遺志を残していた。おさまらないのは、東京市民である。けっきょく京都がいいのかい、東京は田舎で悪かったたね、といささかプライドを傷つけられた彼らは、しかしすぐに気を取り直して、お墓がだめだというのなら、せめて御霊をお祀りする場所を、関東周辺に設けるべきだという運動を開始したのだった。

　いくつもの候補地が手をあげた。青山、代々木、戸山《とやま》、小石川植物園、白金、和田堀村、御嶽山《みたけさん》、富士山、筑波山、箱根山、国府台《こうのだい》……大正二年に発足した神社奉祀調査会は、さまざまな条件を考慮にいれて、連日会議を重ね、知恵をしぼったあげく、このうちの豊多摩郡代々幡村《よよはたむら》代々木にあった「代々木御料地」が、神宮を創設するのにもっともふさわしい場所であるとの、決定をくだした。

『なにごとのおはしますかは知らねどもかたじけなさに涙こぼるる』の歌あり初めて神宮設立の第一義にかなふなれ。神宮は装飾にあらずお祭騒ぎの俗地に安置すべきにあらず……崇高偉大かつ厳粛なる神々しき神境たることを要とすべし」（「明治神宮経営地論」）というのが、代々木に決定された最大の理由である。都心に近く、いまのような渋谷もなかった当時にはやかましい盛り場も近くにない、深い森に囲まれた場所。それが代々木だった。

　こうしてその日から、大正時代最大の国民国家的事業が開始された。皇居の森から神宮の森へ。まるで近代天皇はなくなられたのちも、森の奥に潜んでいなければならないとでもいうかのように、都心に森をつくる国民の事業が、はじまった。

天皇の森 2

「帝都」東京の設計図を描いていた人々のなかには、象徴論的にものを考えることの好きな人たちもいて、この人たちの悩みの種は、東京を守護すべき守護霊の居場所が、はっきり定められていない、

明治神宮（KMC）

ということであった。

京都には北東の方角に比叡山があり、そこに最澄《さいちょう》は仏教の寺を構えて、国家の鎮護のための象徴的な場所とした。江戸にも北の方角に日光山があった。江戸の設計図を描いた天海《てんかい》僧正の提言で日光に聖地が開かれ、家康の御霊を祀ることで、そこが守護霊の宿る場所となった。こういう場所が、近代天皇の都である東京には、まだなかったのである。

首都のほぼ西北の方角にあたる代々木の御料地が、明治天皇の御霊を祀る国家的な神社の建てられるべき場所として選ばれた背景には、あきらかに、そこを東京と国家を護るべき、守護霊のおさまり場所にしようという、象徴的な思考が働いていた。

「東京は帝国の首府にして世界にたいして帝国を代表せり故に帝国を鎮護せらるべき地点は帝国を代表する帝都を鎮護せらるべき地点たるなり」(「明治神宮経営地論」)

広々として小高く、白虎《びゃっこ》(西)青龍《せいりょう》(東)朱雀《しゅじゃく》(南)玄武《げんぶ》(北)をあらわす吉相をそなえた地形をもち、水清く、深々とした針葉樹林につつまれた森といえば、最有力候補として、代々木が浮上してくる。その森に、帝都と帝国を守護する、強力な霊を祀る神社が建てられなければならない。そうしなければ、世界戦争の時代を生き抜いていくことはできない。そういう象徴的な思考によって、明治神宮はあの場所に選ばれたのだった。

明治神宮は、日本という国家のための「鎮守の森」として、最初から構想されていた。入念な調査と、最新の森林生態学の知識を駆使して、慎重に設計が進められ、莫大な予算と多くの国民の作業奉仕を投入して、大正時代を代表する一大国家プロジェクトは、大正九年にいちおうの完成をみた。日光に祀られることによって、家康の御霊が将軍の権力の守護霊となっていたのと同じように、明治天皇の御霊は、代々木につくりだされた巨大な鎮守の森に祀られることによって、帝国の守護霊となった。けっきょく、文明開化などによっても、深層で動いている日本人の思考は、すこしも変わらなかったわけである。

水母なしただよえる森

渋谷の盛り場の向こうに、夜ともなると、黒々とした森が浮かび上がる。都内でも有数の猥雑《わいざつ》な盛り場であった渋谷のすぐそばに、伊勢神宮が出現したとでも、考えていただきたい。その光景は、さぞかし想像力豊かな人々の心を、ゆさぶってきたにちがいない。しかし、明治神宮がかきたてるそういう妖しい想像のなかでも、山田《やまだ》風太郎《ふうたろう》の小説『蠟人』ほど、この神社の本質をえぐり出しているものもない。帝国の鎮守の森であることの意味が、この小説では裏面からあぶり出されている。

語り手である医師の友人である、ひとりの文芸雑誌編集者が、密室のような部屋で奇怪な死をとげた。全裸で口をタコのようにつきだし、なにかをかき抱くようにして死んでいた。口には朝顔の花が差し込まれ、検死の結果、性交の直後の死であったことがわかった。この友人の残した手記によって、語り手は友人の死の真相を知る。それによると……。

友人はある夜、渋谷で泥酔したあげく、気がつくと神宮の森深く迷い込んでしまった。一本の巨大な樟の木の根元に、蠟燭の光を認めた彼は、そこに大きな洞があり、そのなかに奇怪なすがたをした男女が、隠れているのを発見する。男女は中部地方の山村から逃げ出してきた兄妹で、奇妙な母子像を祀る「隠れキリシタン」の末裔だった。妖しい妹の肉体に彼の心はひかれた。この女性の口中には歯がなく、体中の骨が軟骨に変化してしまう奇病におかされていた。彼女の身体は流動体になろうとしていた。

文芸編集者は、この歯もなく、水母《くらげ》のように柔らかい、女性の肉体の魅力にはまりこんで、昼も夜も、神宮の森の奥へとかよいつづけるのだが、そのうち妹のからだに変化がおこる。彼女は異教徒の子どもをやどしてしまった。兄と妹は、彼にキリシタンの教えに改宗して、いっしょに山中の村で暮らそうと、泣いて懇願するのだが、男は聞き入れない。期限の夜が近づいたある夜、惨劇はおこった。少しだけ開いた窓のすきまから、男の部屋にまるで軟体動物のようにして入り込んだ妹は、男と愛欲の限りを尽くす。しかし「蠟化」が極限まで進んでいた彼女の口は、夢中でその口を吸い続ける男の口にすっぽりとおおいかぶさって、窒息死させてしまうのである……。

「鎮守の森」は、共同体の同一性を高める力をもっている。その力を見込んで、明治政府は代々木に巨大な神宮をつくった。神宮のことを意識するだけで、その人は国家の一員としての帰属意識をもつようになる。しかし、それで日本という共同体の内側にむかっての結束は強まるだろうが、それと裏腹に、そこから排除されるたくさんの人々をも生み出す。「隠れキリシタン」の兄妹が、その国家から排除される人々の運命を象徴している。

天皇制は日本の全体をおおいつくそうとする原理だ。しかし全体をひとつの原理でまとめると、かならずそこから排除されるものを生む。その排除されたものを、神宮の森が優しく守ろうとしている。山田風太郎の描いた神宮の森には、天皇制のパラドックスが語り尽くされている。

明治天皇（ＫＭＣ）

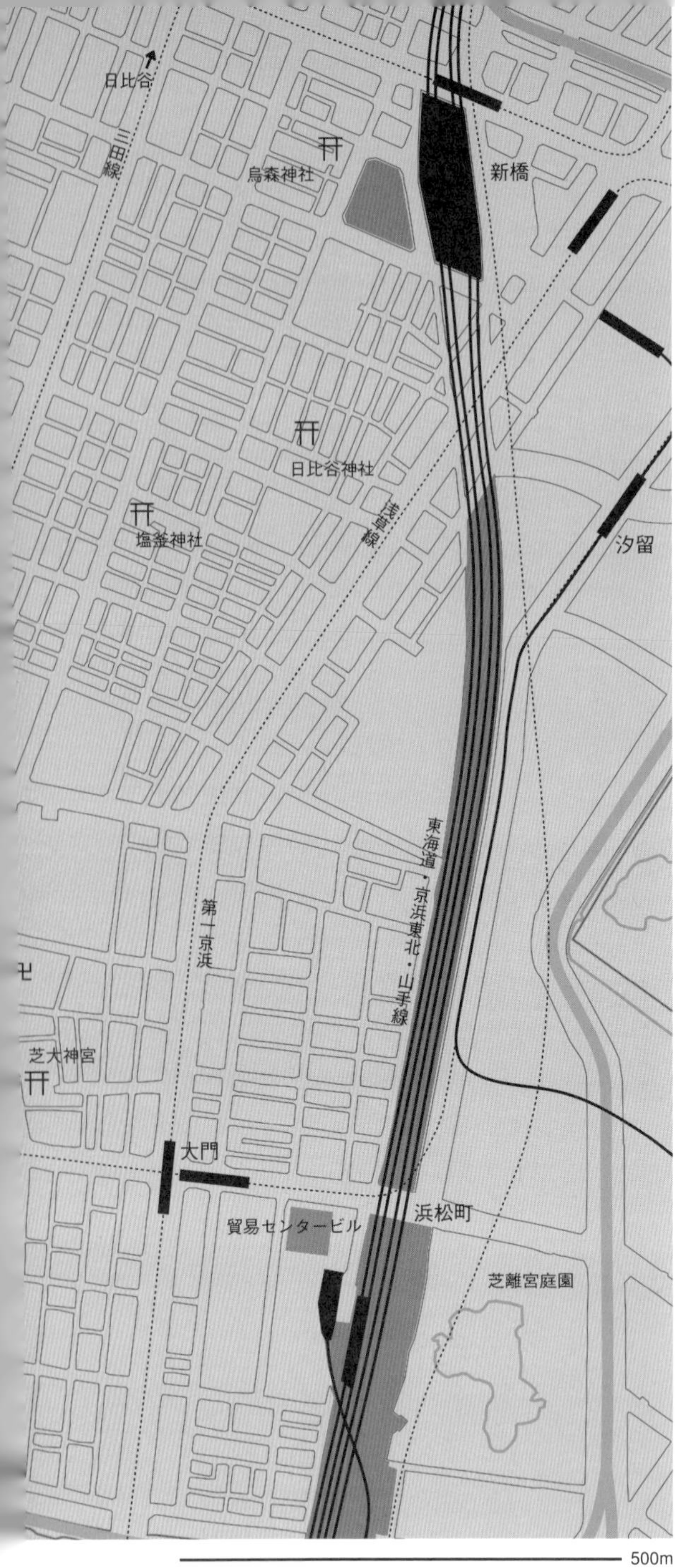

第4章

タナトスの塔

東京タワー

Tokyo Tower

洪積層	沖積層

■ 旧石器遺跡 ▲ 縄文遺跡

X 弥生遺跡 Δ 横穴墓 ● 古墳

⛩ 神社 卍 お寺

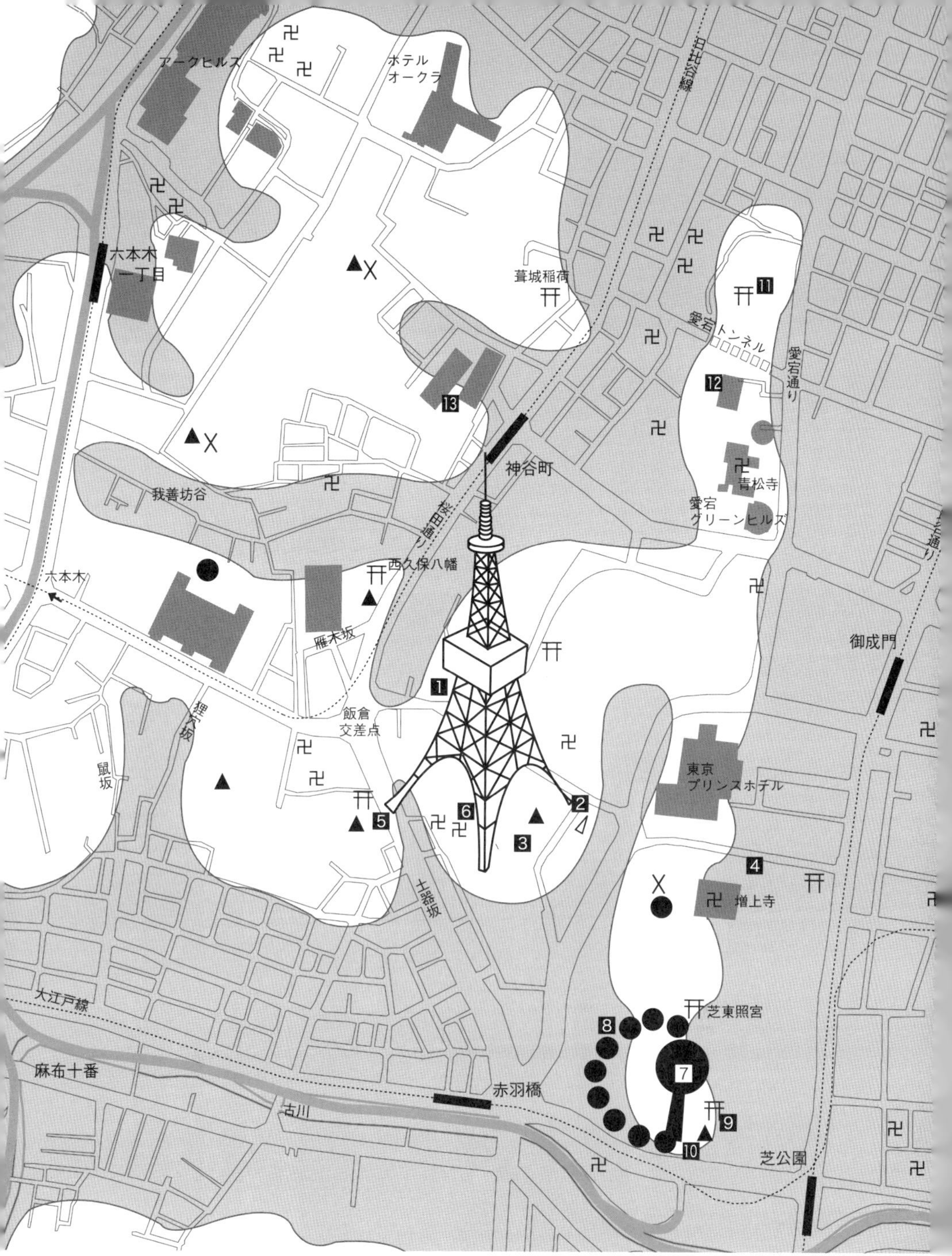

1. 東京タワー
2. カラフト犬記念像
3. 紅葉山貝塚
4. 千躰子育地蔵尊
5. 熊野神社
6. 心光院
7. 前方後円墳
8. 芝丸山古墳群
9. 円山随身稲荷
10. 丸山貝塚
11. 愛宕神社
12. NHK放送博物館
13. テレビ東京

江戸の精神マップ

東京の中心は何か、と問えば、環を描いて流れていく交通網のまんなかにある皇居、という答えが返ってくるかもしれない。そこは百数十年前までは江戸城だった。そこで同じ質問を江戸時代の人々にしてみたとしよう。江戸の中心はおめえ、将軍さまのお城にきまってるじゃあねえか、とまくしたててくる連中も多かろう。しかし、そういう答えをしてくるのは、教養のない「とうしろう」と相場はきまっている。江戸の中心は、江戸城ではなかった。それは富士山だったのである。

江戸の町並みを描いた浮世絵を見て気づくのは、お城や武家屋敷や町人の家々がひしめく、当時でも世界有数の都市の光景に、かならずといってよいほど、遠景にそびえ立つ富士山が描いてあることである。富士山は前景の江戸の町並みとくらべても、ふつりあいなほどに大きく立派に描かれている。それを見ると、この大都市が富士山に見つめられ、のしかかられ、包み込まれているように感じてしまう。将軍さまのお城でさえ、この富士山の前では、なんとなく恐縮しているようにさえ見える。こうした絵には、江戸の人たちの世界観がはっきりと表現されている。江戸という都市の真実の中心は、遠い駿河《するが》にそびえ立つ聖なる山、富士山であったのだ。

その山がただたんに美しく、高くそびえ立っていたために、聖なる山となったのではない。富士山は強く「死」のイメージを連想させる山でもあった。いや、もっと正確に言うと、富士山は生命あるものを死の中に飲み込みながら、ふたたび新しい生命としてよみがえらせ、生まれ変わらせる力をひめた、聖なる山であったのだ。

富士山の山麓には「人穴《じんけつ》」とか「風穴《ふうけつ》」と呼ばれる、たくさんの洞窟群がある。火山活動が

「江戸日本橋」（葛飾北斎『富嶽三十六景』KMC）

つくった不思議な横穴が、縦横に走っているのである。いまでもそこに出かけてみればわかるように、そうした穴はじつにエロチックな形をしている。人間が生まれてくる「穴」とそっくりで、手探りでその穴に入り込んでいく体験は、ああ自分はいま生命の根源に触れているなあ、というなまなましい感触をあたえてくれる。それに山頂の噴火口のあたりも、そう言われてみれば、なまめかしい形をしていると言えなくもない。それに美しい扇形をした富士山の全景そのものが、女性のシークレットゾーンに似ているという人もいた。とにかく、その手の想像力に富んでいた江戸の人たちにとって、富士山は聖なる性山であったのである。

江戸の人たちは、グループを組んで、この富士山に出かけていった。人穴に潜り込んで、もういちど母胎に戻って、生まれ変わりを体験しようとしたのである。人々は死に装束《しょうぞく》に身をかためて、聖なる山に入っていった。数日をかけたこの旅をつうじて、古い自分が死んで、六根《ろっこん》が浄められ、真新しい自分に生まれ変わって山を下りてくる。死と再生のドラマチックな旅をおこなうのに、大都市江戸の人々にとって、富士山はまさにうってつけの山だったのだ。

「死」に見つめられる都市

江戸の精神マップの中心には、そういう富士山がそびえ立っていたのである。その山は古くなった生命を死の体内に飲み込んで、それを浄化して、新しい生命によみがえらせる力をもっていた。そういう聖なる山と比べてしまうと、将軍さまのお城はどうしても見劣りがしてしまう。そこには権力のご威光はあっても、宇宙を浄化し、再生させていくような、自然の神秘力をもつことはできない。権力絶大であったとはいえ、将軍さまは世俗社会の「王」にすぎなかった。江戸という都市の真実の「王」

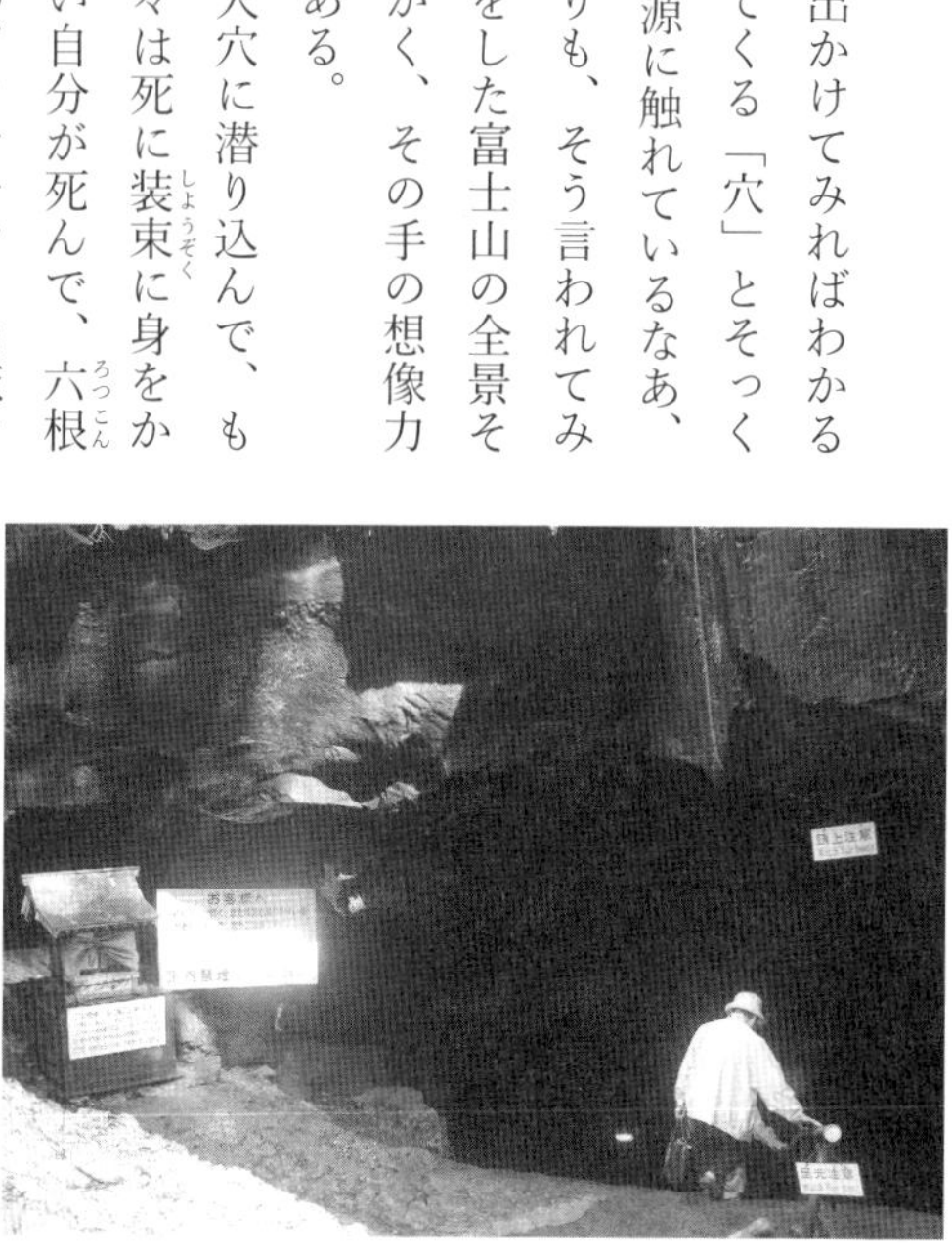

富岳風穴（筆者撮影）

は、それゆえ死と復活の神秘力をひめた富士山だったのである。

現在でも、年末から新年にかけて、しばし経済活動のやんだ東京の空に、まばゆい雪をいただいた富士山の姿を見つけると、私たちはなぜかじーんとしてしまう。あわただしい日常のなかで忘れていたものを、あらためて見出したような厳粛な気持ちになるのだ。ほんとうの「東京の中心」は、ここにあるのではないだろうか。はげしい経済活動のなかで、どんどん摩滅し衰弱していく私たちの生命を飲み込み、生き生きとした生命としてよみがえらせる力をもっている存在が、大山《おおやま》山塊の向こうにいまもそびえ立っているのに気づかないままに、日々をおくっていた。そのことにちょっとした懺悔《ざんげ》の気持ちを思い出させる、新年の光景である。

江戸の都市は富士山を精神マップの中心にすえることで、日々の暮らしが「死」の視線によって見つめられているような生き方を、しようとしていたのだとも言える。遠くの、高いところから注がれてくる「死」の視線。いまの東京に、そのような「死」の視線は存在しているのだろうか。縄文時代以来死者たちの住まいしてきた土地から立ち上がり、東京の夜に煌々たる光を放つ塔のあることを、私たちは忘れてはいけない。東京タワーである。はたして東京タワーは富士山に似たところをもっているか。これは取り組んでみる値打ちのある問題だ。

死霊の王国

『トリビアの泉』のおかげか、東京タワーが米軍戦車をつぶしてつくられたという、戦後秘話みたい

［左］：東京タワーから富士山を望む（KMC）
［右ページ］：緑したたる東京タワー

な話が、若い人たちにもよく知られるようになった。いまから六十年以上も前におこった朝鮮戦争では、北朝鮮の猛攻にあったたくさんの米軍戦車が、使用不能になった。鉄くずと化した戦車は、日本に搬入されて、どうしたことかこの国の解体屋の手にゆだねられたのである。

　なにもかもが焼き尽くされた東京で、解体屋たちはいくつもの大仕事を重ねてきたが、その彼らにとっても、巨大な鉄くずの山と化した戦車を解体して、それを鋳《い》直して「世界一の高さ」を誇る鉄塔を建てるという話が持ち込まれたときには、さぞかし胸も高鳴ったことだろう。なにしろエッフェル塔よりも三十三メートルも高いのである。そんな野心的な塔を建てるためには、質のよい鉄材がどうしても必要だった。国内で調達することの難しかった良質な鉄は、意外なところから入手された。朝鮮半島の戦場で、死をくぐり抜けてきた鉄の塊が、ただ同然の値段で持ち込まれてきたのである。

　世界一の高さを誇るその放送塔は、はじめは上野公園に建てられるという話もあったが、最終的に芝公園に建てられることになった。そのこと自体が、私たちアースダイバーには、因縁めいて感じられる。その昔、坪井《つぼい》正五郎《しょうごろう》（第六章で詳述する）が前方後円墳を発見した芝の広大な丘陵には、増上寺《ぞうじょうじ》のほかにも立派な宮家がいくつも立ち並んでいた。しかし、終戦間際のはげしい米軍の爆撃によって、そのあたりはすっかり焼け野原と化していて、戦後十年たってもそこは一面の荒れ地のままだったという。

　人気もなく荒涼としたその広大な空き地に、鉄でできた放送塔を建てようという計画がはじまったとき、設計者達の頭には、とうぜんパリのエッフェル塔のことがあったにちがいない。エッフェル塔

エッフェル塔（KMC）

はパリ万博を記念して、廃兵院《アンバリッド》前の広大な空き地に建てられた鉄の塔である。足許には、戦場で傷ついた兵士たちが安らぎを見出す廃兵院があった。そこに、大地を踏みしめて、空高く伸び上がるエッフェル塔が建った。それは鉄でできてはいても、重さを少しも感じさせないような軽やかさをもった、天と地を結ぶ橋として、パリの空にそびえたった。

ところがわが東京タワーは、縄文時代以来の死霊の王国のあった、その場所に建てられたのである。おびただしい人命を奪った東京空襲の傷跡もなまなましく、そこは荒涼とした空き地と化していて、まさに野ざらしになった死霊の王国跡だった。その土に穴を掘って土台を固め、死者たちに支えられるようにして、東京タワーは天に向かって立ち上がるのだ。しかも、鉄塔の重要な構成部分をしめているのは、たくさんの人の命を呑み込んだ戦争の現場から持ち帰られた戦車をつぶした鉄材である。ここにはすでに、エッフェル塔にはない東京タワーだけがもつ奇妙な性質が、よくあらわれている。

日本の橋としての東京タワー

エッフェル塔は天と地をつなぐ橋だと言う人がいる。東京タワーも、その言い方をすれば、たしかに天に向かって伸びていく、ひとつの橋ではある。しかし、それはあくまでも「日本の橋」としての橋という意味である。

保田与重郎《やすだよじゅうろう》は『日本の橋』という名著のなかで、西欧の橋と日本の橋のちがいを、うまく表現している。西欧の橋は、川で隔てられたふたつの堅固な世界のあいだをつないでいる。石造りの頑丈なローマの橋を思い浮かべてみてほしい。橋のこちら側には、人間の住む堅固な社会があり、橋の向こうにも同じように堅固な世界があって、石造りの橋はそのふたつの世界のあいだをつないでいる。

ところが日本の橋はどうだろう。華奢《きゃしゃ》な木造橋がほとんどだったから、橋はすこしも永続する堅固な建造物という印象をもたなかった。洪水がくればたやすく流されるし、戦争でもはじまれば、橋板がはずされてただの棒杭と化してしまう。日本の橋はじつにはかない存在だった。それだけではない。橋を描いた絵を見てみると、橋のこちら側にはたしかに人間の住む世界があるけれど、橋の向こう側となると、雲や霞がたなびいていて、橋はいつしか夢の世界に消え入ってしまうように描かれているではないか。

日本の橋は、ふたつの堅固につくられた世界のあいだをつなぐ建造物ではないらしいのである。橋《はし》は文字どおり「端《はし》」だった。つまり、橋はこの世とあの世との境界にかけられたエッジとして、いつしか無のなかに消え入ってしまうような無常感を漂わせている存在だった。そういう「日本の橋」のもつ重要な特徴を、東京タワーはそなえているのである。

エッフェル塔は堅い大地を踏みしめて、神のすまいである天に向かってそそり立つ。たしかにそれは、「西欧の橋」らしく、ふたつの堅固な世界のあいだをつなぐ橋として、イメージされている。ところがわが東京タワーは死者の王国であるニライカナイにずぶずぶと足をつっこんで、そこから霞みたつ東京の空に向かうのだ。その構造がなんとしても華奢な印象をあたえてしまうことは、この塔を

［右］：東京タワーの周囲の風景
［左ページ］：展望台より足許を見る

破壊の現場に選んできた、何本もの怪獣映画が証明している。東京タワーは天と地のあいだにかけられた鉄の橋である。しかし、それはあくまでも「日本の橋」としての橋なのだ。

怪物を呼び寄せる力

よくよく東京は怪物に見込まれた都市である。ゴジラがまっさきにめざしたのも、東京だった。ゴジラがスクリーンにはじめて登場したのは、一九五四年、一面の焼け野原となった東京の姿が、人々の記憶にまだなまなましい頃である。

せっかく復興をとげはじめていた東京に、今度は水爆実験でめざめた怪物が上陸して、威勢のいい破壊をほしいままにしていった。それを見ていた人々は、なんとなくスカッとした気持ちを感じていた。この都市に住む人たちは、建物ができていくそばから、それがまた破壊されていくのを、楽しんでいるところがある。東京という都市には、どうやらタナトス（死の衝動）がひそんでいるらしい。

しかも、それは最近にはじまった話ではないらしいのである。江戸の頃、ここには火事や地震が多発していた。そのたびに家は倒壊し、あれよあれよという間に、火は町並みを呑みつくしていった。地震がおこると、そのあとすぐに「鯰絵《なまずえ》」というのが、売り出された。地震をおこした張本人として、大地の下にひそむ巨大鯰の怪物が、クローズアップされている漫画チックな木版画である。

その絵をよく見ると、張本人である鯰が、地震をおこしたことを詫《わ》びている姿があるかと思うと、「世直し大明神」としてあがめられていたりする。つまり、江戸の人たちは、鯰がひきおこした地震を、一面的によくない出来事として、暗い気持ちで見ていたのではなく、老化した秩序を刷新したり、経

［右］猿橋夜景（葛飾北斎「日本奇橋」KMC）
［左ページ右］：鯰絵（『鯰絵』）
［左ページ左］：関東大震災の惨状（KMC）

済を流動化して活発にする、よい面ももっているという、なかなか高い視点からの深遠な認識をしていたのだった。

古い秩序を壊して、くりかえし新しくものごとを開始しようとする心理のなかには、タナトスがひそんでいる。関東平野の一角に生まれたこの都市には、昔からそういう死の衝動がうごめきつづけているのが、感じられる。そのために、江戸も東京も、いろいろな怪物を呼び寄せようとしてきたのだ。最大の怪物は現実の「戦争」だったが、想像力がつくりあげる怪物の種類は、もっと多種多様である（のちほど「金魚」を、そういう東京の怪物の一種として発見することになる）。

東京にあらわれた怪物は、あらんかぎりの力をふるって、この都市を容赦なく破壊する。タナトス全開である。この国の人々は革命は求めない。しかし、出来上がった秩序が破壊され、焼け跡から新しい世界がつくられるのを見ているのは、大好きな人たちである。心のなかに死の衝動をいっぱいにかかえながら、日常生活の安定も求めている、まったく一筋縄ではいかない心理の持ち主なのである。

死と復活の東京タワー

東京を破壊にさらすそういうタナトスの怪物たちのなかでも、とりわけエレガントな登場をしたのが、「モスラ」ではないだろうか。なにしろアイディアをねったのが福永武彦《ふくながたけひこ》や堀田善衛《ほったよしえ》をはじめとする、昭和文学を代表する著名な作家たちだった。モスラは巨大な蛾の幼虫なのである。

ゴジラなどの行動様式といっしょで、でかい図体であたりの建物をつぎつぎと破壊し、口からは糸をはいて戦う。例によって、東京は怪物の暴力にさらされて、破壊されていった。ところがこの大騒動の最中に、モスラは予想もしなかった行動をおこなって、あたりを詩的感動に包み込むのであった。

モスラは東京に上陸した最初の頃から、東京タワーの存在にいたく心を引かれている様子だった。その理由がいまやあきらかとなった。この巨大な蛾の幼虫は、こともあろうに東京タワーに糸をはきかけて、繭をつくり、その繭のなかから美しい羽根をもつ巨大な蛾となって、空高く飛び立ったのだ。

なんとみごとな神話的想像力ではないだろうか。東京タワーそのものが、死のなかに復活の萌芽をふくんだタナトスの鉄塔なのである。その塔は死霊の王国に深々と足を下ろして、幽明定かならぬ天空に向かって立ち上がる、「日本の橋」であった。いつまでも存続し、いつまでも姿を変えない、堅固な橋ではない。しかも鉄材には朝鮮半島の戦場から持ち帰られたばかりの、破壊された戦車の残骸が溶かし込まれている。その鉄塔は、高さもさることながら、そこにこめられた神話的思考の豊かさにおいて、まさに世界の水準を超えるものだった。

そこを蛾の怪物は、自分自身のおこなう死と再生の秘儀にふさわしい場所として選んでいる。幼虫はまわりを密閉された空間に閉じこもって、身動きもしなくなる。変態をとげるために、古い自我は死ななければならないからである。そしてがんじょうな殻に守られてしばしの時を過ごしたあと、まったく新しい姿となって、密閉された空間の外に躍り出てくる。生物の死と再生がおこなわれる場所として、東京タワーくらいふさわしいものはない。東京に内蔵されてきた最古の記憶が、モスラを芝公園に呼び寄せたのだと言える。

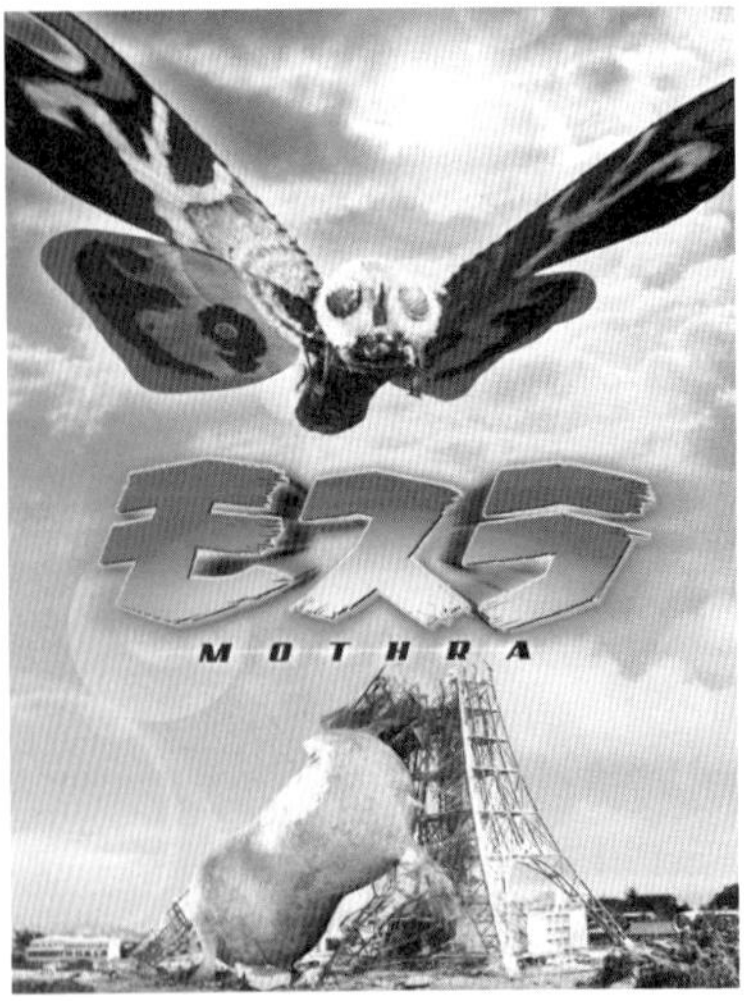

「モスラ」（DVDジャケット　東宝）

こうしてみると、現在の私たちの東京に、閉塞感《へいそくかん》をもたらしているものの正体が、はっきり見えてくる。タナトスのいきすぎた管理化が、この都市から死と再生の可能性を奪ってしまっているのだ。偉大な東京タワー。この塔を見上げるとき、私たちの心は不穏な予兆に騒ぐ。この鉄塔にはエッフェル塔にはない、神話の磁力がひそんでいる。

生きた宗教的思考

東京タワーにたどり着くためには、どの方角からめざしても、大なり小なりの墓地のそばを通り抜けていかなければならない。いちばん立派な増上寺《ぞうじょうじ》わきの道を取るとすると、左手には延々と続く石のお地蔵さまをながめ、右手には大きな墓地をつぶして建てられたというホテルを見上げながら、しばらく歩いていくと、鉄塔の足許にたどり着く。そこには、私たちが少年時代に涙をしぼった経験のある、南極観測隊に置き去りにされてしまったかわいそうなカラフト犬たちの、愛らしい像が建っている。

カラフト犬置き去りという、この悲しい出来事がおこったとき、全国の子供たちは科学者と役人の下した非情の決定に、はげしい抗議をたたきつけたものである（私自身どこに対してだったかは忘れたが、強い口調の抗議の手紙を送ったおぼえがある）。その子供たちの怒りを鎮めるために、修学旅行のメッカであった東京タワーの足許に、こうして鎮魂のための像が建てられたのであろう。水子地蔵の行列といいこのカラフト犬の鎮魂碑といい、こうした荒御《あらみ》霊《たま》を鎮魂するための手の込んださま

増上寺から完成したばかりの東京タワーを望む（KMC）

ざまな施設をながめていると、よくよく東京タワーは日本人の宗教思考に取り憑《つ》かれてきたテレビ塔なのだなあ、と感慨をあらたにする。

展望台までのチケットを買って、エレベーターに乗り込む。エレベーターはするすると上昇していく。眼下に広がっていく東京のながめ。しかし、私の目は鉄塔の周囲に広がる霊園に釘付けだ。芝公園の前方後円墳を包む森を起点にして、まるで死霊の王国のエネルギーが渦を巻くようにして、東京タワーに蔦《つた》の葉がからむように巻き付いてくるのが感じられる。そこから吹き上げてくる霊気に巻き上げられるようにして、エレベーターは静かに上昇していくのだ。なんと深々とした感覚なのだろう。子供の頃、ここへやって来たときには、そんなことはわからなかった。東京タワーのおもしろさは、大人にならなければわからない。

展望台に着いた私は、鞄《かばん》から手製のアースダイバー地図を取り出して、いまの景色にそれを重ね合わせてみる。ここは、青山墓地のある大きな舌状の半島と並んで、東京のなかでもっとも強い霊的なエネルギーのみなぎる、岬状の台地なのだ。そこに鉄塔が建ったせいで、それを伝わってエネルギーの垂直的な、新しい流れが発生した。地中と地上で渦を巻いていたエネルギーは、鉄塔をとおして垂直に上昇したり、下降したりするようになった。

そして私たちはエレベーターに乗り込むことで、その垂直の運動に参加していくことになる。霊性の風に巻き上げられて上昇したり、下降したり、東京タワーにやって来たおかげで、だれもがやすやすとシャーマンになるためのレッスンを受けているようなものだが、そんなばかげたことを考えてい

エレベーター

るのは、たぶん私一人なのだろう。

テレビ塔とギロチン

生と死が混在する高い塔に、するすると昇っていった鉄の箱が、頂点でくるりと向きを変えて、今度は一気に落下してくる。エレベーターで何度も昇ったり降りたりしているうちに、いつしか私の神話的想像力はいたく刺激を受けて、自分自身が落下していく鉄の物体に、姿を変えていくように感じるようになってしまった。

これは何かに似ている。そうだ、上昇と落下の運動が生と死を瞬間的に転換してしまう道具、ギロチンにそっくりだということに気づいた私は、あわてて三階のホールへおどりでた。そこに待ち受けていたものは、こともあろうに、マダム・タッソー由来の蠟人形館（二〇一三年閉館）なのであった。

蠟人形の歴史とギロチンとは、切っても切れないつながりがある。ストラスブールの蠟細工師の娘であったタッソー夫人が、ロンドンでその名を高めたのは、フランス革命でギロチンの露《つゆ》と消えた貴族たちの美しい面影を、みごとな蠟人形にして残す仕事に、抜群の能力を発揮したからである。すると空中に持ち上げられたギロチンの刃が、一気に落下してくるときに、犠牲者の生命は一瞬のうちに、死の領域に飛び込んでいく。生命の輝きを一瞬にして、死の冷たさのうちに凍結してしまう、蠟人形技術は近代のミイラ製造術だ。

都市生活のまっただなかに、こんな形で生と死が一体になった不思議な混在物が、人目にさらされているような場所は、ほかにはめったになくなってしまった。東京タワーの一角に、こんなすてきでいかがわしい見世物を持ち込んだ興行主の天才に、私は深い感銘を受けざるをえない。

シャーマニズムとミイラ技術が、この鉄塔をとおしてひとつに結び合っている。なんとこの鉄塔は、古代エジプトの宗教思想にも、深い地下水脈でつながっている。シュールレアリスムの建築としての東京タワー。この点においても、東京タワーはエッフェル塔を凌駕《りょうが》している、とは言えないか。

生命は死に触れているからこそ豊かなのである。死との触れあいを失った生命は、もはや別の意味での死を生きることになる。宗教というのは、生と死が別々のものではなく、ふたつが一体となって、この世の豊かな現実はつくられている、と教えてきた。その意味で、東京タワーはその存在自体が、ひとつの生きた宗教的思考なのである。この鉄塔は、芝のこの土地に建てられなければならない必然性があった。そしてマダム・タッソー系の蠟人形が置かれるのに最適の空間を、東京に探すとしたら、やはりこの塔の内部につきるのではないだろうか。

蠟人形館

■異文／東京タワー

小学生のときにはじめて東京タワーにでかけたとき、華奢《きゃしゃ》な感じのその鉄塔にはさしたる印象はもたなかったのに、塔のまわりの土地の雰囲気に、なにかこの世ならざるものを感じて、背筋にぞくっとするものを感じたのをよく覚えている。

増上寺の裏手ということもあって、電波塔のまわりはいたるところが墓地だった。それだけならまだしも、墓地の背後には鬱蒼《うっそう》とした灌木《かんぼく》の林が広がり、薄暗い林の内部にはなにか小山のようなものがたくさん見える。いったいここはどういう場所なのだろうと、ひどく気になった。私はそこに死霊の気配を感じ取って、おびえたのであった。

タワーの内部に入ってみて、さらに驚いた。そこがお祭りの夜の神社のような雰囲気をたたえていたからである。そこには土産物屋やマダム・タッソー風の蠟人形館などが、所狭しと立ち並び、神社のお祭りで見かけた蛇娘やろくろ首や人間ポンプなどが、妖しい芸を見せていてもすこしも不思議ではない、死の香りのみちみちた土俗性でむせかえるほどなのだ。大きくなって旅をするようになってから気がついたことだが、子供時代の思い出の中の東京タワーは、下北半島にある恐山《おそれざん》と驚くほどよく似ていた（その印象を再確認するために、最近また東京タワーへでかけてみたが、本質的にはなにも変わっていなかったことに、むしろ驚いた。土産物屋も蠟人形館も以前のままだった）。なぜ電波塔がこれほどまでに死の香りを発散していなければならないのか。私はそれ以来、東京タワーの立っているあの土地のことが、気になってしようがなかった。

ここは昔はなにか特別な土地だったのではないのだろうか。そうでなければ、これほどまでに強い地霊の発散している力を、うまく説明することができない。そのうちに私は、たまたま手にした考古学研究の中に、東京タワーの立つ芝増上寺裏のあの土地が、かつて大きな死霊の集合地であったことを知り、ようやく長年の疑問を解くことができたのである。

増上寺の寺域に点在していた小山の群れが、前方後円墳をはじめとするりっぱな古墳群であることを発見したのは、日本考古学の基礎を築いた坪井正五郎だった、と言われている。彼は英国に近代考古学を学ぶために留学した帰路のつれづれに、子供時代によく遊び場にしていた増上寺の裏手の森のことを、思い出していた。地面を掘り返すと、奇妙な土器のようなものが出てきた、あの小山はじつは古代の遺跡だったのではないか。帰国後すぐにその地の発掘を試みた彼は、芝のその森がまぎれもない古代遺跡であったことを確認する。増上寺を中心とするそのあたりは、かつて死霊のつどう神聖な土地であったのだ。

今日の発達した地質学と考古学の成果から見えてくるのは、いま東京タワーの建てられている場所が、海原に突きだした大きな半島だったという、意外な光景である。縄文時代にいまよりも地球が暖かく、それまで地球を厚く覆っていた氷河が溶け出していた頃、東京湾はいまよりもずっと内陸にまで入り込んでいた。その頃は銀座も新橋もなかった。日比谷の入り江はずっと深く陸地に浸入して、台地から豊かに湧き出した水は大きくうねって海に注ぎ、都心部は複雑なリアス式海岸のような地形をしていた。そういう時代に、芝のあのあたりの土地は堂々たる大きさをもって、広々とした東京湾に突き出た半島の姿をしていたのである。

このあたりに住んだ縄文人たちにとって、芝の半島は「サッ」と呼ばれる重要な聖地だった。「サッ」という音は、ものごとの境界をあらわす古代語として、大切な場面で使われる言葉だった。人間の意識（心）が、自分の能力を超えた領域に接触しているのを感知したとき、古代の人たちはそこに「サッ」があらわれていると考えたのである。「サッ」は人間的なものとそれを超越したものとがたがいに触れあう、接触点や陥入の場所のありかをしめす、野生的な概念である。そこから、「ミサキ」や「サカイ」などの古い日本語が生まれた。そこは超越的な領域、死の領域との境の地帯をあらわしている。そして、「ミサキ」でもある半島は、そのような超越的な死の領域に突きだされたアンテナのような地形として、重大な意味を持ち続けてきた。

芝の半島は、東京の中でも有数な「ミサキ」だった。そのためここには縄文時代以来、死者の埋葬にかかわる重要な聖地が設けられてきた。時代が下っても、そのあたりが死霊の世界とのコンタクト地帯であるという感覚は失われなかったから、豪族たちもきそって大きな古墳を、芝の高台につくった。そこからならば大海原は一望のもとであり、死霊の棲む空間と考えられた海の彼方に向かって、手を差し伸べることさえできそうだ。いずれそこには大きな寺が建てられ、古代に墓地であった記憶を頼りに、広大な墓地も開かれるようになった。しかし時代は変わっても、人々はあいかわらずこの土地に、超越的領域に向かって立てられた敏感な「サッ」のアンテナ機能を感じ取ってきたらしいのである。

その極め付きが、東京タワーなのである。戦後このあたりは一面の焼け野原だった。朝鮮戦争をきっかけとして、経済活動がふたたび活発化の様相を見せはじめたとき、日本の解体業者のもとに、朝鮮戦争で廃棄処分となった戦車をまとめて解体してほしいという、思いもかけない大仕事が舞い込んできた。そのとき、戦車をつぶして手に入った良質な鉄材をもとに、世界一の（ということはエッフェル塔よりも高い、という意味だ）電波塔を東京に建てようというアイディアが、にわかに現実味をおびてきた。

タワーの予定地の第一候補は上野の森だったが、ここにはすでに美術館や大学が建設されることになっているので、第二候補の芝に白羽の矢が立った。興味深いことには、上野の森も古代東京湾に突き出た北の半島の一角として、古くから古墳や埋葬地として知られていたところである。上野から芝へ。この決定にはなにか日本人の心の深層で働く無意識の思考を、感じとることができる。高い電波塔の建てられるべき場所は、すべからくそのような土地でなければならない。無意識がそう命じたのであろう。

戦車の廃材はみごとな鉄塔となって、芝の墓地群のまん中に蘇《よみがえ》った。エッフェル塔よりもわずかに高い、文字どおり当時の世界でもっとも背の高い電波塔である。東京タワーははじめからエッフェル塔を意識していたのである。高さにおいて、パリの電波塔は凌駕された。しかしその高さの内容は、同じではなかった。たとえばロラン・バルトは有名な『エッフェル塔』というテキストで、エッフェル塔を「天と地をつなぐ橋」

と表現した。彼がそこで「天」と言ったのは、いと高きところにいまします天なる神のことである。しかし、我が東京タワーがなにか超越的なる領域とのあいだに掛け渡される橋であったとしても、それは「いと高き天」ではなく、天空でもあり海の彼方でもあり、あるいは地下界にあると考えられた死霊の王国に向かって突き出されたアンテナとしての橋なのである。

東京タワーは「天界」と「地上界」という、明確に概念化された二つの領域をつなぐのではなく、境界を越えるともはや思考でも言葉でもとらえることの不可能な、死の領域にさしこまれたセンサーとして、既知と未知とをつないでいる。さらに言えば、このセンサーないしアンテナは、生と死を、過去を生きた死者の魂といまだ生まれ出ていない未来の生命とをつなぎながら、不確定な空間の中を揺れ動いている。東京タワーのあり方は、保田与重郎が『日本の橋』にみごとに描いてみせた、我々の世界における「橋」の特徴をよくしめしていると言えるし、（しりあがり寿の）弥次郎兵衛と喜多八はなにも伊勢を目指して長い旅をしなくても、品川宿の手前にリアルと死の領域をつなぐ不思議な空間が、天に向かって立ち上がっていたことに気づいて、驚くことになるはずなのである。

東京はじつに不思議な都市ではないか。ルイ・アラゴンは農夫の目をもってパリを散歩し直してみると、そこがなんと奥深い神秘にみちたシュールな都市に見えてくることかと、その驚きを『パリの農夫』に描き出してみせた。それなら私は縄文人の野生の思考を身につけて、東京の散歩へとでかけよう。パリにエッフェル塔があるのなら、ここには東京タワーがある。そしてそれぞれの電波塔は、そこに住む住民の抱く「超越性の思考」を、あからさまなかたちで表現してみせている。我々のリアルはどこにあるのか。深遠なその問いかけへのひとつの答えが、東京タワーにはひそんでいる。

第5章

湯と水
麻布〜赤坂
Azabu - Akasaka

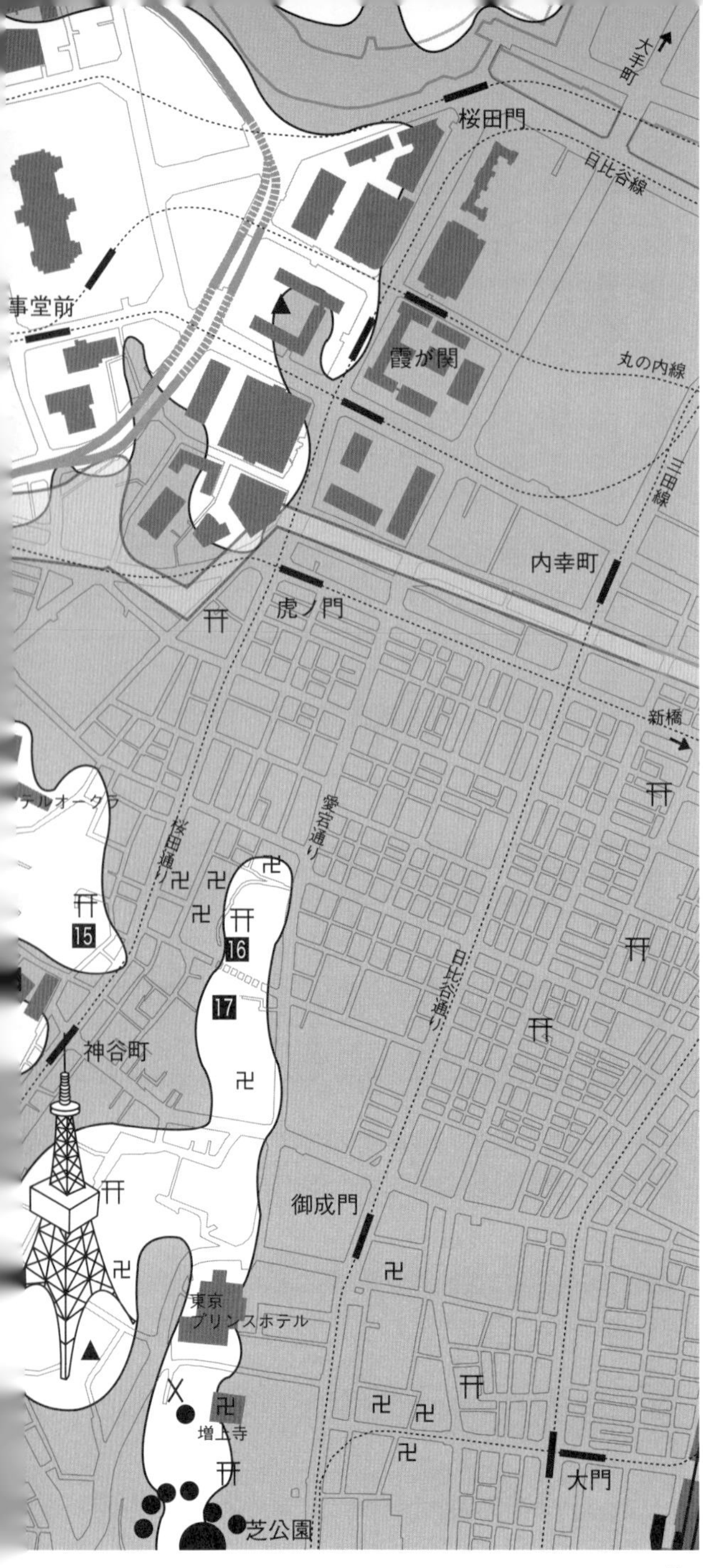

洪積層 / 沖積層

■ 旧石器遺跡　▲ 縄文遺跡
╳ 弥生遺跡　横穴墓　● 古墳
⛩ 神社　卍 お寺

16. 愛宕神社
17. NHK放送博物館
18. テレビ東京
19. アークヒルズ
20. 谷町IC・旧谷町

1. (元)麻布十番温泉
2. 大江戸線
3. 溜池跡
4. 赤坂見附歩道橋
5. 弁慶堀
6. 豊川稲荷
7. 赤坂不動尊
8. 山王日枝神社
9. TBS
10. 種徳寺
11. 赤坂氷川神社
12. 六本木墓地
13. 我善坊谷
14. 西久保八幡神社・貝塚
15. 葺城稲荷

東京の温泉が好き！

東京へ出てきてまだ間もない頃、東京にも温泉があることを知って、意外な感じがした。温泉と言えば私の感覚では、大地の底をへめぐる旅を続けた地下水が、あるときマグマの近くを通り抜け、そのとき受けた灼熱《しゃくねつ》の接吻《せっぷん》の記憶を地上に噴き出させている、生な自然そのものをあらわしていた。そんな野生的な「水の記憶」が、東京の地表に噴き出していることじたいが、なにか異様なことのように感じられた。

おまけに麻布十番《あさぶじゅうばん》温泉（二〇〇八年廃業）をはじめとして、東京の温泉はほとんどがどす黒い、まったくあか抜けのしないお湯である。鉄分を多量に含んでどす黒い鉱泉を、それこそ火傷《やけど》をしかねないほどに熱い湯にわかしているところが多い。しかもそういう温泉がけっこうドクドクと湯量も豊かに、都市のそこここに噴出している。その姿がひどく野生児らしく、私にはかえってこれこそ「温泉のイデア（理想）」と、感じられるのである。

箱根でも熱海でも伊豆でも、もういまでは温泉にこれほどの野生は残っていない。上品なお湯が、おしゃれにデザインされた湯船に流れ込み、人はそういうお湯につかっていると「ああ、自然に帰った気分」というのかも知れないが、私にはそのお湯が地中のマグマに触れてきた水なのだなあという感動は、いっこうにわいてこない。そうなのだ。麻布十番温泉をはじめとする都内の温泉に無造作に涌き出しているお湯には、地下世界との接触感覚がなまなましく残っていて、たとえ沸かし湯であることがわかっていても、ひどく感動してし

麻布十番温泉

まう。

すっかりおしゃれになってしまった温泉文化から忘れられかけているのは、温泉のお湯が地下世界に触れてきた「熱い体験」をもつ水であるという、ホットな事実なのではないだろうか。

温泉につかるというのは、そんなに安全無害な行為ではない。その証拠に、昔は貴族たちは好き勝手に有馬《ありま》温泉やら熊野のお湯やらに、湯治に出かけることは許されていなかった。温泉につかることによって、昔の人たちは自分がいま大地の奥の燃えさかる火のエネルギーを受け取っているという感覚を持っていたから、ひそかに温泉につかる行為は、それだけで政治的反逆の準備としての意味をもってしまいかねなかった。そのために、誤解されることなく湯治の楽しみを味わいたい貴族たちは、かならず事前に天皇からの許可をもらっておこうとした。天皇が地上の権力ばかりではなく、地下から涌いてくる温泉の力も握っていると、考えられていたからである。

龍の背中に飛び乗って

西欧のキングや中国の皇帝たちは、自分の権力の源泉を「天のいと高き所」に求めようとしていた。西欧ではもともと、王の権力はキリストの権力の地上での代理人としての意味しかもっていなかったし、中国皇帝は「天の皇帝」のご指名を受けることによって、はじめてその絶大な権力を地上でふるうことができた。そういう考えのところでは、王や皇帝が、地下界に潜む力と深い絆《きずな》をもっているなどという発想は、あまりおおっぴらに表明されることがなかった。

地下の世界や自然の奥に潜む力を象徴しているのは、龍《ドラゴン》である。そのため、王様のもつ権力の源泉を「天」のいと高き所に求めた人たちの世界では、王様になるべき人物をあらわすのに、よく「龍を退治する聖ジョージ」というキリスト教的な図像で表現した（イラク戦争のとき、ジョージ・ブッシュ大統領が自分のことをこの「龍を退治する聖ジョージ」に見立てたい欲望を隠しきれない様子だった）。地下界の力を退治して、自分の権力にしたがわせることのできた人物こそが、王や皇帝として地上に君臨することを認められた。

ところが、日本列島で発達した政治思想では、それとはまったく反対の発想がとられたのだった。ここでは権力の源泉を「天上界」に求めるという発想がなかった。自然の世界から、地下の世界から、力をもったものが「自己組織」的に立ち上がってきて地上の社会を統《す》べる、というのがこの列島で発達した権力論の考えだった。

そうなると天皇という存在は、もはや「龍を退治する聖ジョージ」のイメージではとらえられないことになる。龍はしなやかにからだを動かしながら、地下の世界を自由に流動していくものの象徴である。この地下界を流動していく見えない力を制圧しようとすると、西欧や中国のような権力の考えが生まれてくる。ところが、天皇という存在は、地下界との絆を断ち切って、そこを無意識下に抑圧してしまうのではなく、地下界に棲む龍の背中に乗り移ることによって、「生の自然」の背中にしがみつきながら、その力を操作するものになろうとしてきた。

だからそれは、都市の中心部に涌き出る温泉のような存在だったのである。どんなに貴族化して、上品に洗練されているように見えても、それはあくまでも表面上のことにすぎなくて、きれいな衣装の下には、麻布十番温泉を思わせる「野生児のような」自然体が息づいているのが、感じられる。そのためだろう、昭和天皇は生物学を研究し、皇太子（浩宮）はテムズ川の水運を研究したのである。

「龍を退治する聖ジョージ」（KMC）

地下鉄のエロチシズム

大江戸線ができてからは、麻布十番温泉に行くのは、ずいぶんと楽になった。六本木駅をすぎて、地下鉄の電車が麻布十番駅に近づくにつれて、私の胸は幻想に高鳴る。私の乗っているワゴンのすぐ脇を、地下のマグマに触れて高熱を得た地下水が、暗い岩の割れ目をぬってドクドクと流れている、という幻想だ。もちろんこれは幻想にすぎない。麻布十番温泉は沸かし鉱泉にすぎないからだ。しかし「東京の温泉」という概念じたいが、そもそもエロチックなものだから、こういう幻想がわき上がってくるのもいたしかたないだろう。

地下鉄の座席に座って、何食わぬ顔で本を読んでいるようなふりをしながら、私はほとんど性的な興奮にふるえている。自分の肉体の一部が、他の存在の肉体の一部に、じかに触れて周りからやさしく締め付けられているような感覚だ。そう、いま私は地下を走るチューブの中にいて、その周りでは地球の熱い血液が脈打っているのである。地下鉄は存在自体がエロチックだ。地上にいて、足下を地下鉄が走り抜けていくのを伝える振動を感じるたびに、私には東京が性的な快感にふるえているように思える。道路脇の排気口から、ときどき熱い吐息がはき出される。その吐息は、路上を歩くたくさんのマリリン・モンローたちのスカートの奥に吹き込まれて、彼女たちの太股に地下の秘め事の余韻を伝えていく。東京はすばらしく性的な身体をしている。

これは私だけの勝手な幻想ではない。たしかに地下鉄には温泉にそっくりなところがある。そういうことを、昔の人たちはよく知っていた。地下を流れている温泉に、エロチックなチューブとその中を流れていく液体状をしたものが味わっている快感を、はっきりと見ていた。

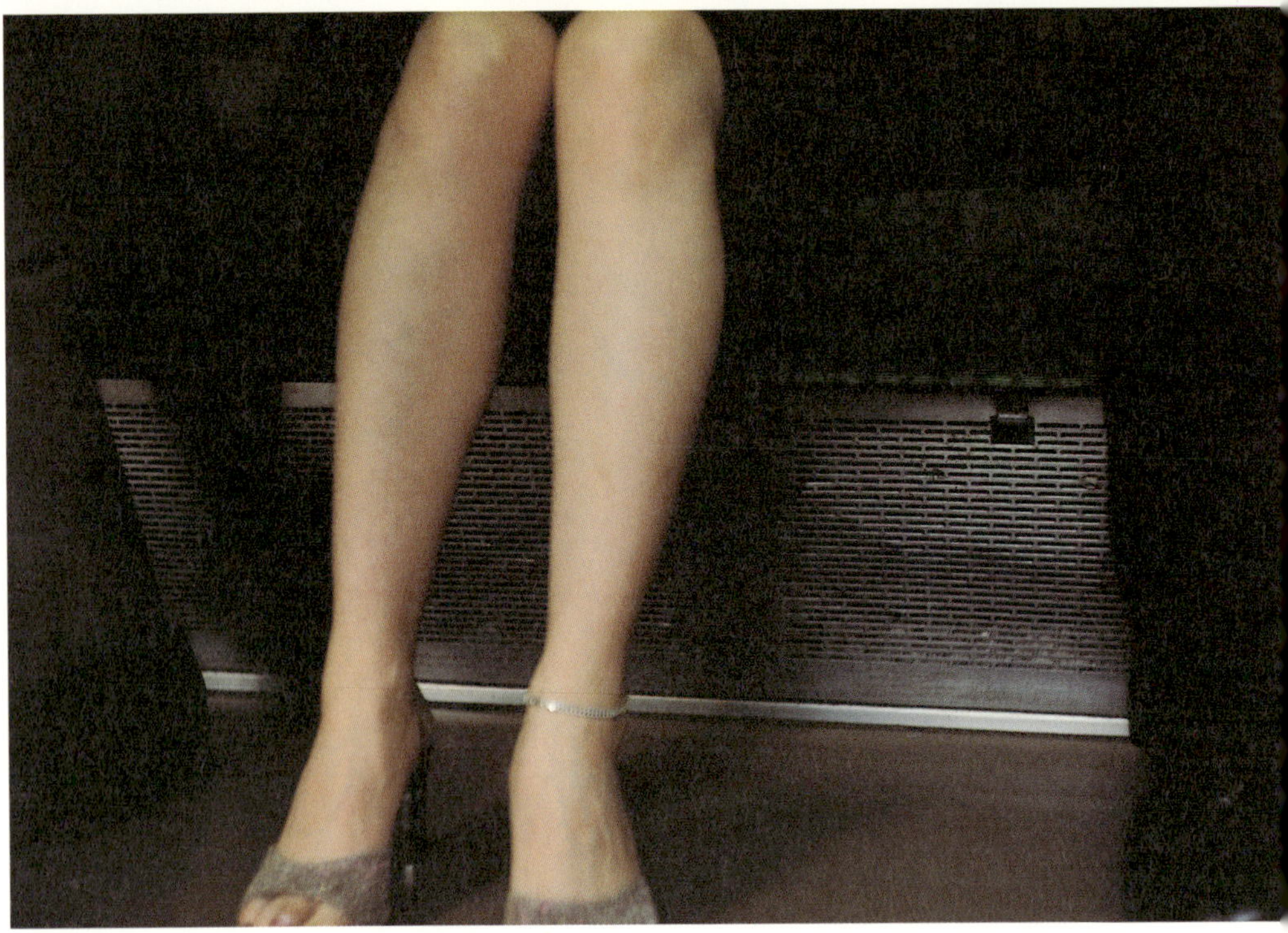

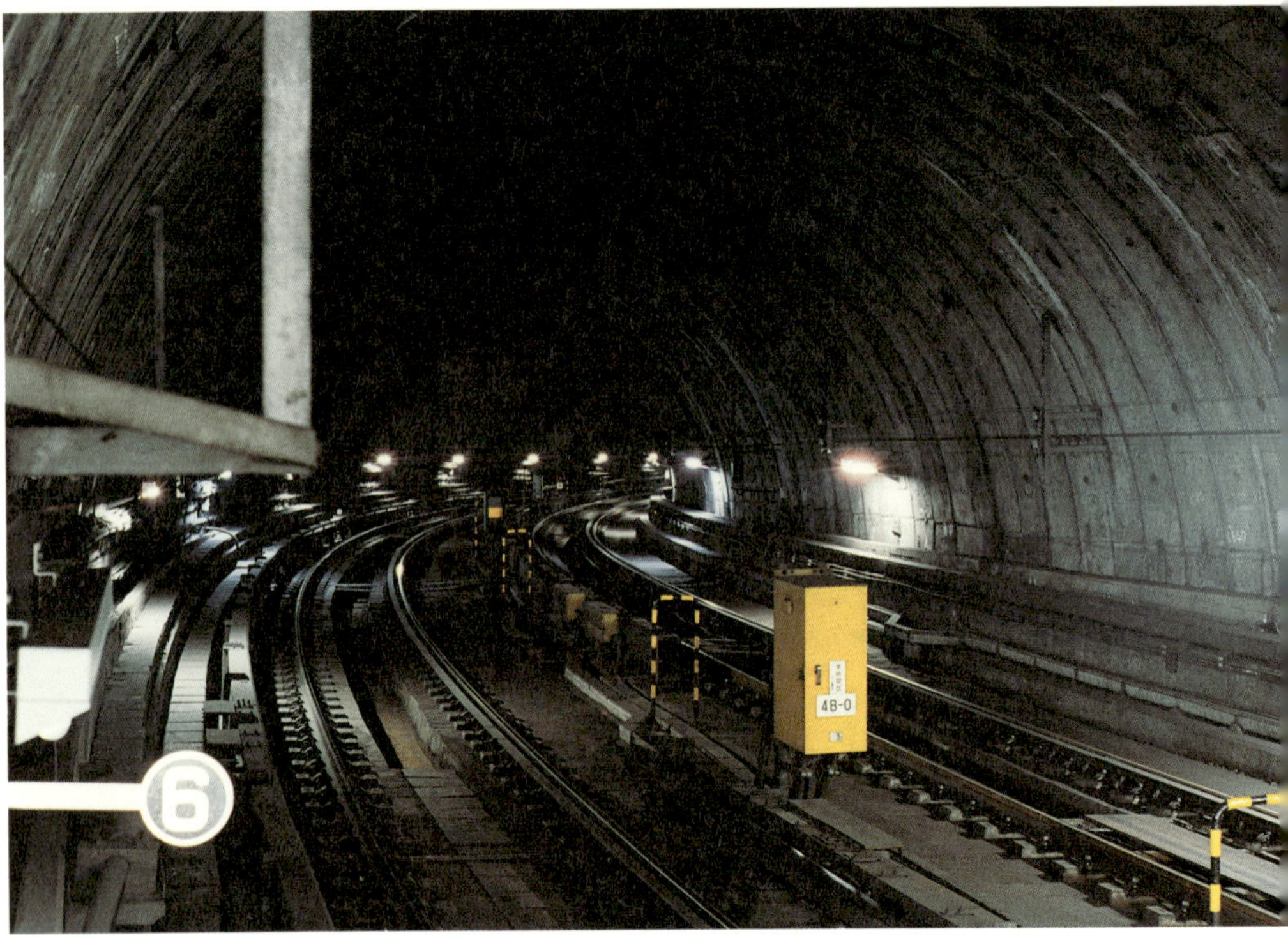

6

たとえば熱海温泉。この温泉はすでに古代から、すばらしい浄化力のある湯として、よく知られていた。そのお湯につかると衰えた生命がよみがえってくるのである。その理由が鎌倉時代に書かれた由来書には、詳しく説明されている。それによると、この温泉の流れる地下には、白道明神と早追明神という二人の神様がいるという。白道明神は熱海の山中深くを走っていく八本の「穴道（地下道）」であり、チューブのようなその姿から、男性神だと言われる。地下鉄の坑道とレールのことが連想される。どうもそれは男性のものらしいのである。

それにたいして、早追明神という神様のほうは、その地下のチューブの中を、高速度で流れていく液体状をしているから、女性神である。「この神は昼も夜も八本の穴道を往復しながら、移動をくりかえしている。そのために、早追と言う。このために、地上の世界でおこなわれる善悪や吉凶のことだとか、政治の善し悪しについて決定を下す働きをしているのである。白道明神を先駆けとして、早追明神を使者として、地上の現実はわれわれの知らないところで、決められている」（熱海に伝わる『走湯山縁起』から）。

ここにはもうはっきりと、温泉は地中を走るチューブと、その中を高速度で流れていく熱湯とで出来上がっているイメージが、描かれている。地下鉄のことをすでに予見していたような文章ではないか。

自然の理法

熱海温泉の縁起はさらに続ける。

「ここの地下には赤と白の巨大な龍が交合しながら、とぐろを巻いている。尾を箱根の湖水に

［右ページ上］：地下鉄の車内
［右ページ下］：地下鉄　国会議事堂前
［左］：走り湯温泉（筆者撮影）

つっこんでいる。その頭はここの地底にあって、龍の両目・二つの耳・鼻の穴・口から、地上にはドクドクと温泉がわき出しているのである」

なんて奔放なイメージなんだろう、と思う。温泉を地下のチューブとその中を流れる熱湯とイメージしようと、それだけでも温泉というのはただものでない存在だということがわかる。そういう温泉が、地下の世界でくんずほぐれつの愛の行為に打ち込んでいる、雌雄二匹の龍とイメージしようと、それだけでも温泉というのはただものでない存在だということがわかる。そういう温泉が、人がのぞき見ることのできない地下の世界で、誠実な働きをしてくれているおかげで、地上の出来事は正しい方向に導かれている、と昔の人たちは考えていた。人間が理性の力を使って、自分で決めているように思える判断も、じつのところは理性を超えたところで働いている「自然の理法」が、まちがいのないように導いてくれているんだ、という考えである。

近代の世界がやっきになって否定しようとしてきた考えである。近代はこう考える。人間は人間の世界のことを、自分で判断し、決定していくことによって、まちがいのない方向に導いていくことができる。心の中の地下世界でうごめいているような、無意識にひきずられてはいけない。政治でもなんでも、暗い見えないところで決定されていくものは、みんな間違っている。あらゆるものごとは意識の光のもとにひっぱりだして、情報はすべて公開して、ただ理性の力だけによって判断していけば、いつだって人間は正しい方向を選んで進んでいける、とこう考えて、非合理なものや無意識的なものを否定しようとしてきた。

しかし、いまの世界に起こっていることを見ると、そんな考えはたちまち自信を失って、ぐらついてしまう。人間の自由な判断に任せていたら、地球はどんどん悪くなってしまった。植物や動物の感情や思いや望みを無視して、人間の勝手な考えで開発を続けてきたら、オゾン層には穴が開き、食肉牛には狂牛病が発生し、鶏にはインフルエンザが蔓延している。新しいウィルスもつぎつぎに出現して、私たちの生存をおびやかしている。

人間の理性には、どうもなにかが決定的に欠けているらしいのである。「自然の理法」にはすんなり理解できていることが、人間の理性にはどうしたってわからないようなのだ。もちろん、理性は役にたたないと言っているわけではない。ただ、理性はどうも完璧なものじゃないらしいので、私たちには見えないところで行われている地球の営みに、もっと耳をそばだてていないといけない、と言いたいだけだ。

そのためには、いろいろな場所の「地下」でくりひろげられていることに、注目する必要がある。いろいろな場所に、温泉の噴き出し口や地下水道や地下鉄の入り口を見つけて、アースダイバーの装備に身を固めて、そういう穴から地下にもぐっていくのである。きっとそこには、二匹の龍がもつれあっているのを発見することになるだろう。地上の出来事のほんとうの意味を決定しているのは、じつはこういう見えない世界で「自然の理法」にしたがって生きている、怪物たちなのである。

水の記憶　赤坂〜我善坊谷

赤坂という地名は比較的新しい（赤土の多い坂道、という意味である）。もっと昔はここは「下一ツ《ひと》木《ぎ》村」と呼ばれていた。上一ツ木村もあった。いま東宮御所と迎賓館のある広い敷地をまたいで、向こう側に広がる湿地帯・鮫河橋のあたりが、上一ツ木村である。とい

明治期の溜池（ベアト撮影）

うことは、信濃町から赤坂にかけては、巨大な池をはさんで、ひとつの大きな村だったわけだ。

アースダイバー地図を見ていただきたい。四谷鮫河橋のあたりもなかなか水のひかない湿地帯だったが、東宮御所と迎賓館をはさむ谷間にくると湿地は深い池をなし、さらに赤坂見附まで下ってくると、そこは満々たる水をたたえた「溜池《ためいけ》」になっていたのである。池に突き出た岬には、きまって古代からの聖地があった。そこには山王日枝神社《さんのうひえじんじゃ》や豊川稲荷《とよかわいなり》がある。

この地形から判断するに、日枝神社のある岬に向かい合って、下一ツ木村はあったわけであるから、とうぜんこちら側の岬の高台にも、なにか重要な古代の聖地があったにちがいない、と推測される。そういう場所を探してみると、現在の一ツ木通りの裏手、ＴＢＳの敷地が浮かび上がってくる。そうでないと、この比較的大きな半島にだけ、聖地がないことになってしまうからである。もしこの推測が正しいとすると、ＴＢＳは大地の記憶を抹殺した上につくられた、情報資本の拠点なのだということが、くっきりと見えてくる。記憶を滅ぼして、情報という偽物につくりかえる現代的な作業にいそしむ人々の拠点である。

これは日比谷入り江のさらに南方の岬の突端に、日本放送協会（ＮＨＫ）の最初の放送用アンテナが建てられたのと、よい一対をなしている。こちらの鋭い形をした岬の頂上には愛宕神社《あたごじんじゃ》があり、その境内の一部を借りて、ＮＨＫはラジオの放送をはじめた。ＴＢＳはもっと内陸寄りの岬の高台を拠

［上］：山王日枝神社
［下］：豊川稲荷

点に選んだわけである。

ここにも電波と霊性の間に存在しているにちがいない深いつながりを、予感させるものがある。東京タワーといい、赤坂といい、神宮の森といい、電波塔の立つところは、ほぼ例外なく縄文の聖地のある場所だ。放送局は記憶を情報にすりかえ、大地の霊力を広告を媒介にして資本に変換する装置なのであるから、これは当然おこりうることである。

人はいいかげんな場所に、電波塔を建てたりはしないものだ。小高い丘があったから電波塔が建てられたわけではない。そこが洪積台地が水界にふれている岬だったから、まずたましいを他界に送るための宗教的な装置が、縄文人たちによってつくられ、しばらくするとこんどはその古い装置の上に神社や寺が建てられた。そしてふしぎなことに、現代人はそのような場所ばかりを選んで、電波塔を建てたのである。正確な理由はさだかではない。しかしひとつだけはっきりしているのは、こんなところにさえ縄文的思考の痕跡が、深い影響をおよぼし続けていることである。

都市を流れるもの

子供時代の夏をしばしば過ごした新潟市は、その頃いたるところに水が流れていた。街の中を縦横に掘り割りが走り、そこを豊かな水がゆったりと流れていた。それが街全体に優美な流れの感覚をつくりだしていた。水は瞬間瞬間に姿を変え、一ヵ所にとどまることなく流れ去っていく。水が流れ

ＴＢＳ再開発地

ていることで、街は女性的なものを感じさせていた。水のように形定めず、柔らかな感触を残しながら、またどこかへ向かって流れていってしまう存在が女性だとしたら、街の中に水が流れていることによって、新潟は私にとって女性を連想させる街だったのだ。

だから何年かしてその街をまた訪れたときに、掘り割りがほとんど埋め立てられて、コンクリートの道路におおいつくされてしまっているのを見たときほど、がっかりしたことはなかった。街を流れ行く、女性的なものが埋め立てられて消えてしまった。すっかり失望した私は、それ以来新潟市には、ほとんど立ち寄らなくなってしまった。

しかし、外堀通りの大歩道橋に立って、夜の赤坂の風景を眺めていたとき、自分が生まれた新潟市をそんな理由で見捨てた自分を、恥ずかしく思うようになった。

溜池山王の前の広い道路を、車のヘッドライトが流れていく。そのかわり、この土地も地表を流れていた水路をなくしてしまった。夜になると光の流れがまるで川の水のように流れていく。東京は水の流れを失ってしまったように見えて、別のかたちの水の流れをつくりだしているのではないか。私たちが想像力を少し働かせるだけで、溜池山王はもとの水路に変容していく。そして、そこがかつて満々と水をたたえた地形であったことが、思い出されるようになる。もう一度新潟に行ってみよう。ヘッドライトの流れがつくりだす、光の掘り割りを眺めながら、私はそう思い直すようになった。

赤坂不動尊

じっさい、赤坂界隈はいつまでも水が引かず、溜池山王から赤坂見附にかけては、巨大な溜池をなしていた。地下鉄の赤坂見附の駅をあがって、まっさきに目にする広い道路のあるところ、あそこは一面の溜池だったのである。

明治になっても、まだそこは大きな溜池だった。形を定めない水を前にしていると、不思議なことに人は女性を思うらしい。そして女性のほうでも、こういう地形に惹かれて、周辺に集まってくるようになる。上野不忍池《しのばずのいけ》もそうだったし、新宿十二社の池の場合もそうだった。池のまわりには運命定かでない女性たちが集まり、お客を拾う商売をはじめた。都内でも有数な溜池をかかえる地形をもつ赤坂は、こうして水とエロチシズムの結びつきの見本のような地帯として、発展しはじめた。

だから赤坂が有数の花街に発展していく、いちばん大きな要因をつくったのは、ここでも水をたたえた地形の問題だったといえる。赤坂は女性的な街である。そこにはまだ水の記憶が、はっきりと刻み込まれているからだ。

起伏の果てにあらわれたもの

古代から大量の水をたたえていた赤坂は、現在も起伏に富んだ街である。古くから水界に突き出ていた半島の上には、大名屋敷や高級な住宅街が昔からできていたが、古代に峡谷の底で水に浸かっていた地形のところには、ごみごみとした民家が立ち並び、半島だったところから谷底へ、たくさんの坂道ができている。赤坂を歩くと、上ったり下りたりが、音楽のリズムを奏でることになる。

ＴＢＳから赤坂氷川神社《ひかわじんじゃ》に向かおうとすると、いったん谷間に下りなければならない。坂道沿いに

赤坂見附交差点付近

Mの時代

は多くの寺と墓地が建ち並んでいる。江戸時代にこのあたりの谷地が、火葬場だったなごりだろう。しかし氷川神社からはまた高台がはじまって、江戸時代には旗本や大名の屋敷が建ち並んでいたし、明治以後は外国公館やお屋敷が並んでいた地帯に、変貌する。

ところがしばらく行くと再び谷へと下りる道にさしかかり、降り立ったところは六本木である。アークヒルズの脇は、深い入り江だったところで、かつては谷町《たにまち》と呼ばれた一角がそこにあった。アマンドのあるあたりは高台の頂上附近である。そこから飲食店の建ち並ぶ一角にはいる。しかし、また谷である。ネオンの灯りもにぎやかな裏通りのすぐ後ろには墓地が広がり、そこから丘をひとつ越えると、鋭く切れ込んだ渓谷の底に、我善坊谷《がぜんぼうだに》があらわれる。

坂道を上ったり下りたりの心地よい散歩を楽しんできた私たちは、この谷にたどりついて愕然《がくぜん》とする。もともとこの谷地《やち》には、小さな家がごみごみと建て込んでいた。そうした家の多くに、立ち入り禁止の張り紙が貼られ、どの家もどのビルもMビルの管理下におかれているのだ。赤坂のかつて海水にひたされていた谷の底であった地帯をねらって、再開発という名の魔手がすでに侵入をはたしてしまっていた。フィヨルドの底の部分から、六本木・赤坂は根底的につくりかえられつつある。散歩者は、空を見上げる。すると見上げた空にはまたもやMのビルである。M、M、M……Mの時代がこの水の街を、いま根こそぎに変貌させてしまおうとしている。

赤坂氷川神社

現代世界に支配的な力をふるっている勢力を象徴することばは「M」である。マネーのMは言うまでもないことだが、人間から夢みる力を奪う物質主義をあらわすことばも、マテリアルのMである。母親という存在も、なかなかあなどりがたいMであり、子供たちの思考と運命を握っている。資本主義を深層で支えているのはキリスト教の思考方法だけれど、真相を明かせば、じっさいにそれを動かしているのは、独身主義者だった（異説もある）イエスではなく、その母親であったマリアなのである。このマリアが二重のMとして、映像メディアを発達させて、ことばの力を失わせるという、大プロジェクトを進行させつつある。

そして今日の東京の風景を一変させるほどの影響力を発揮しているMといえば、それは森ビルのことにほかならない。不動産とビル経営の分野でこのMは、着々と都心部の地図を塗り替えている。森ビルの建っているところへ行くと、現在どこまで森ビルの活動が拡大しているかをしめす地図を見ることができる。それには森ビルの建てられている場所が緑で塗られている。森をあらわすその緑は、出発点だった新橋・虎ノ門からしだいに拡大して、アークヒルズをへて六本木から霞町《かすみちょう》に広がる広大な領域に、伸びていこうとしている。森ビルというこの新しい都市の「森」は、都心部に増殖をとげている。

この「森」の増殖には、一定の法則があるように、私には思われる。巨大なビルが「生えている」場所は、私たちのアースダイバー地図で言うと、おおむね水に浸されていた跡をしめす沖積層であった地帯、のちの時代の地形では「谷地」であるような地帯に集中している。「谷地」はアースダイバーがもっとも敏感な反応をしめしてきた東京の地形である。そのために、森ビルの繁殖にはどうしたって神経質にならざるをえない。

我善坊谷の廃屋

かつて湿地帯であったこの地域を埋め尽くしていくこの人工の「緑」は、東京の風景になにをもたらそうとしているのか。

我善坊谷のゴーストタウン

いまアークヒルズビルの建っている場所には、かつて麻布谷町《あざぶたにまち》という「谷地」につくられた町があった。ここには小さな家がごみごみと建ち並び、零細だが人間くさい生活文化が息づいていた。そこに巨大ビルを建てる計画が立てられ、土地の買い占めが進められていった。麻布谷町はゴーストタウンになったのである。土地の記憶は、削り取られてしまった。そしてそこにウルトラモダンなビルが建つ。東京の沖積層地帯の新しいタイプの開発が、ここ数年の都心部の風景を一変させてきたことに、多くの人はまだ気づいていない。

そのときどんな過程が進行していたのか知りたい人は、六本木のクラブやピザハウスを抜け出して、谷ひとつ越えた我善坊の谷を訪れてみるといい。ここはかつて深い入り江だった場所らしく、急な坂道を下った底にある、典型的な「谷地」をかたちづくっている。二代将軍秀忠《ひでただ》の正室の遺体を焼いた火葬場のあった谷だという伝説もある。大名や旗本の屋敷のあった高台から見下ろすと、そこはまるで深い渓谷であっただろう。

谷町とほぼ同規模の、比較的大きな谷だったここには、小さな家々がところ狭しと建ち並んでいる。しかしいまではどの家にも、立ち入り禁止の札が貼られ、管理者は森ビルである。谷の買収はほぼ四分の三ほども終了し、ところどころに巨大ビル建設反対のポスターが見られるだけで、夜ともなれば

[右]：建築中の六本木ヒルズ
[左ページ]：拡大する森ビルの開発地域（深澤晃平撮影）

不気味なほどのゴーストタウンである。

ここに三棟の巨大な森ビルが建つのである。そしてMの地図には新しい大きな緑が描き加えられ、緑のベルトは新橋から霞町まで、一続きになろうとしている。今日まで東京の地形は歴史性を保っていた。乾いた土地と湿った土地が複雑に入り組んでできた地形は、この土地に住む人々が抱く、どういう町をつくろうかという「構想力」に、深い影響を及ぼしてきた。江戸から東京へ、近代の歴史がはじまってからでさえ、この地形は、独特の意味作用を発揮して、東京をけっして均質な空間にはしないできた。

とりわけ、長いこと水に浸されてきた沖積層の周りは、急な坂と窪地の湿地帯が残り、あまりお金はないけれど豊かなアイディアだけはあるという雑多な人々が入り込んで、人間の世界をつくってきた。都心部は高台と谷間がリズミカルに交替していくことによって、都市空間が均質になってしまうのを防いでいた。その谷間がビルになってしまうことによって、東京はいまその重要な魅力を失いはじめている。

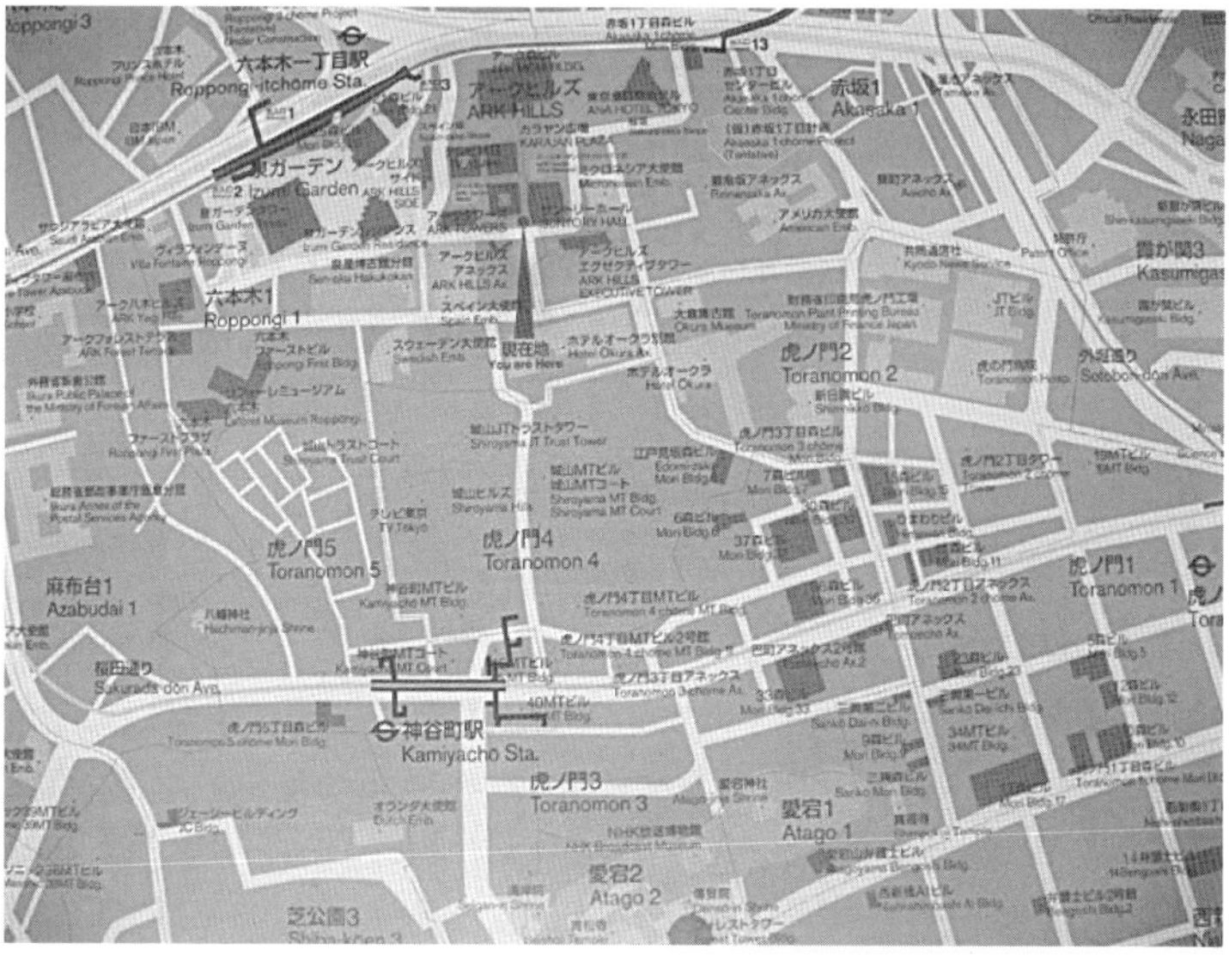

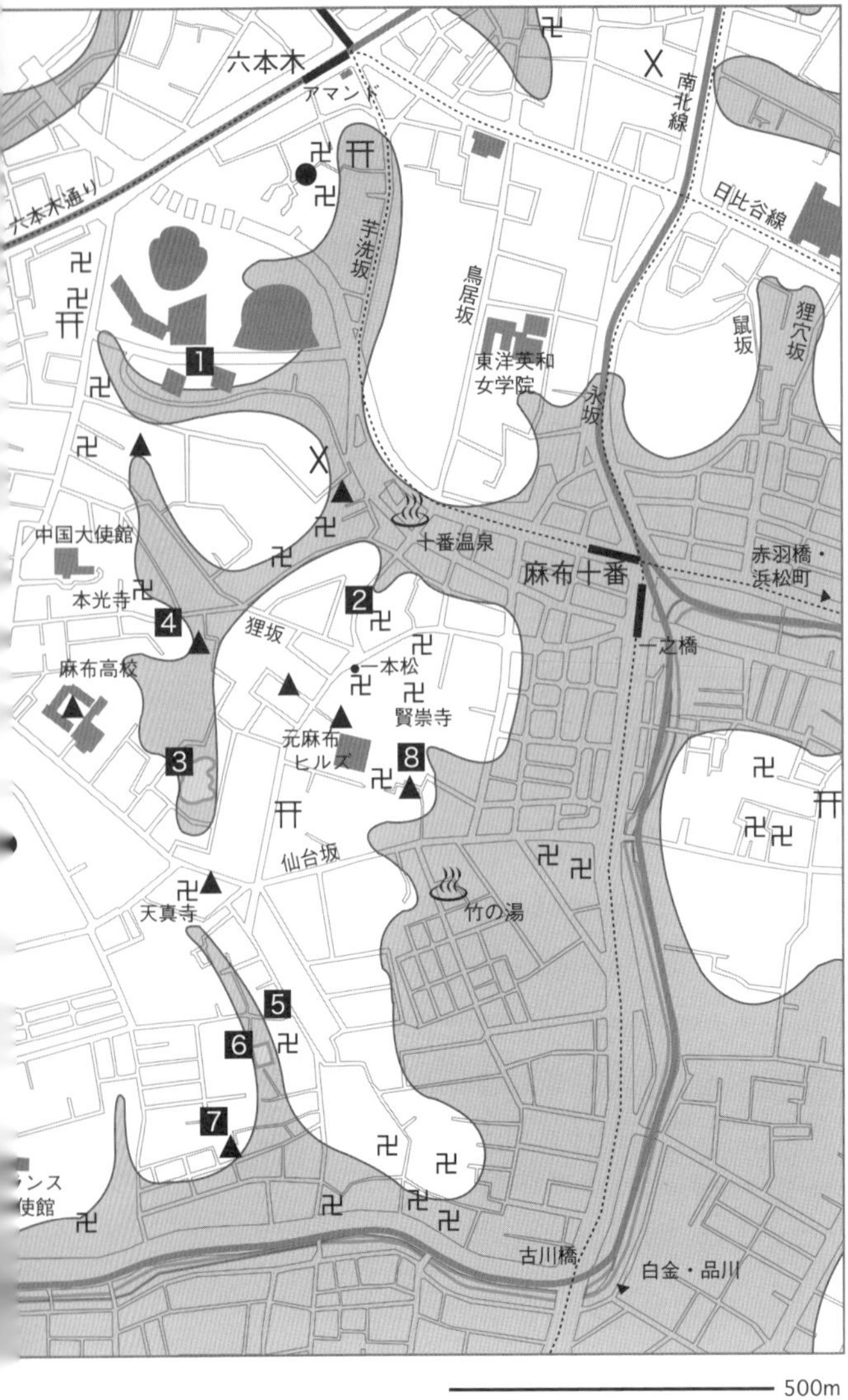

間奏曲（1）

坂と崖下

Slope & Cliff

1. 六本木ヒルズ
2. 暗闇坂
3. 蝦蟇（がま）池
4. 狐坂
5. 奴坂
6. 旧つりぼり衆楽園
7. 本村町貝塚
8. 麻布山善福寺
9. 有栖川の宮公園

洪積層 / 沖積層

■ 旧石器遺跡　▲ 縄文遺跡

╳ 弥生遺跡　Δ 横穴墓　● 古墳

⛩ 神社　卍 お寺

1. 路地裏
2. 菊坂
3. 吉田晴亮商店内金魚坂
4. 東京大学
5. 弥生町遺跡群
6. 根津神社

崖下の美しい怪物 1

都心部にはいくつも湧水池《ゆうすいち》がある。たいていは高台のはずれの地形が、崖になって下り降りるあたりに、きれいな地下水が湧き出していて、そこに手頃な大きさの池ができている。そういう池のまわりにはいまでも竹藪や雑木がこんもりと茂って、薄暗い静かな空間をつくっている。小鳥たちも、そこへ水を飲みに集まってくる。ここは小鳥たちにとっては、ほんものの都心のオアシスなのである。

麻布の高級住宅街の一角にある「蝦蟇池《がまいけ》」などが、そういうオアシスの代表だろう。この池の一部を埋め立てようとしている人たちがいて、近隣の住民が反対運動をしている。この池には巨大な蝦蟇の精が棲んでいる、と昔の人たちは信じていた。土地に精霊が宿っている、などという考えはばかばかしい迷信のように思われるかも知れないが、大地の中を動いている見えない力の流れと、その近くに住んでいる人間の深層の心とは、深いレベルでつながっていて、とりわけ崖の下にあらわれる湧き水のそばなどでは、このつながりが強く感じられる。

人の心は深層で自然につながっているからである。だから、不用意にこういう池を埋め立てたりすると、小鳥たちを苦しめるばかりではなく、そのあたりに住む人間の心の深い部分に、深刻な傷をつくってしまうことになる。蝦蟇池はそっとしておくべきだ。都市の暮らしがくり広げられている大地は、ただの土や石ではなく、地球という大きな生命体の一部として、生きて運動しているのであって、その都心部に涌き出してくる温泉や湧水池などは、そういう大地が空中に向かって吐息を吐く、大事な呼吸口なのだ。江戸時代の人は、大地は巨大な鯨で、人の暮らしはその鯨の背中の上でくり広げられている程度のもの

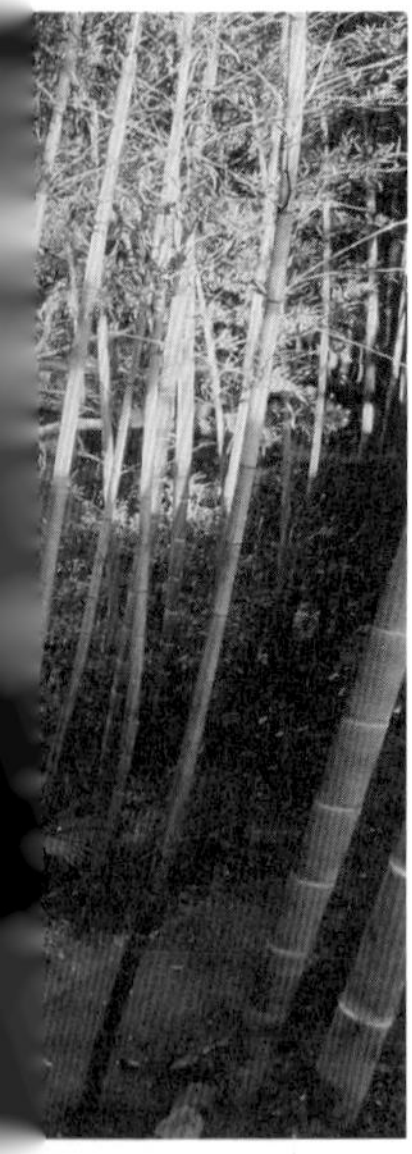

蝦蟇池

だ、と考えていた。この鯨が体を揺するとき、地震がおこる。鯨が呼吸をするとき、地上には呼吸口から、温泉や湧水がごぼごぼとあふれだしてくるのだ。

さて、東京の前身である江戸の町で、高台には大名や旗本の立派なお屋敷が建てられていた。お屋敷の敷地はなかなか広大で、そこには高台ばかりではなく、崖地や谷地や窪地も含まれていたものである。そういうところには、よく湧き水が出ていた。屋敷の真ん中あたりにある築山をした立派な池とは別に、旗本たちのお屋敷のはずれには、薄暗い窪地に出来た池が、よく見かけられたのだった。

都市の住人になったサムライは、完全な消費者として生計を立てなければならなかった。彼らの主な収入源は、お米という、威厳はあっても古風な通貨の一種だったが、世の中では貨幣というもうひとつのスマートな通貨のほうが、圧倒的な速度と力量をもって、流通をはじめていた。そのために、どの旗本も、生活には窮していた。そういう貧乏旗本たちのあいだに流行した副業があった。広いだけがとりえの敷地の中に涌き出している水を利用して、彼らはよく金魚の養殖をおこなったのである。

旗本の屋敷が立ち並んでいた麻布や本郷などの、崖下や窪地にある湧水池で、金魚の養殖は盛んにおこなわれた（そのなごりを、いまでは本郷の菊坂界隈にある金魚坂に見ることができる。六本木にもそういう金魚の養殖場があったが、そこには六本木ヒルズが建つことになり、金魚屋さんはそのビルの最上階に移り住んでいる）。地下世界が地上にとつぜんの露呈をおこなう崖の下で、金魚が飼われていたのである。

金魚──自然からの逸脱

地下世界には、形のはっきり定まらない流動していくなにものかが生息している、というイメージが抱かれやすい。そのために地下には鯨のような柔らかい皮膚をした、巨大な生き物がいると考えられていたこともあるし、なめらかに体をくねらせて移動していく龍が棲んでいる、というふうに想像されていたこともある。

地上で生活しているものは、むやみやたらと自分の姿形を変化させたりしない、というのが通り相場だ。それにたいして、地下世界に生息しているものは、同一性《アイデンティティ》をもっていないのだ。そのために地上の世界の戦いで敗れ去ったものたちは、自分の姿形の輪郭を失って、地下世界に入り込んでいった。ここではひとつのものが、いつまでも同じ形をしているとはかぎらない。

同じものが同じものを生んでいく反復でなりたっているのが、地上の世界の原理であるとすると（会社や学校などの重要なポジションには、ユニークな人材ではなく、前任者と同じようなタイプの小ぶりの後任者が選ばれるものだし、テレビの新番組は新しいように見えて、あいも変わらない規格品の反復が好まれる）、同じものが反復されて続いていくのを拒否して、つぎつぎに前例のない怪物を生み出していくというのが、地下世界の好みなのである。地下の世界をつくりあげている「自然」は、地上の自然にとっては、まがまがしい「反自然」としての特徴を持っている。

そういう地下世界の力が地表に露出する崖下で、金魚が好んで飼育されてきた。私には、これはとても意味深長なことのように思える。なぜなら、金魚飼育への情熱は、同じものが同じものを反復してつくりだしていく自然の原理を拒否して、その自然の中に怪物をつくりだそうとする、奥の深い欲望に支えられているからである。

自然の中にはいまだかつて存在しなかった、新しい、突飛な姿形をした金魚を生み出そう、飼おうとする欲望が、金魚愛好者の深層心理にはある。とんでもなく大きい目玉をした出眼金、眼が天上を向いている頂天眼、眼のまわりにぶよぶよした大きな房のついている水泡眼、鼻のふくらんだみたいな花房、鶴が水中を泳いでいるような丹頂……突然変異で生まれた変わった形をした金魚に遺伝子交配を重ねて、ついに自然界になかった風変わりな怪物をつくりだすことに成功したとき、金魚飼育の喜びは頂点に達するのだという。

それにしても、なんて美しい怪物だろう！　同じものがいつまでも反復をくりかえして、安定した世界をつくっていくのとは反対に、自然の敷いたレールから逸脱して、思いもかけなかった形を生み出そうとすることが、金魚への情熱を支えてきた。そして、江戸から東京へ、この都市ではその美しい怪物の繁殖と飼育が、地下世界の力が地表に露出する崖下の湧水池で、続けられてきたのである。これもまちがいなく、人の心が深層で自然の力につながっていることの証拠にほかならない。

崖下の美しい怪物 2

中国人は人間の力でたわめられた自然の魅力を愛好する人たちだ。その昔の纏足《てんそく》の習俗のことを、思い出してみるといい。発達期の女性の足を、強く縛り上げて変形をほどこす。女性の足はそのまま発育をストップして、よちよちとしか歩けなく

金魚という怪物

なるという。

そういう女性の足の匂いを嗅ぎ（それはチーズにそっくりな、良い匂いを出したそうだ）、性の行為をおこなうことに、昔の中国の男はたまらない魅力を感じていたという。伸び伸びと育っていった自然なものではなく、人間がたわめた自然のいびつな美しさを愛好していたのである。

中国で生まれた盆栽にも、それとよく似た性格がある。『オースティン・パワーズ』のミニ・ミーのように、形をそのままにして、大きさを極端に縮小した生物の姿を愛《め》でるのである。宇宙を縮小することの喜びが、そこから生まれる。しかし、実物より小さな機関車の模型を愛好する鉄道マニアたちの喜びとは違って、盆栽は自然の成長力をたわめたり、押さえ込んだりする人間の力がなければ生まれない。

盆栽も纏足も、自然の中においておいたら絶対に出来てこない、大きさや形をもった生き物をつくりだすという意味では、反自然的なものを人間の力でつくりだそうとしていることになる。その場合に、中国の人たちは自然の成長力をたわめて、押さえつけることをとおして、反自然の怪物的なものを生みだそうとしてきた。そういう中国人の発明した「文化」の纏足を除いてほとんどすべてのものが、日本には入ってきた。

金魚もそのひとつである。揚子江の近くで発見された、赤い「奇形」のフナが交配によって固定されて、最初の金魚がつくられたと言われている。そして四百年ほど前に、その金魚は日本にやってきた。金魚を飼い始めた最初の人は、甲府《こうふ》に在職していた旗本の子息だと言われている。

この人が大和郡山《やまとこおりやま》に移って、そこで金魚の養殖を広め、そこから愛知県の弥富《やとみ》に養魚

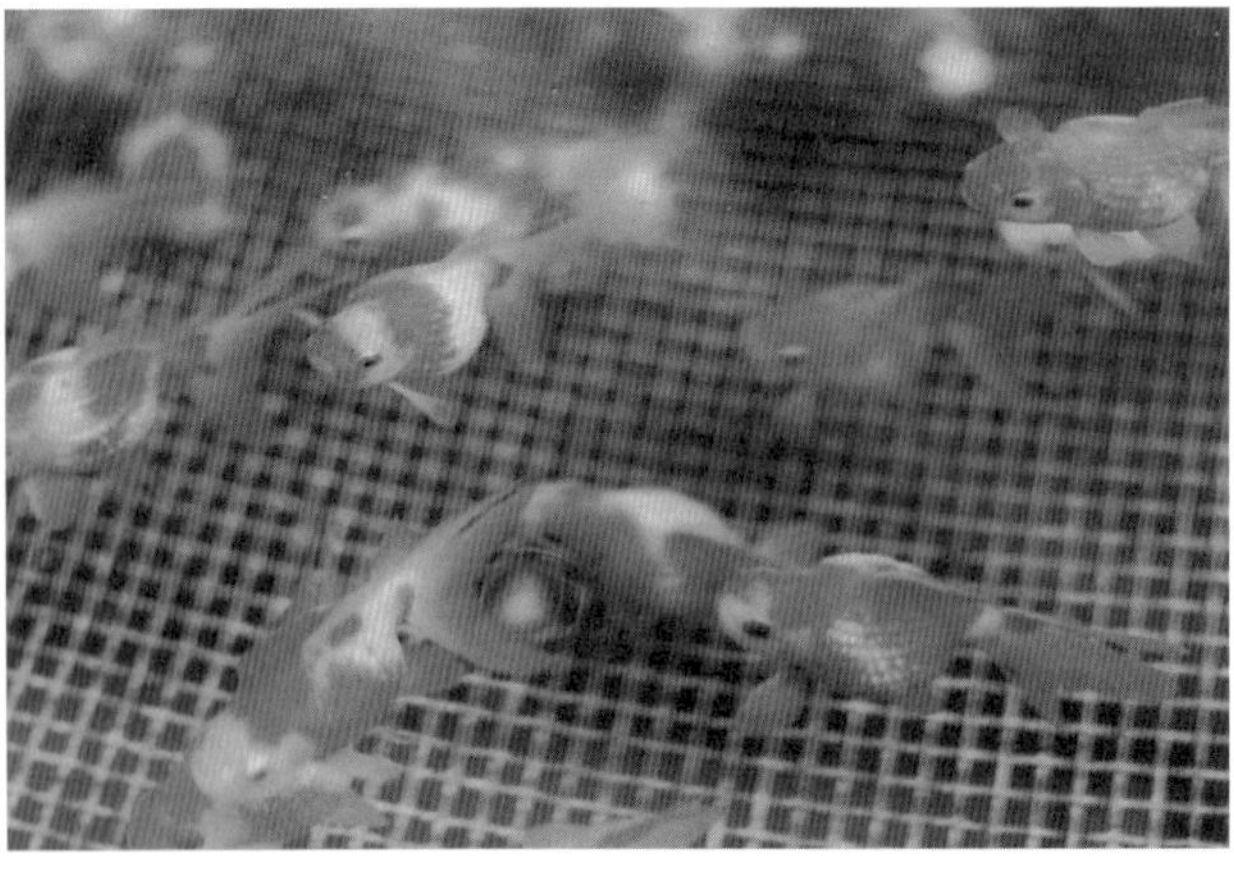

琉金

の中心が移り、そこから東日本に逆輸入されるかっこうで広まっていった。そのあいだに、和金ばかりではなく琉金《りゅうきん》の飼育も流行するようになった。江戸時代、都市生活をおくっていた人々は、この金魚をことのほか愛好した。

金魚が美しい小さな怪物だったからである。それは自然にはあり得ないような形や色や模様をして、しかも適当なころあいに小さい。金魚の形や色は、別に人間が力でたわめてつくりだしたわけではない。その形も色も、自然がみずからつくりだしたのだ。

問題なのは、そのつくりだし方である。生物の同じ形や色をつぎの世代に伝えていく、遺伝のメカニズムにおこった変異が、新しい金魚を生みだす。自然をたわめることの好きな中国人の趣味思想とはおよそ異質な、日本人の間で発達した趣味思想の華が、この金魚という小さな怪物なのである。

同じものがくりかえしていく循環から、面白いように外れてしまったものだけを取り出して、その異常な外れ方を固定して鑑賞しようというのが、金魚愛好家の論理である。自然界は反復の原理でできている。ところが金魚愛好家たちは、反復を否定した怪物的な生物を、身近において楽しもうとしていたわけである。

江戸時代に描かれた浮世絵を見ると、そういう金魚がまさに撩乱《りょうらん》の美を誇りながら、都市生活を彩っていた様子を知ることができる。その頃、人々の暮らしは同じことのくりかえしでできていた。生物の世界でおこっているのと同じように、武士の子供は武士になるし、百姓の子供は百姓になるのだ。社会は同じものの反復でできていると、たいていの人が信じていた。

そういう社会だったからこそ、金魚の存在はまばゆかった。水槽の中に群れている一匹一匹の金魚

水泡眼

がすべて、同じものの反復という社会の原理を拒絶して、軽快に水の中を泳いでいる。同じ行為をくりかえしているようで、毎回違う体験があたえられるという点では、金魚の飼育はセックスの体験に似ている。そのためだろう、浮世絵では金魚とセックスが同じような扱いをされて描かれている。江戸の人たちにとって、魅力ある自然とは、同じものの反復を拒絶した、怪物的な生命の営みをしめすものでなければならなかった。

崖下を探そう

ところが、明治になると人々の趣味に大きな変化が発生した。あらゆるものが変化にさらされて、同じものの反復などということが、まったく流行らなくなってしまった。そうなると、自然の見方も変わってくる。いままでは自然の中に、反復を拒絶して自由を生きる怪物を探してきて、それを愛好したり、描いたりするという趣味が発達した。ところが、まわりじゅうの世界がめまぐるしい速さで変化していく社会では、むしろ自然は紋切り型のパターンで描かれるようになってくる。この時代の錦絵には、浮世絵にあったようなほんもののエロチシズムが消えている。

麻布や本郷の高台には、それまでの旗本たちにかわって、成金のブルジョワジーたちが豪勢な住まいを建てるようになった。しかし、そういう豪邸のどこにも、もはやほんものの怪物は棲まなくなってしまったのだ。うわっつらの変化ばかりが、社会の表面をおおっている。その変化でなにかほんとうに新しいものが出現しているかというと、そうではなくて、金太郎飴のように同じ原理で出来た、顔つきのちょっと違うものがつぎつぎと選手

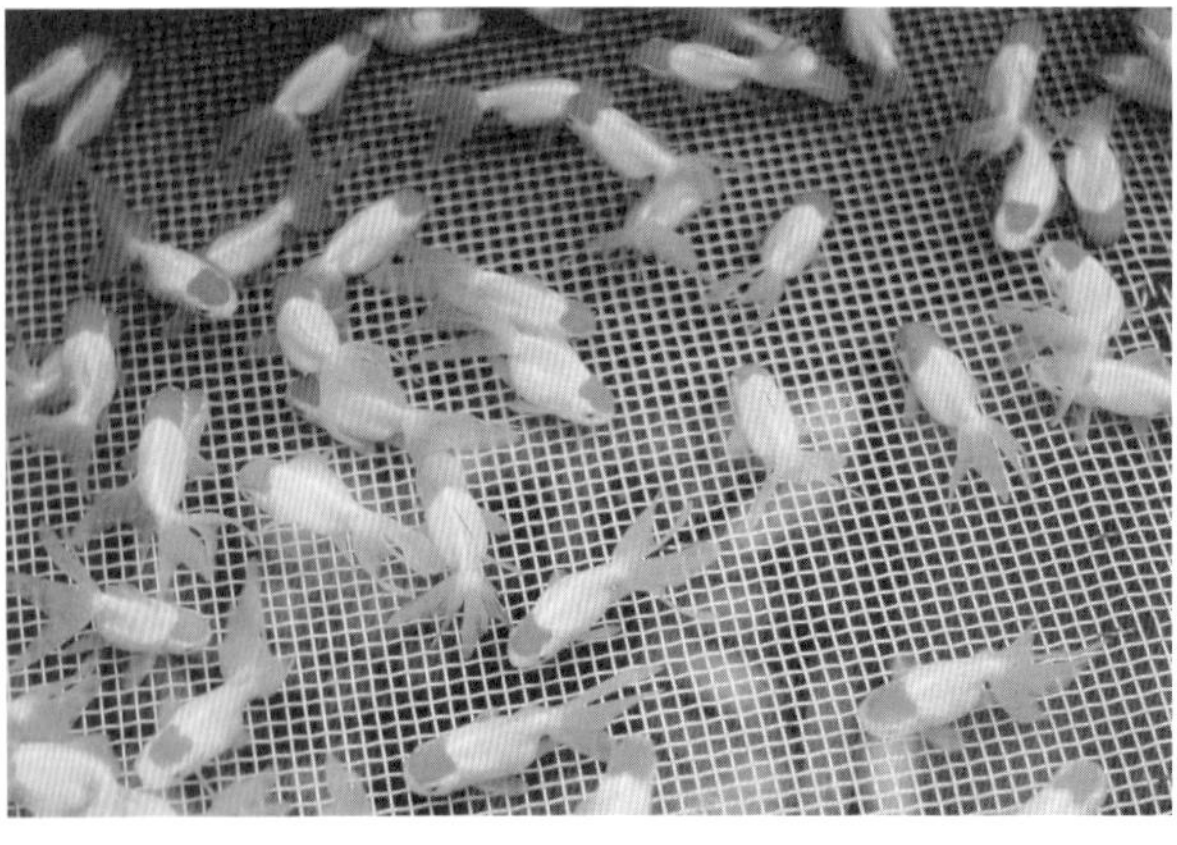

丹頂

を交代しながら、進歩というお芝居を演じているのにすぎないのである。

そういう時代になって、いったい金魚たちはどこへいってしまったのか。ブルジョワジーたちが高台に住みついていた頃、金魚はその高台の途切れる崖の下に暮らしていた人々の手で、育てられていたのである。小説家の岡本かの子が、そういう時代のことを『金魚撩乱』という小説に描いている。高台に住むあこがれの女性の美を手に入れることの出来なかった、崖下に暮らして金魚の飼育をおこなっている貧しい主人公は、苦心の末に、ついにかつて出現したことのない、新種の金魚を生み出すことに成功する。ほんものの美は、高台ではなく、崖下に出現した。

その喜びを描きながら、岡本かの子は近代という時代を、痛烈に批判している。私たちの世界は、ほんとうの美に触れたことなどがあるだろうか。めまぐるしく変化しているようで、じつは同じ原理の反復で出来ている世界を生きながら、私たちはまだほんものの怪物を見たことがない。崖下を探しだそう。そこで美しい金魚と出会うために。

金魚からへら鮒へ

金魚は水槽に入れて飼ったり、鉢で飼育して、観て楽しむ。金魚がどんなに遺伝子交配の妙のつくりだす優美な怪物だとしても、人はそれを観ることによって、心に波紋を描いていく小さな驚きを楽しむのである。そこには音も、あんまり重要な働きをしていない。金魚は水面から勢いよく飛び上がってみせるような、おきゃんな性格をしていないお嬢さんなので、ぽっちゃんという音を楽しませてくれる機会は少なく、金魚を鑑賞する楽しみは、もっぱら視覚の快楽に限られるのである。

ところでここに、そういう金魚とは正反対の楽しみをあたえてくれる魚が、都心部の池の中をゆったりと泳ぎ回っていることを、ご存じだろうか。へら鮒である。ところは蝦蟇池からほど遠くない、麻布の瀟洒《しょうしゃ》な住宅街、近隣にはフランス大使館をはじめとする外国大使館も立ち並ぶ優雅な一角に、その名も衆楽園という釣り堀はあった（二〇一八年閉店）。

数年前ここを最初に紹介してくれたのは、建築家の團紀彦《だんのりひこ》さんだった。その頃へら鮒釣りに凝っていた團さんは、早朝四時に起きて仕度をして、私を車で拾ってこの釣り堀に連れてきてくれた。へら鮒ははじめての体験だった。三月なのにたくさん雪の降った翌日、凍えるような寒さの中で、私たちはその釣り堀に場所を構えた。火鉢を用意してもらった記憶がある。練り餌《え》の用意ができるまで、私はあたりをゆっくりと観察した。

そこはまさに高台の崖下にあたる地形であった。見上げると高台の上には豪華なマンション、そこから急斜面が下っていて、崖下に手頃な大きさの池がある。もともとそこには湧水が涌いていたそうだが、井戸を掘って地下水をくみ出し、たっぷりの水量にして、釣り堀ができた。

あたりはどんどんすました建物に建て替わっていっているのに、この釣り堀のある一角だけが、急に時間の歩みを遅くして（昔どおりということだけれど）、私たちにあたりの地形をゆっくりと眺めやる余裕をあたえてくれている。

相対性理論によれば、光の速さに近づくほどに、時計の進み方はのろくなっていく。きっとこの釣

へら鮒釣り

り堀のまわりだけが、周囲の空間よりも光の速さに近いスピードで進んでいるのだろう。そのうちに光の速度も超えて、この世界から消えていってしまうように思えるほど、いとおしい空間をかたちづくっているのである。

へら鮒と銀座の女

池の水は濁ってはいないのに、黒くみえる。曇り空だからかと思うと、そうではなくて、晴れた日にも池の水は漆黒の静けさをたたえているのである。その黒く見える水の中を、何十匹ものへら鮒が泳いでいるとは、とうてい思えない。しかし、ときどき思い出したように、水面にぴちゃんと飛び上がってくるのがいて、ご安心なさい、ちゃんとあたしら泳いでるわよ、という信号をこちらに送ってくる。へら鮒は金魚とは対照的な生き方を選んだのである。金魚は自分の怪物の身体を、おしげもなく私たちの視線にさらす。ところが、この漆黒の水中を泳ぐへら鮒たちは、姿を見せないことによって、人の欲望をかきたてている。

その見えない水中に向かって、練り餌をつけた釣り糸を投げ入れる。水中の見えない生命体と対話をおこなうためのインターフェイスの働きをするのが、この餌だ。入念に配合された練り餌は、へら鮒たちにとってはとても魅力的な存在である。しかし、それにがっついて来たりするのは、へら鮒の沽券《こけん》にかかわるとでも言うように、最初のうちはこの魅力的な餌には見向きもしない。もてない男みたいに、あわてて飛びついたりしないのだ。

衆楽園の黒い池

しかし、気長に待っていると、まあこいつともコミュニケーションしてやるかという気持ちに、へら鮒がなってくれるようになる。そこで水を口の中に吸い込む要領で、餌を含んだ水を吸い込むふりをする。その動作は、水面に浮かんだ浮きに微妙な動きを伝える。そこであわててこちらが動作を起こしたりしたら負けだ。へら鮒はいったん口に含んだ餌をふっと吹き出して、気持ちのあせっている釣り人をあざ笑う。

だからどんなに浮きが微妙な動きをしめそうとも、そこはじっと待って、つぎの当たりに備えるのである。浮きが前のとはちがって、すこしだけぐっと水中に引かれていく感覚がした、その瞬間をつかまえて釣り糸を引き上げるのだ。するとへら鮒は、はいはい、わかりましたよ、私の素敵な裸のからだが見たかったんでしょ、いくらでもつきあってあげるわよ、とでも言いそうな様子をしながら、水中に姿をあらわす。この釣りがキャッチ・アンド・リリースをルールとしているのを、魚たちも先刻ご存じなので、網にすくい上げられても、悠揚迫らざる態度を失うことがない。私に深入りしないって約束だから、ちょっとだけつきあってあげてるの、と言ってるみたい。思うに、銀座の女とは金魚とへら鮒を合わせた生命体ではあるまいか。

この釣りはまったく都市的だな、とはじめてへら鮒釣りをしたときに思った。渓流釣りや海釣りの場合とちがって、ここには絵に描いたような「自然」はどこにもない。あるのは住宅街の一角にぽっかりと空いた漆黒の池と、水中を泳ぐ見えない生命体だけである。人間の心のあり方と、よく似ているかも知れない。私たちの心には、「自然」などどこにもないように見えて、じつは合理的な理性のつくりあげた住宅街の真ん中に、ぽっかりと「無意識」という暗い池が口を開いていて、そこから「自然」への通路が続いている。

人間の心は、本質的に都市的なつくられ方をしているのだけれど、そこには「無意識」という釣り堀があって、暗い生命の欲望がへら鮒のように、見えない水中を泳ぎ回っている。この「無意識」とコミュニケーションを交わしあうことによって、人間の心は「自然」の豊かさを失わずにすんでいる。夢を見たり、妄想をいだいたり、ときにはいままで現実世界の中には出現していなかった、新しいアイディアやイメージを思いついたりするのも、私たちが知らず知らずにおこなっている、「心のへら鮒釣り」のおかげなのである。

そう考えると、麻布の一角に嘘のように出現するこの釣り堀はそのまま、都市というものをつくりだしてそこに生きている人間の営みの象徴みたいに見えてくる。ここもまた崖下である。金魚といいへら鮒といい、これは何事か重大なことを、私たちに伝えようとしている。

秘密の花園

都市のできあがり方を調べてみると、市《バザール》から発達してきたものが多いことに気づく。大きな寺院や神社を中心にして発達してきた都市というのも、よく見てみると、寺社の門前町みたいにしてできた市が、大きくなってきたというケースも多い。面白いことに、こういう市のことを「市庭《いちば》」と言うことがあり、これは日本語だけの特殊な話かというとそうではなく、都市というものは人類的にみても、どうも「庭」と本質的な関係を持っているらしいのである。

庭を意味する言葉は、古くなればなるほど、神や仏の集まってくる場所という意味に、近づいてくる。神や仏は、現実の世界をつくりあげている規則やしがらみに縛られていない、自由な状態にあるもののことをさしている。そこはもろもろの重力から自由になったものたちが、軽やかにおたがいのあいだを自由に行き来している空間なのである。

ともかく、庭というのはひとつのとても深い意味をもった概念で、それを植物や岩や石や水の流れなどを組み合わせて表現するときには、私たちのよく知っているあの庭園としての庭がつくられてくるし、空中に自由自在にボールを蹴り上げるスポーツとして表現されるときには、「蹴鞠《けまり》の庭」などと呼ばれるものができてくるし、商品が自由に交換されていく空間は「市の庭」と呼ばれることになる。だからその「市の庭」の空間から発達してきた都市自身、一種の庭としての特徴を持っていることになる。

完全なる庭としてつくりあげられることこそが、都市の理想、都市の夢なのである。そこにはしがらみから自由になった人や物が集まってくる。ほんとうは都市の人間関係というのは、出身とか身分とかからも自由なものでなければならなかったはずだ。ものごとを抽象化して、具体的な事物にまとわりついたしがらみを無化していくところに、都市の空間はつくられる。人間の「心」は、地上にいるどんな生き物よりも、自由ということを本性としているが、この自由を求める「心」が、都市をつくりだしたとも言える。

ところが自然の中にあるものは、遺伝子の構造などによって決められた自分の運命を生きているものだから、とうぜん都市とはちがったあり方をする。都市は自然がつくりだした具体的なものの形を壊して、それを抽象的な流れにいったん溶かし込んだ上で、人工による形態をつくろうとする。都市は砂漠であるという言い方は、その意味ではものの一面しかとらえていないのである。庭であることを理想とする都市は砂漠ではなく、抽象的な、枯れ果てた庭、そう、枯山水こそが都市の本質を、もっとも的確に表現したものなのだ。

そこで、石と砂の組み合わせだけで表現された、枯山水の庭のことを思い浮かべてみることにしよう。庭のところどころに配置された大きな石は、都市においては高層ビルにあたるものだろう。その石の足下には流れを表現する砂がたくみにおかれていて、川の流れのように定めない「浮き世」を生きる人と物が動いていく様子を連想させている。水は流れていない。そのために、この庭にあるものはみんなどこか抽象的で、乾いている。ところが石の表面や足下をよく見てみると、そこにはたくさんの苔が生えているのがわかる。

苔はすでに出来上がった世界を分解して、形あるものを消滅させていく、偉大な植物の力を抽象的に象徴している。石と砂を苔がつなぎ、形あるものを無化していく力を苔があらわしている。枯山水として表現された都市の理想には、この苔のような存在が欠かせない。家と道路の間にあって、形ある建物も、煩悩に突き動かされた人の流れも、ともどもに無の中に呑み込んでしまおうとする苔のような存在がなければ、都市は地上に「悪」を生み出してしまうだろう。

高層ビルには、それを足下から解体していく別の原理をもったものが、いっしょに配置されていなければならない。「浮き世」の暮らしには、それを遠いところから眺めている無の目が必要だ。そうでないと、いまつくられている都市のどれひとつとして、自由の空間ではなくなってしまう。自然を否定してつくりだした都市の中に生きていて、人はそこで少しも自由を感じ取れなくなってしまう。私たちの都市で、あの枯山水における苔のような場所をどこに見出すことができるだろうか。

路地裏の庭園

本郷の金魚坂から菊坂あたりまで、ぶらぶらと坂道を下ってきた私たちは、道の両脇に奥に向かって入り込んでいく、何本もの路地にひきつけられてしまう。コンクリートの道路と古い家並みの間に、美しい緑のベルトが続いていく光景に、思わずみとれてしまう。路地につくられたささやかな庭園。これこそ、私たちの求めていたものだ。

「ブリコラージュ（日曜大工仕事）」というフランス語がぴったりの光景である。路地にはたくさんの植物が植えられている。路地には根を下ろすことができないので、植物はみんな鉢植えだ。その鉢がまた思い思いで統一感がない。ちゃんとした素焼きの鉢に南天を植えてあるかと思えば、ペットボトルを真ん中で切って、そこにパンジーがかわいらしく植え込まれている。鮮魚が詰められていた発泡スチロールも、にわかの鉢に転用されて、そこに盛られた土が球根を育てている。けっこう雑草も混じっている。植えられている植物もさまざまならば、それを支えている鉢も少しも統一感がない。

しかし、その統一感のなさが、逆に自由な、のびのびした感性の働きを、私たちに伝えてくる。路地裏の庭園におかれた植物たちは、どれも大地に根を下ろしていない。大地のかけらであるささやかな土くれだけを頼りに、なかば空中に浮かびあがるようにして生きている。

この植物たちの生き方は、とても都市的だ。コンクリートの道路に付着し、家の壁を覆うようにして、どこにも所属せず、それでいてまぎれもない植物の生き方を保っている。

本郷路地裏の庭園

この緑のベルトがあるおかげで、人工物である建物は自然の力の生み出す植物に覆われて、優しく輪郭を失っていく。一歩路地裏に出て、さて「浮き世」の仕事に出かけていこうという人たちは、まずこの植物たちに目をとめて、この世界には別の時間の流れを生きているものもあるのだなあ、と安らかな気持ちになる。路地裏にできた庭園は、無のベルト地帯をかたちづくっている。それは枯山水の庭園における苔のように、都市を都市自身が分泌する暴力から救い出しているのである。

来るべき路地裏

路地裏につくられたささやかな庭には、未来に向かって開かれている政治思想がひそんでいる。路地庭は、「自由と私有」という現代の世界がかかえている解決不能な問題に、ひとつのユニークな解答をあたえる力を、ひそかに隠し持っている。

発泡スチロールでできた箱や、大小不揃いな素焼きの鉢などを、てんでんばらばらに組み合わせてつくられた「庭」に、いかにも庶民的な植物の育てられているこの路地庭を、料亭の坪庭や個人のお宅に贅《ぜい》をこらしてつくられた庭園と比較してみると、私が何を言わんとしているかがわかっていただけると思う。

「庭」という言葉は、古い日本語の語感では、神様や仏様がそこにいらっしゃってもはずかしくないような、善と自由の支配している空間という意味をもっていた。そこで「市庭《いちば》＝市場」というのは、人や物がそこの中にやってくると、いままでの社会的なしがらみを捨てて自由になって、おたがいを「貨幣の正義」にもとづいて交換しあうことのできる空間という意味をもつことになった。

法廷は「裁きの庭」である。この「庭」の中に立つと、いままでどんなに権勢をふるっていた人でも、お金持ちだった人でも、だれもが平等に「法の正義」にしたがわなければならない、というのが定めである。「庭」という言葉のついた場所は、こうしてたいがい人間を超越した原理や力の支配している、自由と平等のゆきわたった空間としてつくられてきた。

庭園はそういう「庭」の原理を、植物や土盛りや石や水路の配置として表現しようとした、自由の空間なのである。坪庭や個人の家の立派な庭では、この自由な空間が少数の人によって私有されてしまっている。塀で囲われた場所に、贅をこらして造られた庭を楽しむことのできるのは、限られた人にすぎない。限られた料亭の敷地を利用して、たくみに設計された魅惑的な坪庭を鑑賞するためには、多少高いお金を払って、そこを利用できる権利を買い取らなくてはならない。個人邸の庭でも料亭の庭でも、自由の感覚をもたらすものが、お金で買い取られて、私有されてしまっている。

自由はお金によって手に入れるものである、これが私たちの世界ではいまや常識となってしまっている。ところが、路地庭ではその常識がくつがえされてしまう。路地は、庭がみんな共有になっている道路につくられている。向かいの家や隣近所とだけではなく、その道路はそこを歩くすべての人に向かって開かれ、共有されているのである。みんなに向かって平等に開かれている共有の空間に、路地庭はつくられる。

どんなにささやかであっても、庭は庭である。ここにも自由の原理が貫かれ、素焼きの鉢や発泡スチロール箱を組み合わせた空中の庭に、絶妙のリズムとハーモニーで配置された植物が、せせこましく立ち並んだ家並みの間にできた空間に、私たちの心を軽やかにしてくれる自由の天女が舞い降りている。この自由の空間を囲い込んで、自分だけの所有物にしてしまおうとする私有の原理は、ここに

［左ページ上］：自由の路地（本郷）
［左ページ下］：蝦蟇池（麻布）

は忍び込んでくることができない。

　これこそが「都市」ではないか。都市は「市の庭」や「裁きの庭」や「神仏の庭」といった、さまざまな「庭」を集めてつくりだされた、自由の空間として生まれたものである。それはいつしか、自由で軽やかなものをお金や権力で自分のものに囲い込んでしまう「私有の原理」によって、汚されてしまうことになった。ところが、この路地裏にだけは、都市というものを生み出したおおもとの原理が形を変えないままで、いまにいたるまで生き残っている。

　すっかりこわばってしまった私たちの都市を再生するためには、そこをもういちど自由の空間としてつくりなおす努力が必要だ。都市設計のプランナーたちは、ひたすらに高層ビルを建てていくことに取り憑かれている、ビル・オーナーたちのご機嫌ばかりうかがっていないで、たまには日和下駄《ひよりげた》でも鳴らして、路地裏につくられた魅惑の空中庭園に目を凝らしてみることだ。そこにはいまだに実現されることのない、都市の夢が眠っている。マンハッタンが人類の都市の夢ではない。この路地庭こそが、人類の心に最初に着想された「都市」というものの原理を、ささやかな材料をつなぎあわせてつくりだしたものだということに思いいたれば、都市設計の思想は、根底から変化していくにちがいない。

ところで猫が……

　こういう路地庭にふさわしい動物は、犬好きの私にはたいへん残念な結果ではあるのだが、やっぱり猫なのである。じっさい猫の生活様式は、この路地庭の構造によく似ている。部屋に閉じこもってばかりいるマンションの飼い猫とちがって、路地裏のある界隈の猫は、自由勝手に人様の空間に出入りしている。飼い主も、そういう猫の自由を制限することはできない。猫はその生活様式からして、そもそも「私有」のできない生き物なのだ。

ところがたいがいの犬は、家にいるときは綱で縛られているか、おとなしく部屋に閉じこもっているようにしつけられている。猫みたいに好きなときに、ぷいっと外に出かけていって、塀を越えて他人の私有する空間に勝手に出入りするなんてことが、許されていない。それでも犬は信頼を重んじる愛情にあふれた「自然」からのすばらしい贈り物なのである。人間は犬を身近においておくことによって、自分たちが失ってしまった「自然の自由」に触れて、幸福な気持ちをとりもどすことができるのだ。

犬を飼うことで、人間はそういう自由を私有することができる。ましてやいまみたいにペットショップで血統のよい高価な子犬を手に入れるのが流行の時代には、子犬を手に入れることで、人は自由をお金で買って私有できるという幻想にひたることもできる。そういういかがわしいところのある昨今の「犬ブーム」の中にあって、しかし、あいかわらず猫は私有されることを拒否できる、すてきな特権を享受している。

犬の場合には、散歩の途中でも私有の観念から自由でない。犬の首には飼い主の引き綱がついて、飼い主と犬とが一体であることを表現している。ところが、勝手気ままに塀の上を歩いている猫には、飼い主への帰属をあらわすものはなにもない。猫の美しさはそのとき、道行くすべての人の共有物となる。だから路地裏には猫がよく似合う。

猫が闊歩する路地

怪物の作り方

本章の冒頭で金魚への賛辞《オマージュ》を書いたときに、江戸時代の人はこういう金魚のように、同じことを反復しないものに怪物的な美を見出していた、とても粋な都会人だったのだと書いた。たしかに江戸の人の好んだものには、そういう金魚的なところをもつものが多い。歌舞伎役者などというのも、そういう怪物的な美の代表だろう。

自然界のどこにも似ているものがない、というのが怪物のしるしであるが、歌舞伎役者もまたあらゆる意味で、社会の常識を超え出たところがなければ、とうてい人気を博することはなかった。いまでも歌舞伎役者の顔を見ていると、あっこれは琉金だ、こっちは花房だ、頂天眼もいるねえ、というぐあいに、いろいろな種類の金魚を見ることができる。プロポーションの美しさなどそっちのけで、こういう怪物的な美を楽しんだ日本人は、ほんとうに趣味のよい人たちだったのである。

金魚的怪物は、同じものをつくらないという逸脱の美を誇っている。ところがここに、それとはちがう原理によって生まれた、別のタイプの怪物がいることを忘れてはならない。それはなにあろう、盆栽である。盆栽はどんなに細部までおりていっても、すこしも情報量が減らないという怪物である。

盆栽も中国ではじまった趣味である。はじめは大宇宙を小さなサイズに縮小して、机の上に宇宙を

閉じこめてしまうアートとして生まれた。鉄道模型の世界と同じ感覚で、サイズを小さくして情報量を減らしながらも、元と同じ形を再現してみせることで、大宇宙を知的に理解して、所有しているという快感を与えたのである。

ところが我が国で発達した盆栽は、そういうものとは微妙にちがう方向に発達していったような気がする。見事な枝振りもそのままに、小さなサイズの姫松がお盆の中に生えている。かわいらしいものだと思ってのぞき込んでいると、そのうちにだんだんと奇妙な気持ちになってくる。

鉄道模型だと、一目見て全体が把握でき、じっとのぞき込んでも過剰な情報量は飛び込んでこないから、安心して楽しむことができる。ところが、盆栽はそんな穏やかな楽しみをあたえてはくれない。枝の一本一本、葉のひとつひとつに眼を凝らしてみると、それが大きいサイズの状態にある植物とまったく同じだけの情報量を持っていることに気づいて、だんだん怖くなってきてしまうのである。細部に入り込んでいけばいくほどに、情報量は減るどころか、むしろ増殖していっているような感覚さえある。どんなにサイズを縮小していっても、相手を知性の力でわしづかみにすることができない。ここまで来てようやく私たちは、盆栽は模型をつくるのとはまったくちがった思想によって造られた芸術なのだ、ということに気がつく。

盆栽としての都市

合理的な空間は無駄な情報量を減らすことによってつくられる。現代の都市はだいたいそういう思想によって、デザインされてきた。建物からは無駄なでっぱりを排除し、装飾的なファサードなども単純な平面に削り落とし、道はできるだけ単純に、壁面にもよけいな装飾をしない。

[右ページ]：まるで盆栽のような皇居前の松
[左]：盆栽（KMC）

近代的な都市の敵は、バロックである。バロックはいたるところにこまかい襞《ひだ》をつくり、小さな突起物の中に恐ろしく大量な情報を仕込んで、いびつで怪物的な美をつくりだそうとしてきたからである。そういうバロックを否定して、私たちの都市環境はつくられてきた。ものかげに潜んでいる怪物も、ここには棲みにくい。

このつんつるてんの現代都市の中に、もういちどバロック的なものを組み込んで、都市に複雑さを取り戻す必要がある。いたずらに複雑さを削り落として、情報量を減らしていくだけでは、生物である人間の暮らすのにふさわしい空間は、なかなか生まれない。

生命はもともと怪物的なところをもっているのに、人間の世界はますます自分の中に棲む怪物を抹殺する方向に向かっている。これでは人間の中に潜む怪物性は、恐ろしい犯罪にでも走るしか、自分を表現する道を断たれてしまう。

簡素なたたずまいをしていながら、細部に眼を凝らしてみると、そこにとてつもなく複雑な世界が隠されているというような都市を、つくりだしてみることはできないだろうか。現代の高度に管理された都市に、怪物的なものを生息させることのできる方法はないものだろうか。

ここに盆栽芸術の思想が、大きくクローズアップされてくることになる。盆栽はおとなしい。一見しただけでは、金魚のような派手さもない。歌舞伎役者のような大仰さもない。どこから見ても、とてもこれが怪物だなどとは思われない。ところが、ふっと息を抜いて見たときに、盆栽は恐るべき怪物に変貌しはじめる。

どんなにスケールを小さくしていっても情報量が減らないという点では、盆栽はたしかに「フラクタル」と呼ばれる図形に似ているところもある。いまではＣＧにもよく使われている「フラクタル」は、スケールが変わってももとと同じ形が反復していくようになっているから、自然の形を再現するにはもってこいの技術なのである。しかし、盆栽はこういう技術がつくりだした疑似自然よりも、もっと怪物的なところをもっている。なにしろその小さな小さな松は、けっしてつくりものなどではなく、それ自体がれっきとした一個の生物なのであるから。

こういう盆栽が、ささやかな民家にはさまれた路地庭に置かれている光景などを見ると、私は深い感動におそわれる。花屋の店先にある植物は、はじめから人間によって管理されて、扱いやすいものに作りかえられてしまっている。よく手入れされた庭の松にしてもそうだ。そういう自然を、人間は「見る」ことによって、知的に征服してしまうことができる。ところが盆栽にはそういう征服は不可能なのだ。

盆栽の思想こそ、都市に怪物を生息させるための最上の方法ではないだろうか。盆栽は人間の理性がつくりだしたものだから、自然が野放図に成長した結果でもないし、コントロールのきかないスラムでもない。

ちゃんとした都市計画が、外見はミニマリズムなのに、中身は怪物という、とんでもない作品を生み出すことが可能かも知れない。アメリカ映画には黙示録的な未来の都市ばかりが描かれているのに、日本には盆栽のようにできた都市があったりしたら、これは最高のユーモアだ。

フラクタル図形の１例（Thomas Radke）

トーキョーダイビング

（フォトギャラリー）

六本木ヒルズから青山墓地を臨む

[上]：御田八幡神社の稲荷神社　[下]：歌舞伎町の中心に祀られた弁財天

［上左］：大田区の工場にて　［上右］：スカイツリー全景　［下］：東京湾

［上］：荒川近くの町工場　［下］：隅田川と築地市場

［上］：東京タワー　［下］：浅草三社祭りの宮入り

第6章

大学・ファッション・墓地

三田、早稲田、青山

Mita Waseda Aoyama

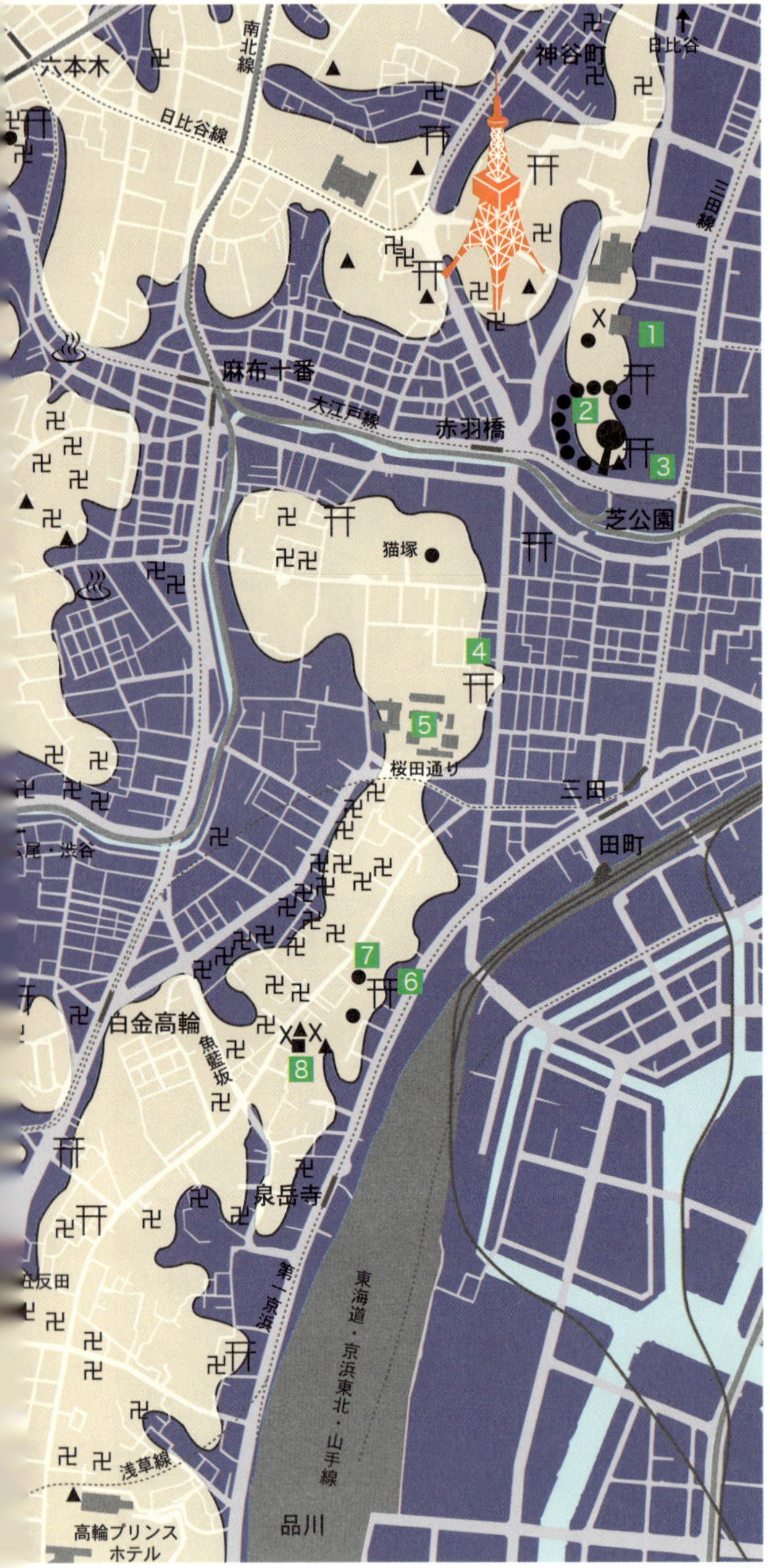

洪積層　沖積層

■ 旧石器遺跡　▲ 縄文遺跡
X 弥生遺跡　Δ 横穴墓　● 古墳
⛩ 神社　卍 お寺

1. 増上寺
2. 芝丸山古墳群
3. 円山随身稲荷
4. 春日神社
5. 慶應義塾大学
6. 御田八幡神社
7. 亀塚公園
8. 三田台公園（伊皿子貝塚）

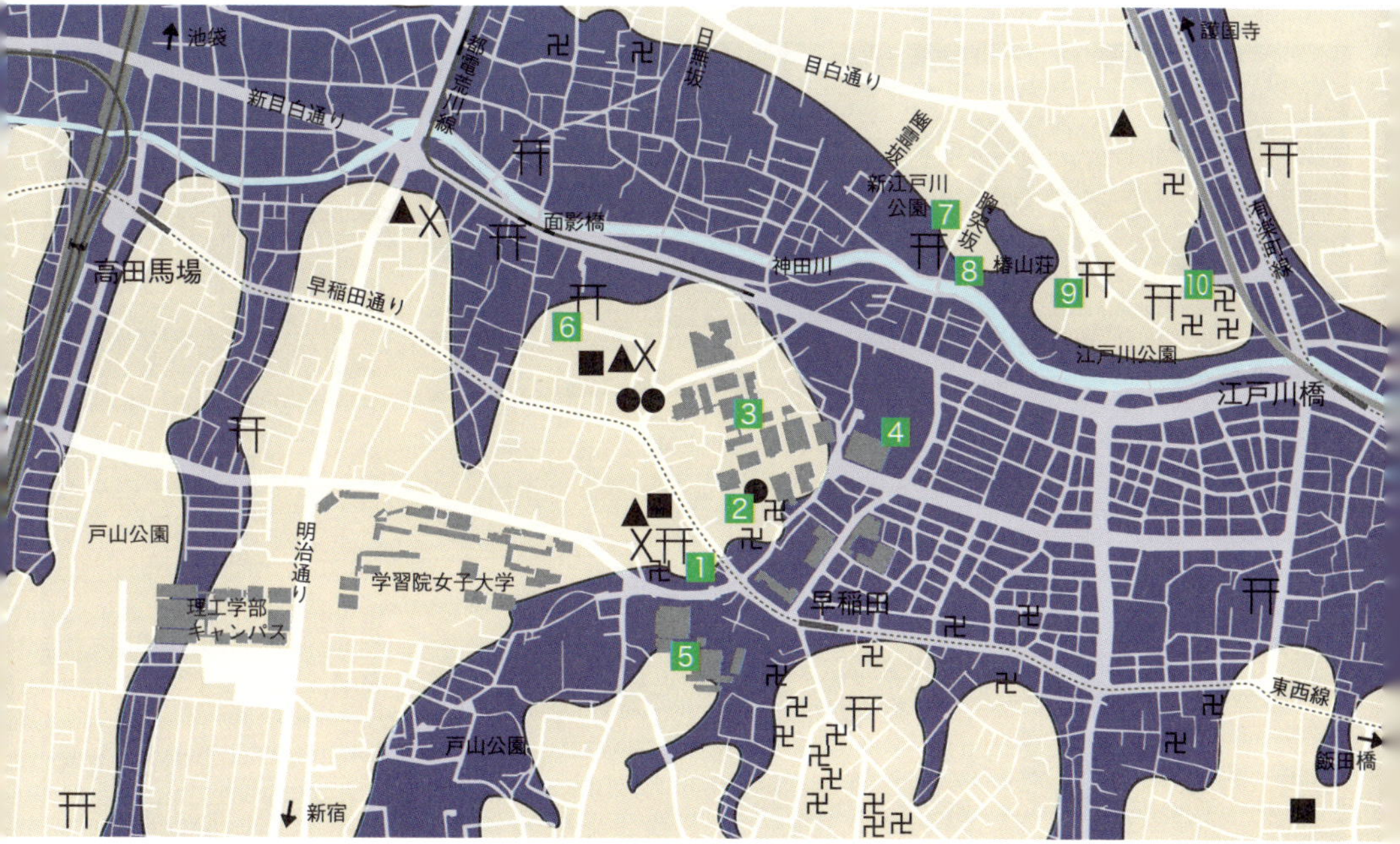

1. 穴八幡宮
2. 旧水稲荷社地
3. 早稲田大学
4. 大隈講堂
5. 文学部キャンパス
6. 水稲荷神社
7. 水神社
8. 関口芭蕉庵
9. 幸神社
10. 正八幡神社

1. 青山墓地
2. 霞町（西麻布）交差点
3. 青山学院大学
4. プラダ
5. コム・デ・ギャルソン

死者の都市

学生のときに体験したフィールドワークの楽しさは、いつまでも忘れることができない。ましてやそれによって、世紀の大発見の現場に立ち会ったりした場合、それだけでもうその人の一生の進路は決定されてしまう。一八八四年、いまの東大農学部のあたりで考古学の発掘実習をしていた坪《つぼ》井正五郎《いしょうごろう》青年の場合が、まさにそんなケースの典型である（以下の記述は坂詰秀一『日本の古代遺跡　東京23区』による）。

彼はそのとき指導教官といっしょに、壺の形をした土器を掘り出したが、それこそその後「弥生土器」と名づけられることになった土器発見の、第一号となったのである。これで彼の一生の仕事は決定された。数年後、坪井はイギリスに留学して、当時日の出の勢いで発達しつつあったヨーロッパ考古学を、本場で本格的に学ぶことになった。そして一八九二年帰国の途についた彼は、南廻りの長い船旅の間、自分のこれまでの人生をゆったりと振り返ってみる余裕を、ようやく手に入れたのである。

坪井正五郎は芝の生まれの江戸っ子だ。彼の脳裏には、子供時代によく遊んだ芝公園の丸山の光景が浮かんできた。あれは不思議な場所だったなあ。ぼこぼこと小さな小山みたいな土の盛り上がりがそこらじゅうに散らばっていて、その中央のあたりにとりわけ大きな塚がある。真ん中あたりがくびれたようになって、ちょうど瓢簞《ひょうたん》のような形をしていたっけ。まてよ。あれはどう考えても人工的につくられたものだ。となると、そうか、あれは古墳群だったのだ。ぼくらは知らないうちに、古代の埋葬地のまっただなかで、無邪気に遊んでいたわけか。

横浜に上陸した坪井正五郎は、帰宅するまもなく、近くの芝丸山に出かけていった。ぜったいにこ

［右ページ上］：亀塚公園
［右ページ下］：三田台公園の貝塚断面

れは古墳にちがいない。予備調査をかねて、彼はその小山を掘ってみたが、なにもみつからない。しかし確信は少しもゆるがなかった。

彼は友人たちに、自分の信念を披瀝した。その情熱に動かされた友人の一人が、とうとうそこで埴輪《はにわ》を発見した。東京のど真ん中で大きな古墳がみつかったのである。

こうして芝増上寺の近くに、東京ではじめての前方後円墳が発見されることになった。古墳がつくられた頃の海岸線は、芝公園のすぐそばまで迫っていた。

人々はその近くに集落をつくって暮らし、海岸べりに食べた貝の貝殻を棄てて貝塚をつくり、その近くに死体を埋葬していたのである。そして芝のあたりから大森海岸にかけて、この貝塚と埋葬地がセットになった遺跡が、数珠《じゅず》つなぎのようになって見出されている。その貝塚―埋葬地ラインにそって、こんにちのＪＲ線が走っている。おもしろいことに、そのラインにそって、たくさんのお寺と稲荷神社が並んでいる。貝塚と古墳とお寺と稲荷神社の間をぬって、通勤電車は駆け抜けていくのだ。

どんな都市も、生者と死者とが混在してつくりあげられている。生きている人間は、死んでしまった人々のための空間を、自分たちの暮らしている空間の内部に確保してあげなくてはならないからだ。しかし、そういう死者のために用意される空間は、けっしてでたらめに選び出されているのではない。死者のための空間をどこに配置するか。そこには無意識の規則のようなものが働いている。どんなに東京の開発が無秩序に進められているように見えても、その規則は目に見えないところで、厳然たる働きをやめていない。品川から上野にかけてのＪＲ線の東京湾沿いのラインには、このことがとりわけはっきりとあらわれている。

[右]：芝丸山古墳
[左]：芝丸山古墳の稲荷神社

稲荷神社から慶応大学まで

沖縄の古い言葉では「ティラー」は埋葬地のことをさしている。沖縄に仏教のお寺ができる以前から、この言葉は使われていたらしいところから見ると、お寺の墓地があるからそこが「ティラー」と呼ばれたのではなく、もともと埋葬地をあらわすこの言葉から、「寺」という呼び方ができたのだとも考えられる。

同じことは、本土のケースについても言える。寺に墓地が付属するようになったから、お寺が抹香臭くなったというわけではなく、お寺というものは古代からの埋葬地の近くに建てられてきたというのが、どうやらことの真相らしいのである。お寺だけではなく、神社のような死の香りを嫌っているようにみえる施設でさえも、古代の埋葬地との深い関係を消し去ることはできないでいる。

宗教には、仏教だろうが神道だろうが、死の香りがつきものである。死の要素を欠いていると、どんな宗教でも深みを持つことができないものなのである。

じっさいに芝の丸山古墳の場合を見てみると、前方後円墳のくびれにあたる部分に稲荷神社が出来ていて、少し離れたところには巨大な増上寺が建てられている。稲荷神社はたいてい古墳や古い埋葬地のあった場所につくられている。

古墳の横穴に好んで狐が棲みついていたために、稲荷神社の神様は狐ご本人となっている。そしてこういう古代の埋葬地の近くに、世俗との縁の切れた空間とも言える寺がつくられていた。こうしてみると芝という土地そのものが、全体として死の香りにみたされた空間とも言えるのであって、芝公園の裏手にある東京タワーという建造物も、どうやらこの死の香りとは無縁ではないのかも知れない

（東京タワーという不思議な建造物の意味については、すでに詳しく考えてみた）。

さらにそこから三田の方面に進む。三田は雄大な台地をなしている。その台地の崖下にあたるところには、御田八幡神社《みたはちまんじんじゃ》が建っている。境内には崖に出来た横穴らしいものを覆うようにして稲荷神社があって、すでに死の香りをあたりにまき散らしている。そこから台地を見上げたあたりに亀塚古墳がある。神社から古墳に向かうラインは強烈な力を発揮していて、このあたりに建てられている住宅はどれも、いまも神社や古墳のつくりあげている空間の構造に、強い束縛を受けているのが感じられる。

慶応大学でさえ、その影響下にある。いやあるどころの話ではなく、早稲田大学が穴八幡《あなはちまん》のある土地（ここも古墳地帯である）を選んで建てられたのと同じように、慶応大学もまた、台地上の古代埋葬地とつながりのある場所を、わざわざ選んでつくられたのではないかとさえ、思えてくる。これはいったい何を意味しているのか。

大学は死霊に護られて

地球の温暖化が進んで、それまで地上を覆っていた氷河が溶け始めると、海の水位が氷河期より百メートル以上も高くなって、いまの東京低地の広い範囲が海水に没した。縄文海進期である。そのあたりで生活していた人々は、高台に住んで、海と陸の狩猟をおこなっていた。芝から三田にかけての高台は、だいたいその頃の海岸線にそって、南北に走っている。縄文時代の人が、船に乗って陸地を眺めてみたら、芝のあたりにはなかなか入り組んだ面白い景色が見られたことだろうと、想像できる。いまの芝公園のあたりには、こんもりとした丘が海面から立ち上がっていたのである。

その丘の上に、人々は死者を埋葬する場所をつくった。自分たちの食べた貝の殻をていねいに「埋葬」する貝塚も、その近くにはできていた。少し時代が経つと、同じ場所には古墳がつくられた。縄文の人たちの知らなかった、権力者というものが出現するようになったからである。それでもこのあたりが死者のための場所であることに、かわりはなかった。このあたりにしては、とても立派な前方後円墳が築かれて、そのまわりに大小数十もの丸山の形をした古墳群ができた。

その丘の上に立って、南の海をながめると、そこからは三田の岬が海に突き出ているのが見えたはずである。そこにも死者の国がつくられていた。そこはいかにも「岬」と呼ぶのにふさわしい場所で、つまりあの世に向かって突き出た「さきっぽ」が、はげしく打ち寄せる波しぶきを受けていたのである。

三田の台地は、もともとがそういう岬のかたちをしていた。死者の霊が集まって、あの世とこの世のあいだを行ったり来たりするのにふさわしい場所で、案の定そこにはいくつもの有力な古墳がつくられた。その岬の形をした台地の北のはずれに、慶応大学の三田キャンパスがある。

いまではあまり想像できなくなってしまったが、三田のキャンパスのあるあたりは、太平洋に突き出した小さな死者の国とも言える、三田台地の一部をなしている場所として、いわば死霊に護られた土地であったと推定することができる。三田の広大な土地を、福沢諭吉《ふくざわゆきち》がどうやって手に入れたかも興味深いテーマであるが、同じ頃に、大隈重信《おおくましげのぶ》が手に入れてそこに新しい大学をつくった早稲田の土地のケースのことを考えあわせてみると、新時代の曙を告げる近代の大学が、そろいもそろってかつて死者の国であった、死霊の香りも高い土地につくられたことには、なにか深い意味がひそんでいるのかも知れないと、思いたくなってくる。

「都の西北」に広がる死者の王国

このことは、いまでも早稲田大学の近くに出かけてみれば、すぐに理解のできることである。文学部は穴八幡と呼ばれた広大な霊地の一部を切り開いてつくられている。穴八幡神社（宮）はその名のとおり、大きな横穴の存在によって、そう呼ばれたのである。そこも少し高台になったところで、古墳群のあった場所だと推測できる。

そういう古墳の多くは江戸時代になって切り崩されてしまったけれど、文学部から高田馬場《たかだのばば》に向かって歩いていったあたりにある水稲荷《みずいなり》の静かな境内に入っていってみると、神社の社殿の裏側で大きな富塚に出会うことになる。いまはそこに稲荷神社が建っている。

イナリという神様は、死者の国の護り神で、東京の場合だと、稲荷の建っているところはたいてい古代の埋葬所に関係があるとにらんで、まず間違いがない。水稲荷は移転のすえにこの地に移ってきた神様ではあるが、稲荷の社が建ったことで、そこはすでに古代的な死の香りがただようようになっている。

慶応大学も古代以来の死霊の国の一部を切り開いてつくられた。早稲田大学にいたっては、「都の西北（それは昔の感覚で言うと、死霊の集まる方角である）」の、あまり人が好んで立ち入ることをしなかった死霊の香りも高い土地を選んで、創設されたのだった。

なぜ大学は、こうも埋葬地と関係が深いのか（そう言えば、東京大学から上野の高台にかけても、遺跡や古墳がいっぱいある。青山学院大学もそうだ）。ひとつの理由は、古代からの埋葬地が、人が立ち入ることを避けてきた「アジール（聖域、逃げ込み場）」であり、その感覚は江戸の人たちにも共有されていて、なん

［右］：穴八幡神社
［左ページ右］：水稲荷
［左ページ左］：水稲荷に移転された富塚

となくそこに人家や畑を開いたりするのがはばかられていたために、明治政府が広い土地を民間に払い下げるのに、都合がよかったということだろう。

しかし、大学と死霊との関係は、それにとどまるものではない、と私は思うのだ。大学には死者から注がれる視線がなくてはならない。死のことを意識しない知性には、深さも重みもない。学問や知性には、死の感覚が必要で不可欠なのである。「大学改革」が進行する以前は、大学の中でおこなわれる知的な活動は、権力や資本主義の運動からはある程度自由でなければならないという信仰が、みんなに共有されていた。そのために「産学協同粉砕」なんていう立て看板が、早稲田大学の構内にはあふれかえっていたのである。

これは大学というものが、権力からある程度の自由を確保している「アジール」として考えられていたことを、はっきりと示している。その「アジール」は権力が侵入しにくい空間につくられるのがふさわしい。生者の権力から自由な空間。それは死者たちの支配する空間にほかならないではないか。こうして埋葬地にできた大学は、そこに長いこと休らうことができたのである。

アジールの自由

社会の制度や権力の横暴から自由でいることのできる空間——それは「アジール」と昔から呼ばれてきた——は、死や死霊とつながりの深いところにつくられてきた。そのいい例が、大学であった。大学というのはもともと、先人の得た知識を伝達する場所としてできたものである。若者が先生から、

過去の人々の獲得した知恵の伝授を受ける場所というのが、大学のもともとの意味である。それならば、大学がはじめから死霊と深い関係をもっていた、というのも当然ではないか。

ここから「大学の自由」という考えも生まれてきた。大学は現在の世界をつくっている権威や権力には、もともとしたがう必要などなかった。それは生者の世界のしがらみや権力などから自由になっている、死霊たちの知恵が語られる場所である。大学はそういう資格で、生者のつくっている社会では実現することをいつも阻まれてきた、「自由」を語る空間と考えることができる。それならば、そういう大学は都市の中の、どういう場所に建てられなければならないか。

人間の無意識というのは、こういう時に絶妙な働きをするものである。のっぺりした都市空間の中にさえ、人間は死の香りを嗅ぎつけることができる。東京の原地形に縄文時代から古墳時代にかけての遺跡をのせたスーパー古地図と、現代の地図とを重ね合わせてみるときに、私たちは奇妙な事実に気がついた。どうやら都内の主要な大学は、そろいもそろって大昔からの埋葬地に関係した場所に建てられている様子なのである。

キリスト教の大学、青山学院大学も例外ではない。この大学は青山地域の少し高台になったあたりに建てられているが、この台地は今日の巨大な青山墓地へ向かって、なだらかな傾斜で下っていく。そして、なだらかに降りてきた台地は霞町交差点のあたりで、底に達する。この交差点は長く湿地帯として残されていた。

かつて青山台地は、人間の舌のかっこうをした大きな「岬」として、足許には水が浸っていた。そして、芝や三田の高台の場合と同じように、ここは古代からの大きな埋葬地だった。いまの青山墓地の南西部の、少し傾斜のはいったあたりが、もっとも古い埋葬地の跡を示している。埋葬地であったことを示す土器や石器が、たくさん発掘されてきた。

ここはたぶん縄文人の墓地であり、そのあと古墳が築かれ、その後もずっと死霊の支配する空間だった。明治になって、墓域はどんどん拡大していった。そしていまではかつての台地のほとんど全域を、墓石の群れが覆うようになったが、じつはそれによってこの青山台地がかつては巨大な死霊の空間であったという、古い記憶が再現されているということに、現代人は気づいていない。

青山の台地にすむ死霊

その一角に青山学院大学は建っている。古代ローマで迫害に遭っていた頃、キリスト教徒は地下墓地であるカタコンベを集会所としていた。死んで復活した人の教えを学び伝える場所として、そこは最適な場所だった。ローマで公認の宗教となったキリスト教が堕落しはじめたのは、キリスト教徒が死霊の支配する空間から、日の当たる場所に出てきてしまったからである。その意味では、縄文時代以来の死霊の支配する「アジール」である台地の上に建てられたこの大学は、死んで復活する人の教えにしたがうキリスト教の精神にまことに忠実な、用地の選択をしたものだと感心してしまう。

青山の台地は、死霊の支配する「自由」の空間なのである。ほんとうのことを言えば、この空間の中にいるかぎり、世の中の人が普通にはどういう格好をしているだろうかとか、どういう考えをしているだろうかとか、そういう保守的な考えには、いっさい縛られる必要がないのである。「自由」の空間は、こうしてファッションの生まれる創造的な空間となる資格を持つのである。

青山墓地

日本の歴史にあらわれた最初の現代ファッションは、たぶん中世の「婆娑羅《ばさら》」と呼ばれる派手な格好だろう。この婆娑羅ファッションを流行らせたのは、墓地や処刑場を生活や仕事の場所としていた人々だったようである。婆娑羅ファッションは、世間の人たちがおそれて着ないあざやかな色彩や模様を身にまとい、人間の着るものとも思えない斬新なデザインで、普通の人々の目を奪い、圧倒した。

日本のファッション史は死霊の世界との深いかかわりのうちに、生まれたのだ。その理由はあきらかである。死霊の支配する世界に住むということは、人間がかぎりない「自由」を手に入れるということにほかならないからである。

世間ではタブーになっている色彩を大胆に用い、自然の形をデフォルメしたり抽象化したりして、いままで誰も見たことのなかった形をデザインする。「自由」な心の持ち主でなければ、そんなことを実現するのは不可能だ。しかし、そのためには、「自由人」は死に近づいていかなくてはならない。それがファッションの法則というものである。

青山界隈に、たくさんのデザイナーやファッション関係者が住みついたり、仕事場にしていることには、だから深い理由があるのだ。誰もが気づいてそうしているわけではない。人の無意識と空間の記憶が、それをさせている。南青山の町並みを歩くと、どこか軽やかで自由な空気を感じる。それはそこが、現世のしがらみから自由な死霊に見守られているからである。

ファッションの考古学

青山墓地の西端の、少し傾斜地になったあたりで、明治三十五年に縄文時代に使われていた石棒が

[右]：コム・デ・ギャルソン
[左]：プラダ

発見されている。発見したのは、中村士《なかむらし》徳《とく》という考古学愛好家で、山崎金太郎という少年の墓の墓石に転用されているのを、たまたま見つけたのである。

中村は『東京人類学会雑誌』への報告で、こんなことを書いている。

「その石棒と申しますのは私の考えでは彼の『シャクジン』などと申して、すなわち『コロポックル』時代に宗教上ひとつの神体として崇めていたという石棒の大型なので、いっぽうの端のほうに頭を持っていたのが〈棍棒状〉中程から破壊したものだろうと想像します」

この文章のなかで「コロポックル」とあるのは、アイヌの伝説に出てくる、アイヌよりも前からこの列島に住んでいた人たちのことをさしている。コロポックルは一種のホビット族だった。体がとても小さくて、蕗《ふき》の葉の下を住まいにしていたそうで、明治時代の考古学者たちは、このコロポックルを列島最古の先住民とみなしていた。そのために、縄文時代の遺跡が出ると、すぐにこのコロポックルと結びつけて考えられたのである。コロポックルがじっさいにどういう人々のことをさしているのかは、いまだによくわからない。しかしそのとき青山墓地でみつかった石棒は、あきらかに縄文人の使っていたものである。そして重要なのは、この考古学愛好家がすぐにそれを「シャクジン」だろうと推測している点である。

青山墓地でシャクジンが発見された。私はそのことにいたく感動するのである。これは神様たちの国家管理ということがはじまるはるか以前から、この列島に住んでいた「古層の神」の代表である、シャグジ（宿神、石神。詳しくは中沢新一『精霊の王』を参照）という神様のことをさしている。この神様は胎児の姿をして、胞衣《えな》に守られて人の目に見えない空間に住んでいる。シャグジの住んでいる空間は、現実の世界の影響が及んでこないようになっている。そのために、この空間の内部はまったくの

松浦武四郎「蕗の下のコロポックル」（市立函館博物館）

自由がみちあふれていた。

この神様は中世になっても、活躍を続けていた。とくに芸能者やいろいろな職人たちは、この古い来歴をもつ神様を、自分たちの守護神にしていた。芸能者や職人たちは、身体や物質の材料を変化させて、面白いものをこの世につくりだすことを仕事としていた人たちだ。その人たちが、シャグジの神様をしっかりとお祀りして、シャグジ神の住んでいる空間に触れていることができれば、その人は軽やかな自由の風に触れることで、人間業とも思えない芸能や職人技を見せることができる。そのシャグジの神様は、しばしば縄文人の使っていた石棒で表現された。

地霊が呼ぶ

現代ファッションとおなじ原理でつくられた衣装を着て、歴史にはじめて登場したのは「婆娑羅」と呼ばれる派手な衣装をまとった人々だったが、この人たちが自分たちの守護神と考えていたのは、まちがいなくこのシャグジの神様なのであった。その人たちは世俗の掟に縛られることを嫌っていた。普通の人たちが恐れて近づかない場所にも平気で出かけていき、死に触れることさえもいとわない人たちだった。その人たちは、いつも自由の風に触れていたいと願っていたから、胞衣に守られて目に見えない空間に住むというシャグジの神様に触れていようとした。

その人々が、自分のからだを包む衣装を考えたとき、自由この上もない「婆娑羅」のファッションが生まれたのだった。普通の人たちが使わない色彩や染色の技法を大胆に使って、あざやかな色に染め上げられた布で、普通の人たちが想像したこともない大胆なかたちにデザインされた衣装を、身にまとうのである。あざやかな藍《あい》で染め上げられ、綾錦《あやにしき》に刺繍《ししゅう》された、神様しか着ていないようなかたちの、自由なファッションを楽しんだ。そしてその自由な創造をサポートしてくれていたのが、石棒の神様シャグジなのだった。

「婆娑羅」ファッションを生きた人たちは、近世に入るとあまり社会の表面にはあらわれてこなくなった。だんだんと自由な精神をもったものが生きにくい社会になってきたからである。せいぜい歌舞伎役者たちがその精神を受け継いでみせたけれども、河原者などと呼ばれた。

現代ファッションは、そういう「婆娑羅」の精神をよみがえらせたのである。ファッションの世界では、なんでも考えることができる。人体がまとうという条件を守るだけで、原則としては、その中ではなんだって自由なのである。しかも、ファッションは川の流れのように移り気な、資本の動きに連動している。なんの根拠もないのに「今年の流行」が決定されて、それに合わせて、業界全体が態勢を整える。

青山墓地を中心とした死霊の支配するその空間には、業界人が好んで住んでいる。ファッションメーカーの事務所やショップも、たくさんある。そして、そこからつくりだされる現代ファッションは、根も葉もない自由をこそ生命としているのである。現実のしがらみの強い土地、たとえば霞が関の近辺などでは、ファッションの想像力はさぞかし生きにくいことだろう。ところが、青山はシャグジの神様の祀られていた、死霊の住まう自由の「アジール」なのである。そこにいれば、業界人たちも自由に息ができる。

東京にも地霊は生きている。青山界隈の真実の支配者は、シャグジの神様なのである。

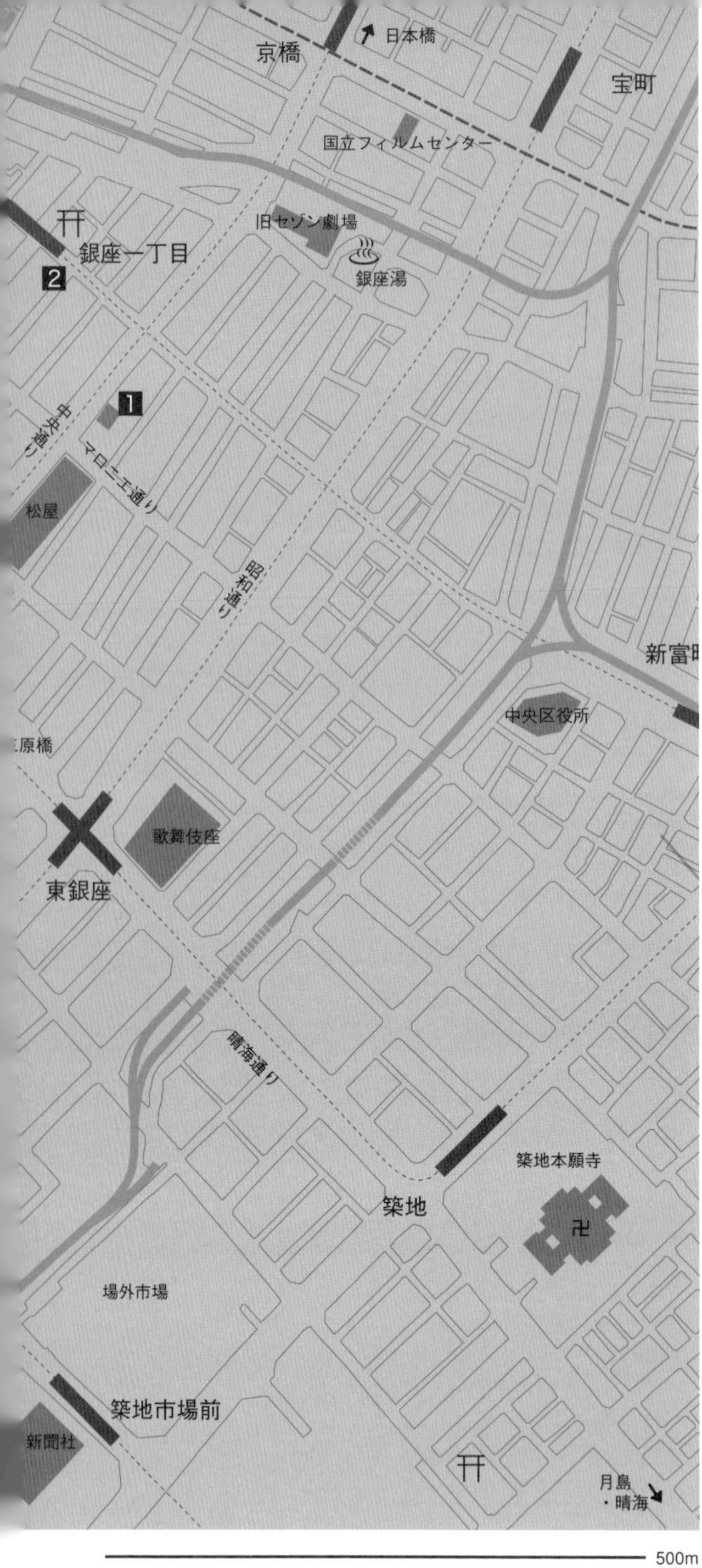

第7章

職人の浮島

銀座〜新橋

Ginza - Shinbashi

洪積層 / 沖積層

旧石器遺跡　縄文遺跡

弥生遺跡　横穴墓　古墳

神社　お寺

1. 銀座発祥の地・現ティファニー本店
2. 山東京伝旧居
3. 電通創業地
4. 電通銀座ビル
5. 電通新社屋
6. 金春通り
7. 新橋飲屋街
8. 烏森稲荷

漁師、そして職人の移住　銀座 1

六本木ヒルズの立っている場所は、もともとは切り通しやトンネルなどが入りくんである、とても複雑な地形をしていた。その一角には金魚屋があり、崖の多い地形にふさわしい風景をつくっていた。そこに巨大なビルが建つと、金魚屋さんは商売をやめざるをえなくなったが、その代わりにヒルズの住宅棟最上階に新しい住まいを得ることになったらしい。立ち退きの代わりに、空中に持ち上げられたことはすでに書いた。

銀座のなりたちにあたっても、これとよく似た話がある。このあたりではいまの東京駅のあたりが「江戸前」と呼ばれた半島で、入り江は日比谷の奥深くにまで入り込んでいた。だから家康が江戸に入った頃は、銀座も新橋もまだしけた漁村にすぎなかった。

江戸前島には老月《ろうげつ》村という漁村があった。そこの住民たちは、駿河《するが》台《だい》あたりにあった神田山を掘り崩した土を、せっせせっせと（三十三年間もかかった）江戸前島沖に運んでの埋め立てが進行するにつれて、漁を続けていくのが難しくなった。そこで生活保障のために、老月村の漁師たちには、新しい生活の場所として、埋め立てによって江戸前島沖に出現した新しい人工の土地が与えられることになった。そこはまだ「銀座」とも「日比谷」とも呼ばれていなかったが、老月村から移住してきた漁師たちが、その新しい土地の初期の住人となったわけである。

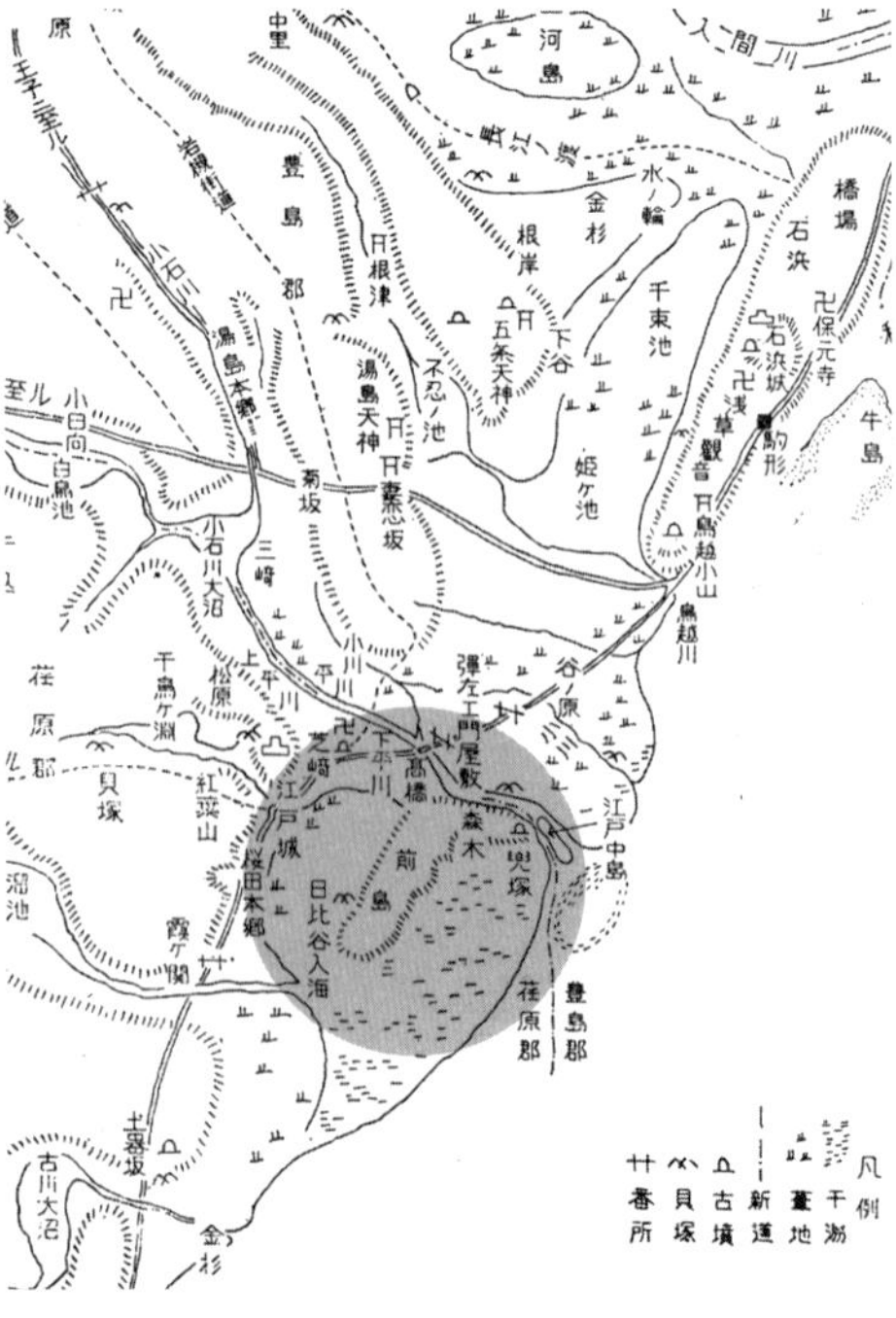

16世紀頃の東京の地勢図
（菊池山哉『東国の歴史と史跡』）

江戸幕府はそこに大きな職人の工房と街をつくって、生産物を管理するという大計画を立てていた。その頃の職人は「座」という組合をつくって、自分たちの権利を守ろうとしていた。職人同士が横のネットワークを持つことで、権力の介入を最小限に食い止めたり、新参者の勝手を許さないようにしていた。もともと「座」は、神様に守られたものだったので、外からずかずかと中に入り込んでこれない雰囲気があった。

銀を吹いたり加工したりする職人のつくる「銀座」も、そういう雰囲気に取り囲まれていた。鉱山技術に関わる職人というのは、どこか「婆娑羅」なところを持っていた。大地の霊に守られていた金属を含んだ岩石を掘り出して、強い熱を加えて吹き立てて、真っ赤に溶けた金属流を取り出して、それに加工を加える仕事である。そのために、金属技術者には、おだやかな水田耕作民とは違った、どこか荒々しい、あでやかで、常識破りな感覚が育っていくことになった。

とりわけ銀は、あでやかさにおいては、ほかの金属の追随を許さない。そういう銀を扱っているうちに、銀の職人たちには独特にあでやかな「婆娑羅」な感覚が育っていったようだ。しかも銀は貨幣として、江戸時代にはもっとも重要な金属と考えられていたのである。京都には古くから、銀でつくった貨幣に、自分の店の印を刻んで、「商品中の商品」として売りに出す商売が成り立っていた。

家康はこの貨幣商人たちを掌握して、貨幣を国家で管理しようとした。こうして幕府は、そんな一筋縄ではいかない感覚を備えた「銀座」の有力な職人たちを江戸に呼び寄せ、一ヵ所に住まわせて、貨幣の生産と販売をコントロールしようとした。呼び寄せられた銀職人たちの居住地として選ばれた土地こそ、すでに老月村の漁民たちが移住をすませていた、かの地なのだった。

竿銀洗いと縁切り落とし
（「『幕府銀座絵巻』」。『中央区史』所収）

銀座ファッションの曙

京都からやってきて、埋め立て地に住み始めた「銀座者」たちは、奇抜なファッションで新興都市江戸の人々を魅了した。金属職人特有の、異様におしゃれに敏感な感覚が流行らせた新モードは、たちまち江戸の市民の定番となっていった。『我衣』（加藤曳尾庵）という随筆に、こんなことが書いてある。

「元禄の頃から京都や大阪で流行っていた羽織の着方は、極端に短く着こなすというものだった。最近京都の人たちが多数、銀座にやってくるようになった。銀座は元禄の頃は、三宝とか四宝という質の悪い銀貨をたくさん鋳造して、大儲けしていたから、繁盛この上もないありさまで、昼夜を分かたず金銀の改鋳をして、若い手代たちは我も我もと吉原などの悪場所に通っては、湯水のように浪費をしていた。そうなると悪場所のほうでもちやほやして、銀座の客が一番だなどと言うので、世間でもうらやましく思って、銀座者のファッションを見習うようにさえなった。銀座者のファッションはというと、裾を極端に長くしてかかとにくっつくぐらいにし、羽織のほうはひどく短くして着こなすのである。このファッションが江戸中に流行っていった」

銀座はこの頃からすでに、都会性の先端を歩み始めていたのである。江戸前島に新しくできた町の町名も「銀座」ということになった。この町名には、ここは職人の感覚がつくる街である、という思いがこめられている。非農業民の感覚でつくられた街、と言いかえることもできる。比較的おだやかな自然に包まれて、おだやかな感覚を育てあげてきたのが日本の農業であるとするならば、荒々しい自然に触れながら、大胆で華麗な造形感覚を養ってきたのが、職人のような非農業民たちであるが、銀座はその非農業民の感覚で貫かれた、関東ではじめての街として誕生したのである。

［左ページ上］：銀座の雑踏
［左ページ下］：電通を汐留から望む
［右］：江戸時代の銀貨（ＫＭＣ）

MITSUKOSHI
KONICA MINOLTA

銀座はこののちも、装飾品と化粧品と広告をもって有名な街として発展することになる。その素地は、ここに銀座者たちが移住してきたときに、すでに埋め立て地の上にまき散らされていたのだった。

土の匂いから遠く離れて　銀座 2

西欧の都市は、城壁で囲まれたつくりをしていることが多い。外からの侵入者が後を絶たなかったというのが、都市のまわりに堅固な城壁がつくられた大きな理由であるが、そのおかげで、城壁のなかで発達した市民の文化とその外に広がる農村の文化との間には、大きなギャップが発生することになった。城壁のなかの都市文化は、農村の文化とのつながりを、失ってしまったのである。

ところが、日本列島に発達した都市の場合、武士が集まり住んだ城下町でも、多くの商業都市でも、自分をまわりの農村部から隔てる城壁のようなものがつくられることがなかった。都市はほとんど無防備なつくりをしていたが、それでもたいした問題はおきなかったのである。

太閤秀吉のおこなった「刀狩り」で、農民は武器を捨てることに同意している。一見するとこれは農民側の屈服のようにもみえるけれども、そこはしたたかな農民である、自分たちが武器を放棄するのとひきかえに、武器を持った人たち、つまりは武士たちは農村から出て行ってほしいという、長年の要求を実現してしまった。その結果、農村は武器を持たない農民たちの暮らす、平和な領域として確保されることになった。こうして、日本の近世都市は、武士と農民とのおたがいの深慮遠謀なるネゴシエーションの結果として生まれた。そのため、そこには

おたがいを隔てる城壁などを、つくる必要がなかったとも言えるのである。

もちろん江戸にも、都市部と農村を隔てる城壁などはなかった。そのおかげで都市の文化と農村の文化は、おたがいの間にひんぱんな行き来をおこなっていた。豊島村や高井戸《たかいど》村の農民たちは、毎朝大八車を引いて、都市の中心部にまで出かけていった。そこで畑にまく肥やしの原料を手に入れるためである。池袋のあたりの若い女たちは、お屋敷の女中奉公に入り込んでいった。都市の文化にはこうして、農村の習慣や感覚が深く浸透していった。城壁を持たないために、当時世界最大の都市に成長をとげた江戸は、ハイカラさと土臭いところが絶妙に入り交じった、ユニークなハイブリッドな都市文化を生み出していたのである。

土の臭いはおもに、北と西から都市の中心部に流れ込んできた。北は足立や葛飾の方角から、西は武蔵野の方角から、肥桶《こえおけ》を積んだ大八車のわだちの音とともに、野生の香りも高い農民の心性は、上品な人々の住む世界の奥座敷にまで、運び込まれていた。しかしその大八車のわだちの音も、肥桶の臭いも、はるか東の果て、江戸前島沖の埋め立て地に生まれた銀座にまでは、さすがに届いてはこなかった。銀座は都会の精神にとって、ハイブリッド化による汚染をまぬかれた、東方に広がるエデンの園であった。銀座がのちに高級な都会の香りを漂わせる、東京でも特別な一角となっていったわけは、このへんの事情に根ざしているように思われる。

煉瓦による過去の埋葬

銀座はこのように、成立の事情といい地理的条件といい、江戸＝東京のなかでも、とりわけ農業的な世界との接触の希薄な地帯だったわけであるが、そこに最初につくられたのが職人街

[左]：東京名所新橋ステーション（KMC）
[右ページ]：明治期の煉瓦の街・銀座の錦絵（KMC）

だったことによって、いっそうその性格は強くなっていった。

職人は大地のなかから取り出された金属を溶かして加工したり、木に細工をほどこして漆を塗ったり、金属をはめこんで美しく加工したりする技を持っている。農民のように土とじかに触れあうこともないし、商人のように出来上がった製品を売るだけの仕事でもない。それに娼婦たちはおもに下半身の機能を駆使するのにたいして、職人は足や股よりも高級な身体部位である、「手」の働きによるところが大きい。職人は芸術家と同じように、ものごとを変成する作業をおこないながらも、農民とちがって土にまみれることがない。そういう意味でもともとそこは、どことなく「高級さ」の幻想をかきたてやすい条件を備えていた。

だから江戸が東京となった頃でも、このあたりを仕事場にしていた「金春芸者《こんぱる》」たちは、ただの転び芸者とはちがう高級さがある、と見なされていたし、銀座に集まっていた商人たちも、どこか気位の高いところがあったと言われている。つまり「高級さ」は銀座界隈のお土地柄であったわけだ。

そこが明治二年から五年にかけておこった、立て続けの大火災に襲われた。あたりは完全な焼け野原になった。「文明開化」の幻想に突き動かされた官僚たちが、このときまっさらになった銀座の土地に目をつけた。ここ一帯に洋風の煉瓦《れんが》造りのあたらしい家並みをつくりあげることによって、外国港のある横浜からの鉄道の終着駅であった新橋駅を降り立った外国人のための、東京の表玄関としようという計画が持ち上がったのである。設計はイギリス人の建築家ウォートルス、音頭取りは当時の東京府知事であった。

こうして古い銀座は一掃され、そこここに残されていた「見苦しい」文化の痕跡は、跡形もなく消されていった。煉瓦の町並みが、土地の記憶を抹殺し、そこには文字どおりモダンな「高級さ」を発

[左ページ上]：烏が森神社
[左ページ下左右]：ショウウィンドウ

散させる建物や商店が立ち並ぶようになった。こういうことは、新宿などではおこりえないことである。銀座がもともと土地の記憶のない人工的につくられた街であり、そこに非農業民的な職人の街がつくられ、その非農業的な純粋性を保ち続ける地理的条件がなかったら、明治時代のみごとな変身も、おこりえなかった。

灰とダイアモンド　銀座 3

「銀」のイメージのかもしだす高級さの感覚は、銀座にいくつもの宝石店を呼び寄せることになった。金や銀のような貴金属と同じような「高い価値物」である宝石が、この土地に吸い寄せられてきた。以来、銀座と宝石とはきってもきれない関係をもつこととなる。

宝石を着飾るためには、宝石はからだの裸の部分に付着しなければならない。裸と宝石が密着していればこそ、その魅力は高まる。ここに宝石というもののもつ、秘密がひそんでいる。

宝石はただ美しいだけの、高級品ではないのである。宝石にはフロイト的な両面性がひそんでいて、美しさの陰に、死の魔力を隠している。この点では、金や銀も同じである。世界中の神話や昔話には、金や銀でできた貨幣と糞《くそ》を、同じものと考えている話がいっぱい出てくる。貨幣は無数の商品たちが自分たちの世界の外に「ひりだした」、象徴的な糞なのだという考えは、人類に普遍的なのである。

子供は自分のからだから外に出てきたウンチに、異常な関心を注ぐ。大人みたいにそれをすぐに自分から遠ざけようとしないで、いつまでもそばに置いておこうとする。子供が最初に飛びつくフェティッシュの対象が、これなのである。

それと同じように、貪欲な金持ちは自分が得た貨幣を手放すのが嫌で、いつまでもそばに置いておこうとするだろう。金銀でできた貨幣は、子供にとってのウンチとじつによく似ている。たしかに「黄金」ということばには、ただの高い価値物というだけではすまない、無意識のあやしい心理をかきたてる何かがある。

宝石の場合はどうだろうか。有名なシンデレラの伝説に、宝石をめぐる奥深い真実が語られている。継母のいじめを受けていたその少女は、台所仕事を専門にさせられて、いつも竈《かまど》のそばにいた。全身が灰でおおわれていたものだから、名前まで「灰（フランス語でサンドルという）かぶりちゃん」という意味で、シンデレラとなった。竈のそばの女の子といってもいい。

竈は昔の人の考えでは、死の世界への通路の入り口だと見られていた。竈をくぐり抜けると、死霊の世界へ入っていけるのだ。シンデレラはいつも灰まみれだったから、死者の霊のごくごく身近にいた。そこで彼女を救うために、妖精があらわれてきても、すこしも不思議ではない。妖精は野菜のくずとあたりをちょろちょろしていたネズミに魔法をかけて、立派な馬車と御者をあつらえ、シンデレラの全身を、美しいドレスとみごとな宝石で飾ってくれた。シンデレラは死霊の香りにつ

資生堂

つまれて、王宮へ入っていった。するとそこも死霊の世界であったから、王子さまは間違えることなく、彼女を発見することができたのである。

このお話には、宝石が死霊の世界と深いつながりがある、という人類の古い考えがしめされている。宝石の原石は、大地に深く抱かれている。そこは死霊の世界であったから、鉱山の職人たちは死霊の世界にもぐって、そこから宝石の原石を手にいれてきたことになる。それをカットして宝石にして、女性の裸の肌にじかに付着させる。なんという美しさ、なんというあやしさ。

結局のところ、宝石の魅力は裸の女性の肌にのせられた死の輝きから発散されているのだ。若い女性のみずみずしい生命が、死霊に抱擁されて、いまにも死の領域に連れ去られてしまうかも知れないあやうさが、宝石をまとった女性をこのうえなく美しく、魅力的にしている。

高級さのパラドックス

こう考えてみると、銀座とはなかなかに深い心理的含蓄をそなえた街なのだ、という気がしてくる。貴金属も宝石も、ただの高級な価値物なのではない。それらはフロイトがよろこびそうな、無意識の欲望をたっぷり含んだ両面性をもっているからこそ、高い価値をもつのであり、そこから出てくる「高級感」の源泉はというと、そうとうに人間心理の隠微なところにつながっている。

それは排泄物や死との隠れた結びつきから生まれる、まことに豊かな象徴性をはらんでいる「高級さ」である。その意味で銀座は、貝塚や墓地や竈などと、よく似ている。灰のなかからダイアモンドが光り、ゴミ捨て場から金銀があふれ出て、死霊に抱擁された女性の裸の肌からぞくぞくするような美がこぼれ落ちる。

銀座では「手術台の上のこうもり傘とミシンの出会い」のように、極端に離れたものがじかに触れあって、美や価値が火花のようにほとばしり出ているのだ。ただ表面を見ているだけでは、ダイアモンドの後ろにある灰や、貴金属の裏面である排泄物や、着飾った女性の美しさの背後にひそんでいる死霊のことなどは、さっぱり見えないものなのだが、アースダイバーのゴーグルを着装すれば、銀座の様相は一変してしまう。

銀座のもつこういう両面性を、もっとも露骨なかたちで見事に表現しているのが「銀座の女」なのではないだろうか。彼女たちはお金をどんどん吸い込んでいく竈のようでもあるし、彼女たちの仕掛ける誘惑は、まさに死霊のささやきを思わせる。美しく着飾ったそういう女性たちが、高級品をショーウインドウに並べたきれいなブティックの裏通りで、あなたの来店を待ちかまえている。銀座は埋め立て地に出来た土地の記憶ももたない街なのに、なんと豊かな神話性をそなえていることか。男ならそこに一度は呑み込まれてみたいと思うのも、無理はない。

広告の街の誕生　銀座 4

銀座は明治時代このかた、ずっと広告・宣伝のための情報発信地として、重要な地位を保ち続けている。電通や博報堂や資生堂広告部をはじめとして、この街を拠点にする広告業者のつくりだした傑作の数々は、いまだに新しいコピーやイラストのアイディアが練られるときの、乗り越え困難な模範として、しぶとい生命を保っている。

なぜ銀座が広告・宣伝の発信地となったのか。このことのわけを知るためには、十八世紀の末まで、話を遡らせてみなければならない。その頃、銀座一丁目に、煙草入れを商う山東京伝《さんとうきょうでん》という人物がいた。もとは深川で質屋を営んでいた父に伴われて、この地に移住してきた京伝は、大変に早熟な子だった。絵がうまかったので、浮世絵を学んで北尾政演《きたおまさのぶ》と号して、まずは画工として名をなした。

この京伝、幼少より遊里に出入りして、女性たちに親しむこと、並々ならぬ体験を積んできた。その体験を生かして、艶《つや》っぽい小説を書き出して、これが大評判となり、自分で描いた挿絵をつけた粋な「ホステス小説」の類《たぐい》を、つぎつぎに出版して江戸の人気者となる。あんまり人気が出すぎて、ときの権力者松平定信《まつだいらさだのぶ》ににらまれ、ふとどき小説の作者として摘発され、手鎖五十日の処分を食らうことにもなった。

しかしそんなことにめげる山東京伝ではない。たまたま手にしたあぶく銭を元手に、銀座一丁目に新しい店を手に入れ、紙製煙草入れと煙管《きせる》を売る店をはじめた。ここから彼の商才が爆発的な冴えを見せはじめる。煙草入れの包み紙をひらくと、中から芝愛宕神社の引き札が出てくるという趣向をこらした製品を、縁日を見込んで売り出した。これが馬鹿売れしたのである。

商品には、たんなる実用の世界の価値を離れたところがなければならない。ちょっと現実を離れた部分があってはじめて、人々の無意識の欲望に触れる、魅力的な商品が生まれるのである。こういう考え方は、商品というものがこの世に出現した、ごく初期の頃からあった。その昔の商品は市場に集められたが、市場というのはもともとが神仏の支配する遊びの庭だった。その遊びの庭へ入ったものは、いったんもとの所有関係から自由になって、神仏の持ち物になって（ということは、誰のものでもないもの）、はじめて自由に売り買いのできる商品に変身できたのである。

だから商品というものは、そもそもの成り立ちからして、現実からすこしだけ遊離したところがなくてはならず、現実を離れた分、神仏の世界のものである人の無意識に触れている部分を持っていなければ、商品としては成功しない。広告は文章と絵の力によって、そこに触れる。そうやって、無意識と商品とを結びつけるわけである。

山東京伝はそのあたりのことを、憎いぐらいに知り抜いていた。彼はただの紙製煙草入れを、自分で描いたイラストと自分でひねりだしたコピーと、神仏の世界の遊び道具である引き札でくるんで、売りに出して大成功をおさめた。山東京伝のこのときの成功をもって、この国の資本主義にはじめて、広告・宣伝なるものの威力が、見せつけられた。

シンデレラの街で

商品を上手に神仏の世界に引き渡してやることが、広告・宣伝の働きである。コピーライトとイラストレーションの力で、うまく商品を、神仏の世界の原理である自由な無意識の働きに結びつけてやることができると、商品は自分の生い立ちの状態を取り戻すことができる。現実世界からすこしだけ遊離して、神仏という無意識の世界に触れているとき、商品はもっとも商品らしくなれるのだ。

銀座で売られる商品は、山東京伝の成功以来、そういう無意識の世界の神様がのりうつれる力を宿したのである。広告・宣伝は、実用品としての商品を、人間の深い無意識に結びつけていく技である。そしてそのとき上出来の広告と一体になって、浮かび上がってくる無意識が、人の心の深いレベルに触れていればいるほど、その広告は力を持つ。

まったくこれは、宝石や貴金属の場合と同じではないか。銀のような貴金属も宝石も、大地の奥から取り出されたものとして、価値を持つ。またそのせいで、金銀は無意識に糞を連想させ、宝石は死者の国を思い起こさせる。それとまったく同じように、広告・宣伝の技術（これはコピーとイラストを使った職人の技術である）は、商品をほの暗い無意識の働きに結びつけることによって、資本主義を死の原理（タナトス）に触れさせる力を発揮する。銀と宝石と広告。この三位一体が銀座を、特別の場所にしている。銀座という土地の特徴を神話学的に表現してみれば、そこは豊かな死霊の王国である。

魔法の力で野菜のくずとネズミが姿を変えたすてきな馬車に乗って、死の香りのする宝石とゴージャスな衣装をまとったシンデレラは、舞踏会の行われている王宮へと向かう。恋の成就とそれが約束する社会的サクセスを求めて。しかし彼女の馬車が向かっていた王宮こそ、死者たちの住まう死霊の宮殿なのであった。

あらゆる「高級さ」の幻影を作りだしているのは、タナトスである。死の影の宿る生こそ、高級さの温床である。このフロイト流の考えがたしかなら、東京の東の果てのエデンの園である銀座は、シンデレラの向かっていた、あの麗しい死の宮殿に、あまりにもよく似すぎている、ということにはならないだろうか。

癒しの女　新橋

花街や歓楽街は神社の門前に発達することが多い。神社のもつ浄化力と花街の浄化力のあいだに、密接なつながりがあるからだ。神社にでかけて、神様の前に手を合わすだけで、それまで抱えていた悩みや苦労が、短い時間すっと消えて、気分が軽やかになってくるような体験は、誰にでもある。神様はこの世にあるものをなんでも吸い込んでくれる「無」だから、その前に立つだけでも、心の中にたまった疲れや汚れが「無」に吸い込まれて、心が浄化されるような気分になってくる。

花街にも、それとよく似た浄化力がある。女性には「無」の吸引力が、生まれつきそなわっているが、お水の女性にはとくにそういうタイプが多い。男はそれにひきかえて、「有」の世界の出来事に気をひかれていて、そのために心に「有」の塵《ちり》や芥《あくた》をためやすく、またそれを自力では消してしまうことができないでいる。花街というのは、心に蓄積された「有」の塵芥を、女性にそなわった「無」の力で吸い込んでもらうためにつくられた、古くからのセラピー空間なのであった。

その癒《いや》しが、ことばを交わしたり、いっしょに食事をしたりするだけでなく、からだの交わりをとおしてなされるとき、花街のセラピー効果は最高点に達する。心身にたまっていたものを、暗い洞窟のような「無」に吸い込んでいただくとき、「有」の呪縛からなかなか自由になれない男は、しばし救われた気持ちになれる。あきらかに花街は、あの神社という絶妙な仕組みをとおして、神様が発揮している力とよく似た浄化力をもっている。神社と花街歓楽街は一体となって、「無」に秘められた浄化力の場所になっている。

この伝でいくと、夜の銀座の浄化力には、おおいに疑問とすべきところがある。そこに生息するお姉さんたちは、お客が自分にサービスしてくれることを求めているし、なかなか浄化の最高点にたどり着かしてもくれないからだ。何度「同伴」を重ねても、いくらお金をつぎこんでも、もてないお金持ちは思いをとげることができない。お金ばかりがどんどん「無」の洞窟に吸い込まれていくだけで、心に蓄積される「有」の沈殿は深くなっていくばかり。まともな神社というもののない銀座では、女性も神様も、浄化力を出し惜しみしている様子なのである。

新橋の恩人コーチン芸者

こういう銀座の非セラピー的な気位の高さは、いまにはじまったことではない。能楽の金春家が拝領していた土地に集まっていたことから「金春芸者」と呼ばれていた、今日の「銀座の女」の前身をなすお姉さん方は、容易なことでは男のいいなりにならないことで有名だった。気位が高いというか、なんじゃかんじゃと出し惜しみをする技に巧みだったのである。

明治初期、薩摩《さつま》や長州から東京入りを果たした「元田舎侍」をイライラと悩ませたのは、この金春芸者たちだった。「銀座の金春芸者はねえ、金や権力にたやすくなびく女じゃないのさ」とやられて、シュンとなってしまった成り上がりたち、はじめは悔しい思いをしていたが、そのうち彼らに救いの手をさしのべる人たちがあらわれたのを知って、喜びにわいた。甲高い声で「オキャーセ」やら「スキャタラン」といった不思議議な妙音を発する、いわゆるコーチン芸者たちが大挙して名古屋から上京して、気位の高い銀座の女の向こうをはって、いまの東銀座から新橋駅界隈で、はでな商売をはじめてくれたのである。

東京には目新しいこの比較的気持ちのゆるいコーチン芸者たちは、厚化粧をした「新橋芸者」と名乗って、たちまちその名を知られるようになった。とりわけ官庁街で昼の仕事を終えた、なにかと東京にコンプレックスをいだくことの多かった田舎出身のお役人たちにとっては、この新橋芸者の出現は福音の到来を意味した。彼らは軽便な性的セラピーを求めていたのだから、なにも無理をして銀座へ行って、金春芸者のおもちゃになる必要もないとなれば、霞が関官庁街を出たお役人の足は、当然、鉄道駅の終点付近に出現した繁華街へおもむくのであった。官庁街やオフィス街と新橋との深いつながりは、このころに生まれた。新橋は名古屋女に感謝しなければならない。

しかしそれもこれも、もともと新橋駅の近くの「烏森《からすがもり》」と呼ばれたあたりに、なかなか霊力の強い狐の神様を祀る神社があったからである。そのあたりは元武家屋敷だったから、怖いお狐様の神社は遠巻きにされていた感があったが、武家屋敷がなくなってしまうと、それっとばかりに東銀座のほうから人口過剰ぎみの新橋芸者たちがなだれ込んできて、ここに一大花街をつくってしまった。ながらく結びつきを阻まれていた神社と花街がここにめでたく結ばれて、今日の新橋繁華街の原型がつくられた。ここはもともと大いなる、セラピーの街だったのである。

そのために、気軽に遊んでくれる芸者さんなどがいなくなったいまでも、新橋はサラリーマンにとって、大いなるセラピー効果を発揮し続けている。心にたまった会社や上司への不満を、新橋の飲み屋のカウンターで仲間を相手にことばにするだけで、心の塵も芥も、どこかに吸い込まれて消えていくように感じられる。新橋という土地のどこかに、「無」の浄化力を宿した、底なしの洞窟が隠されているのかも知れない。そこで、サラリーマンや若いお役人たちの足は自然と、銀座よりも新橋に向かっていくわけである。

癒しの街

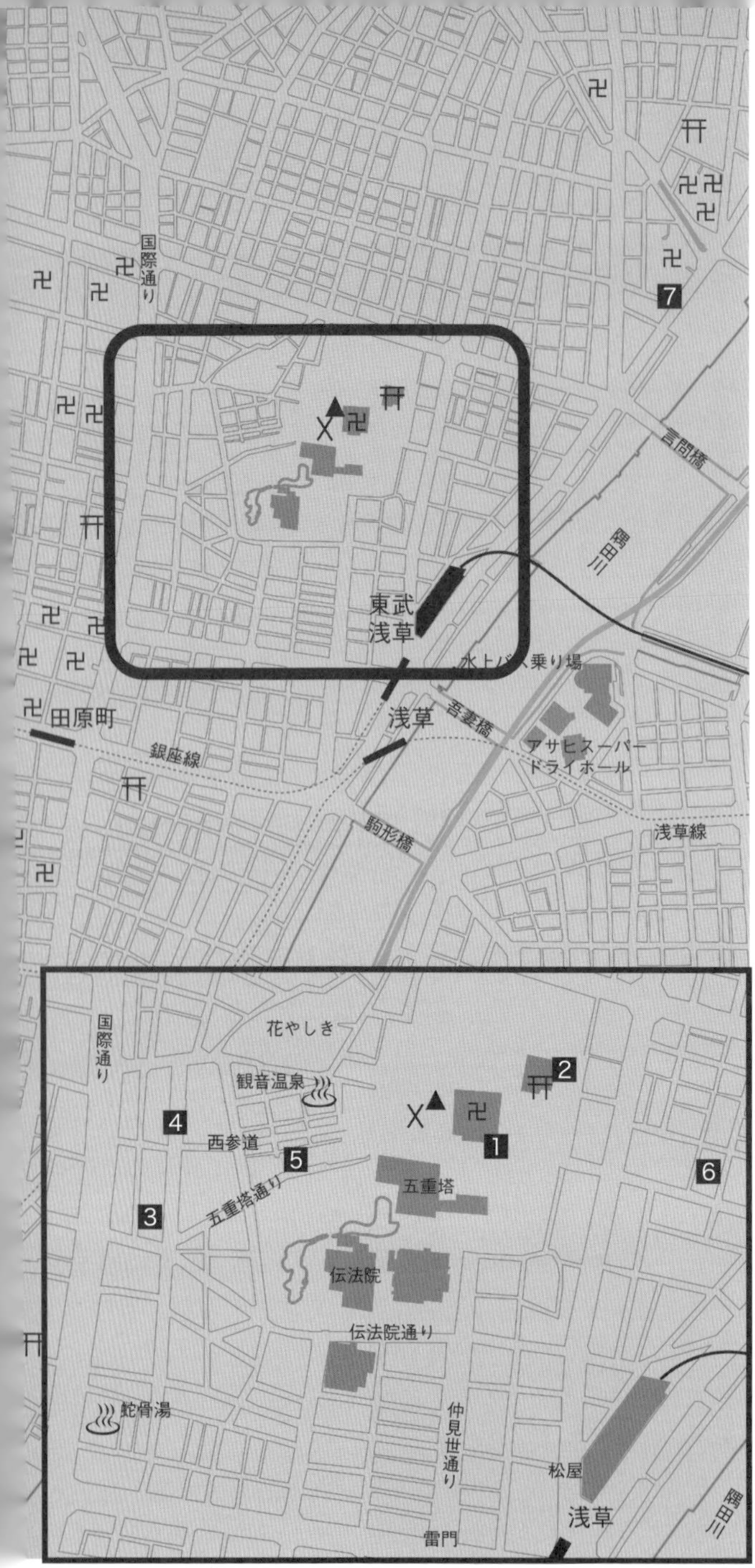

第8章

モダニズムから超モダニズムへ

浅草〜上野〜秋葉原

Asakusa - Ueno - Akihabara

洪積層 / 沖積層

■ 旧石器遺跡　▲ 縄文遺跡
X 弥生遺跡　Δ 横穴墓　● 古墳
⛩ 神社　卍 お寺

13. 旧下谷万年町
14. 秋葉神社
15. 秋葉原電脳街
16. 電気部品屋街

1. 浅草寺
2. 浅草神社
3. ロック座
4. 六区ブロードウェイ商店街
5. 木馬館
6. 花川戸公園
7. 待乳山聖天
8. 鳥越神社
9. 上野駅
10. 摺鉢山古墳
11. 花園稲荷神社（穴稲荷）
12. 東京国立博物館

アメリカのような場所　浅草 1

浅草は東京都内に大小さまざまある盛り場のなかでも、かなり異質ななりたちをしている。新宿でも池袋でも渋谷でも青山でも、街のつくりは、台地と低地が複雑に入り組んだ地形に、いまでも大きく影響を受けている。

そういう街では、台地が水の中に、半島のような形をして突き出していたあたりに、きまって重要な神社やお寺が建てられた。神社の建っているところは、縄文時代の神様を祀ってあった場所であったことが多く、その頃の神様のシンボルである石棒などが立っていた。また古墳時代に墓地だったところには、お寺が建っていることが多い。いずれにしても、古い神社やお寺が重要なスポットになっていて、街のつくりもその昔の台地のかたちにそって、発展していくケースがよく見られる。

東京はそうとうに複雑な形状で台地と低地が入り組んでいたから、リアス式の海岸のようなもので、水面をのぞむ高台には、早くから人が住んだ。それからおいおい水が引いてきて、湿地帯だったところに土を盛ったりして、そこにも人が住むようになった。だから、東京には異様に坂道が多いのである。

台地が湿地帯に向かって降りていく途中に、たくさんの坂道ができたからである。そして、湿地から噴き上げてくる縄文的な想像力が、この坂道をはい上がってくる。そこでこういう坂道には「百物語」にうってつけの、怖いお話がたくさん語られるようになった。

浅草には、そういう坂がいっさい無いのである。少し高くなっているのは、待乳山《まっちやま》のあたりだけで、

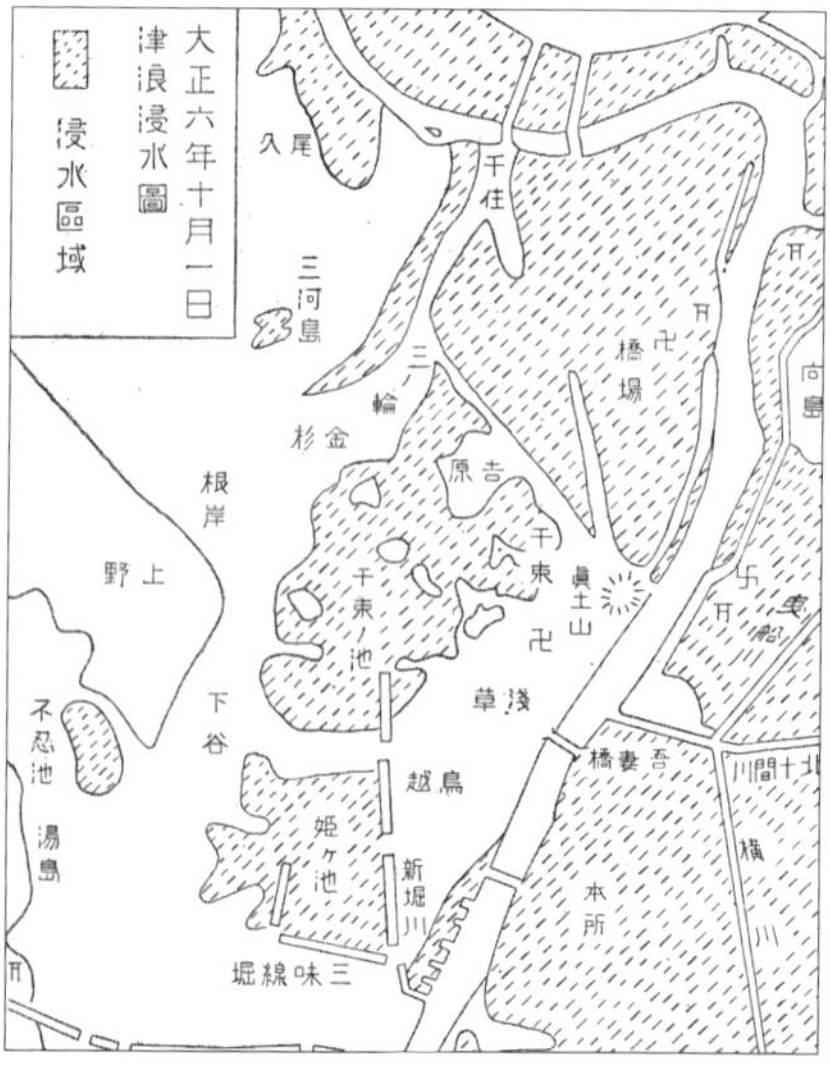

浅草付近の地勢図
（菊池山哉『東国の歴史と史跡』）

ここはもともと真土山と書いたぐらいだから、浜砂や浜砂利ではなく、ほんものの土が盛り上がっていたところで、あとはほとんどが東京湾の海底に沈んでいた土地なのだ。遠浅の海だったようだ。

海から顔を出しているのは、いまの浅草寺《せんそうじ》のあたりと鳥越神社《とりごえじんじゃ》のあたりと待乳山の小島あたりで、浅草が陸地になるまでには、ずいぶんと長い時間がかかった。利根川《とねがわ》と荒川《あらかわ》と入間川《いるまがわ》が合流して隅田《すみだ》川《がわ》をつくり、その隅田川が流し込んでくる大量の土砂によって、ようやく浅草は陸地となった。

広い陸地ができてきたのが、いつ頃のことだったかは、はっきりわからないけれども、上野などよりもずっと遅れて、人の住む村ができてきたことだけはたしかである。浅草寺のあたりにいくつか古墳があるところを見ると、奈良時代の前にはすでにそこに村があったことがわかる。どこまでも平坦な、坂のない、広々とした地形が、こうしてしだいにできあがっていった。しかしいつまでも、そこには広大なビーチのような、ポカンとした景色が広がっていた。

モダニズムと浅草の関係

このように浅草は、都内のほかの盛り場とは違って、歴史や縄文地理学などに左右されないなりたちをしていたのである。だいたい「浅草」という地名からして、歴史の浅さを感じさせる。台地に深く入り込んだ湿地帯は、一面ぼうぼうの葦《あし》や萱《かや》が覆い尽くす「深草」の土地だった。ところが、浅草は浅草寺の裏手からどこまでも続いていくかと思われるような石浜が続いていていた。

そのため草もチョロチョロとしか生えない。だから「浅草」なのである。ここに

秘密の扉？

は昔の半島や岬の名残もない。とうぜん坂道もなく、そういう境界に棲みつく精霊や妖怪なども、いなかった。広大な砂州の上に、浅草寺と鳥越神社を中心にして、街がかたちづくられていった。浅草寺の起源は異様に古い。といっても『浅草寺縁起』によれば、せいぜい七世紀のはじめ頃である。都内の台地の突端につくられている神社やお寺は、浅草寺よりもたしかに記録上の歴史は浅いけれど、そこはすでに縄文初期あたりからの聖地だったのである。それに比べれば、浅草寺は関東屈指の古刹《こさつ》とはいいながら、それほど深い根を下ろしているわけではない。

なにもなかった砂州の上に、漁師が隅田川から引き上げた金の観音菩薩《ぼさつ》像をお祀りする寺ができ、そこを中心にして村ができ、街になっていった。その街も複雑な地形にしばられて、アップダウンする坂道や、とてつもなく古い聖地などの影響を受けることなく、のびのびと広大な平地の上に、自分を伸ばし広げていくことができたのである。

なんだかアメリカみたいな話ではないか。アメリカ大陸に上陸した白人たちは、先住民の伝統を無視して、街をおっ建てていった。ほんとうのことを言えば、そこにはたくさんの先住民の聖地があって、切り崩したり、酒場を建てたり、銀行をつくったりできない場所がいっぱいあったにもかかわらず、白人はそこをまっさらな土地と見立てて、開発を進め、歴史に縛られたヨーロッパではできなかった、夢のようなと言うか記憶を喪失したと言うか、とにかく自由な街をつぎつぎとつくっていった。

だからそこには、モダニズムの文化が理想的なかたちで花開くことができたのである。浅草のなりたちを見ていると、私はなぜその土地が、日本のモダニズムの中心地となったのか、理由がわかって

浅草雷門

くるような気がするのである。浅草はアメリカにできていった街と、よく似ている。ここは縄文地理学の影響を免れた、都内でも数少ない盛り場なのだ。

深さの演出　浅草 2

アメリカでつくられたものは、なににつけ深みに欠けるというのが、決まり文句である。たしかに、そこにはごく浅い歴史しかないいし、だだっ広い平地につくられていった文化だから、どうしても深さの感覚を生み出すのが難しい。そこでアメリカは自分の浅さを逆手にとって、歴史とか深さとかを拒絶した、新しいタイプの文化をつくって、自分の先進性をアピールしてきた。

では、私たちの浅草、都内の盛り場にあってはめずらしくごく浅い歴史しかもたず（新宿や青山や芝にもう人が住んでいた頃、浅草はまだ海に沈んでいた）、まるで「アメリカのような」なりたちをしている浅草の場合は、どうだろうか。下町方面からやってきて世田谷の住宅街に紛れ込んでしまった、深夜のタクシーの運転手などがよくこぼしているように、田圃《たんぼ》のあぜ道をそのまま道路に広げたような世田谷を走るのは、とても難しい。

それにくらべたら、下町を運転するのはやさしい、と運転手さんたちは言う。なにしろそのあたりは大半が、広い砂州の上につくられた街なので、複雑怪奇な歴史をしょい込んでいない。とりわけ浅草の場合、町並みの構成はとても見通しよくつくられている。しかしそのかわり、方向感覚を失うことがある。丘もなければ坂もなく、つい最近まではとりたてて高い建物もなかった浅草では、ときどき自分はどっちを向いているのかわからなくなってしまう。

浅草寺境内

あらゆる方角が、ここでは平等に自己主張をしているのである。丘や坂道や大きな森などがあると、人の感覚は強い吸引力を受けて、そっちへひっぱられていくものだけれど、浅草にはそういう場所が数えるほどしかない。考古学などになじんだ目からすると、浅草はある意味でのっぺらぼうで、浅い歴史の感覚しかあたえない。砂州の上にできた浅草は、同じような砂州の上のマンハッタン島に似ている。そして、マンハッタン島にブロードウェイができたように、浅草には「六区（Ｒｏｋｋｕ）」が生まれた。モダニズムというのは、こういう場所を好んで、花開くのである。

秘仏のトリック

そういう浅草に深さの感覚をつくりだしている中心が、ひとつだけある。浅草寺である。伝説では七世紀の前半、このあたりに住む漁師の兄弟、檜熊浜成《ひのくまのはまなり》と竹成《たけなり》がある春の日に、隅田川に網を打っていると、思いがけなく一体の仏像をすくい上げた。観音さまの像だった。兄弟はそれを水辺の木陰に安置しておいた。そのうちに近くの農民たちがその像を祀るようになり、それを知った村長の土師真《はじのま》中知《なかち》は、思い立ってささやかなお堂を建てた。

檜熊浜成と竹成、土師真中知の三人は、浅草の偉大なる創設者として、三社神社の祭神にお祀りされるようになるが、三人とも朝鮮半島からの帰化人であると言われている。考えてみると、観音像発見よりも百年以上も前、朝鮮半島からはおびただしい数の難民が日本列島にたどり着き、その一部が利根川の上流地帯に新しい入植地を得て、高い文化を根づかせていた。だから、上流から流れ着いた観音像を漁師が拾ったという伝説の裏には、このあたりに半島系文化の大きなネットワークがつくられていた事実が語られている。

［左ページ］：浅草鳥瞰

さてこの観音像はあるときから、絶対の秘仏となる。浅草寺の奥深く秘められたまま、観音像を納めたお厨子《ずし》は、けっして扉を開かれることがない。ほかのお寺にも秘仏はあるけれど、がまんできなくなって三十三年ごととかに「ご開帳」がおこなわれて、人々の前にあらわれるものだ。ところが、浅草寺の観音さまは絶対に人の前に姿を見せないのである。お堂の奥に、神秘の仏像が隠されていることは、みんなが知っている。しかし、誰もそれを見ることができない。そのためである、浅草寺は圧倒的信仰を獲得するまでに成功する。そして、平らな砂州の上にできた街である浅草には、ブラックホールが出現し、そこにだけ井戸のように深い、圧倒的な深さの感覚が発生するようになったのである。

神社の神様というのは、もともと姿形をもたないものであった。神様にはほんらいは名前しかなくて、神を描いた像や絵はないというのが、もともとのあり方だった。ところがそこに仏教が像や絵をもち込んできた。聖なるものは物質的に表現できるというのが、仏教の考え方で、しかも仏像の多くは金で塗り込められている。神聖なものと物質的な価値というものを、仏像はひとつに結びあわせてしまった。それだけでなく、多くの仏像は、人の目にさらされない闇の奥に隠されて、秘仏とされたのである。

これはじつに巧妙な仏教的トリックであった。神社の神様は森の中にいて、姿もかたちももたずに、アッラーやヤーヴェのような一神教の神様と同じように、天の高みにいる。ところが、仏教の御仏は、都市の中につくられた洞窟のような場所の奥まったところにいて、洞窟の向こうに広がる世界（そこには富と幸福が充ちている）とこの世とを橋渡しする、つなぎのような場所に立っている。目に見えない世界と物質的な世界の、ちょうど真ん中、それが仏像の立っている場所である。

絶対の秘仏となった観音像があるおかげで、浅草寺はじつにみごとな都市の中の洞窟となることができたのである。そしてそこにブラックホールができあがり、浅草にはそこだけとてつもなく深い、精神の井戸が掘られることになったのである。

無からの創造　浅草 3

浅草とストリップは、切っても切れない縁がある。かつてストリップと言えば浅草、という時代があった。ぎりぎりまで着衣を脱いで、もう見えるんじゃないかな、という寸前をかすりながら、やっぱり見えませんでした、見せませんでした、という古いタイプのストリップにとって、浅草という土地は絶好の環境をつくりだしていた。なぜならこの街の精神的な中心となっている観音様ご自身が、そこにいることはわかっていても、やっぱり見せませんという、仏教の「無」に似た、ストリップ的芸能の構造をしているからである。

浅草寺の奥にも、またすべての女性の股間にも、これまであらゆる人類を生み出してきた、すばらしい洞窟がある。人類の抱いた最初の哲学的謎は、「子供はどこからやってくるのか」という質問だったが、それに対する正しい答えは「無」なのであった。すると女性の股間の洞窟は「無」への入り口なのであるから、それを人目にさらして、子供はここからやってきましたと言うことは、「無」を裏切ってしまうことになる。

そこで仏教は、「無」がそこにあるのはわかっていても、それを言葉で名指ししたり、話題にしたりしてはいけないと、「無」の前では沈黙しなければならない、と教えたのである。ストリップはこの仏教の教えをよく守って、子供がやってくる「無」を開く股間の扉は、見せそうで見せない、見えそうで見えない、という絶妙な技によって、人目から隠しておかなければならないという、教えへの誠実さを示してきた。

その誠実さのしるしが「バタフライ」という、小さな布切れだった。この布切れが「無」への入り口を覆い隠す。しかし、蝶々はときどき羽ばたきをする。それと同じように、ストリッパーには母性愛があふれているから、自分のやってきた根源の場所を見たいと、目をランランと輝かせている男たちに向かって、ちょっとした拍子に布切れをまくってくれないとも限らないではないか。

その気持ちはわかるわ。でもだめなの、国家権力はなぜか「世界の真実」が人々の前にさらけだされることを恐れているから、ここは見せちゃいけないことになってるのよ。私は自分の「真実」をさらけだしたって、ちっとも困らないわ。でも国家権力にはきっと「真実」なんてものがないから、そのことが暴かれるのが嫌で、ほんものの「真実」まで隠しておけって言ってるんだと思うわ。でもいいわ、私には愛があるから、ちょっとだけね、はい、ご開帳。

浅草寺の観音様には、そのご開帳さえないのである。愛がないのではない、この世界のありとあらゆるものが映像に写し取られ、情報につくりかえられ、商品として値段がつけられてしまうような時代になっても、その観音様だけは「世界の真実」を人目にさらさない。私たちがどこからやってきて、どこへ去っていくのか、その根源的な問いへの答えを言葉にすることも、映像にすることも、情報にすることも、商品にすることも、断固として拒否して、洞窟の奥にしまっておこうとしている。

なんという偉大な、反時代的抵抗者ではないか。そのような観音様が自分たちの街の中心にあるこ

［右］：ロック座
［左ページ］：上野駅ホーム

とを、浅草は大いに誇りとしなければならない。入り口を閉ざした、大きな謎をはらんだ洞窟が、街の中心にセットされている。そのおかげで、河口の砂の堆積地の上にできたこの街には、地上の闇が生まれ、平坦で均質な空間には襞《ひだ》や深い穴がえぐり出されることになった。

見世物からモダニズムへ

そのために浅草寺のまわりは、昔から芸能がさかんだったのである。浅草寺からいまの六区にかけては、たくさんの寄席や見世物小屋が建ち並び、道には大道芸の芸人があふれていた。ストリップ芸の場合には、人類根源の問いへの、答えの場所が指し示されては、即座に隠される。ところが、大道芸や見世物では、「無」からの創造がおこる様子を、目の前に出現させてみせるのだ。

手品では、なにも入っていないことが確かめられている帽子や袋や箱の中から、つぎからつぎへと品物があらわれてくる。しまいには兎や鳩まで飛びだしてくる。高いところにあるものが支えをなくせば下に落ちてくるのが、この世の「エコノミー」というものだが、大道芸の場合には、玉や枡《ます》やらが、くるくると廻る傘の上に留まったまま、下に落ちてこないのだ。芸人はちっとも力んでいる風がない。それなのに、芸がおこなわれている場所には、重力が働いていないかのように、なにもかもが軽やかに動いていくのである。

「エコノミー」はもともとが、労働をしなければものは生まれないし、空中に留まってはいられない、という常識に根ざしている。ところが芸能はこの「エコノミー」の原則に反して、ものは「無」からも生まれるし、力んで労働なんかしなくても、楽に金をつくることも可能な空間というのを、じっさいに目の前に出現させてみせるのだ。

芸能こそ、資本主義の先駆けをなすものである。資本主義の出現によって、権力者ならぬふつうの人間でも、資本さえあれば労働などをしなくても、富を増殖させていけるという経済システムが、現実のものとなったからである。そして、モダニズムはそういう資本主義の精神といっしょになって発達した。芸能の仕組みと資本主義のからくりは、とてもよく似ている。そしてそれらの大元締めとして、姿をあらわさない観音様という、仏教的な「無」のからくりが、浅草の中心には構えている。

エノケンに帰れ　浅草 4

西日本出身の吉本興業の芸人さんのほとんどは、しゃべくり芸が専門で、からだの動きを使った芸を見せる人はめったにいない。しゃれた身ごなしをする芸人も、ほとんどいない。それにダンサーと言ってもなんとなく二枚目志向ばっかりで、志村けん以来コミカルなダンスを見せてくれる人もいなくなってしまった。男性バレエダンサーのダンスなどは、正直なところバカバカしさとほれぼれ感の境目でおこなわれている微妙なところがあって、見ていてけっして面白いものではないだろう。

現代の芸人は、モニターの前に座り込んでいる「おたく」といっしょで、目の前の映像の中ではものすごい運動がおこっていたり、笑いのことばは速射砲のように飛び出してくるのだけれど、映像とことばをあやつっている本人のからだは、ほとんど芸のうちに参画していない。映像を見る目とことばを聞く耳ばかりが異常に発達して、からだの運動はすっかり魅力を失ってしまっているように見える。

榎本健一（ＫＭＣ）

浅草がモダニズム文化の中心地であった時代、そこのステージにあらわれた芸人は、誰もよくからだを動かした。芸人さんたちはおしゃべりもしたが、巧みなおしゃべりだけでは、モダンでおしゃれという評価を得ることはなかった。そのおしゃべりに芸人がはじめて世界に出現させた、ユニークなからだの動きがともなっていなければ、モダンな芸とは認められなかったのである。そういう時代にたけしやさんまのような、しゃべくり芸中心の芸人さんが出てきても、けっして人気は出なかっただろう。ユニークに動き、達者に踊るからだをもった芸人、そう、エノケン（榎本《えのもと》健一《けんいち》）のような芸人でなければ、モダンな大衆文化の象徴となることはできなかったのである。

その頃は日本だけではなく、ロシア（ソ連）でもアメリカでもフランスでも、事情は同じだった。とにかく舞台には、歌いながら踊りまくる、ダイナミックなからだの動きがあふれかえっていたのである。当時のダンスの記録映像を見てみると、ダンサーのからだはまるでよくできた機械のように、華麗な動きをしているのがわかる。たくさんのダンサーが登場して、全体運動をつくりあげてみせる群舞では、ダンサーの個人性ということよりも、全体が機械のように動いていく、その非人間的なところが魅力になっていた。

そして、そういうからだの動きの中から、何か新しい「人間」のモデルが出現してくるような、予感が感じられていた。それは、たしかにイカしたものであった。世の中にまだ人間的なものがあふれていた時代、人間が人間を超えた、人間でないものに触れている感覚をつくりだしている、こういうモダンな大衆文化をとおして、人々は自分までが何か重大な世の中の変化に参加しているような幻想をもつことができた。モダンな時代は宗教なんていらないと考えた。ところが、踊るからだを駆使したモダン文化は、それだけでどこか宗教的な本質をもっていたのである。

[右ページ上]：花園稲荷神社
[右ページ下]：秋葉原の電子部品屋

エノケンのよく動くからだは、人間と動物のあいだの壁を突き崩す力があった。カーテンコールの最中に、いきなり揚がっていく緞帳《どんちょう》にしがみついて、そのまま天井近くまで持ち上げられ、みんなの驚きを尻目に、とんぼを切って舞台に着地してみせるようなアクロバットも得意だったけれど、なによりもあの顔とからだの動きによって、人間が動物に変化していったり、その頃あらわれたディズニーアニメのように、動物が人間のふりをして、私たちのあいだに入り混じっているような、不思議な感覚をつくりだすのがうまかった。動物や天使みたいに純真だと思いきや、誰よりもずる賢い悪魔の顔をのぞかせてもくれた。

来るべき東京

モダニズムの文化は、それまで社会のいろいろな場所に築かれていた壁という壁を、突き崩そうという勢いがあった。そういう時代に、人間と動物を分け隔てている壁を崩して、人間自身が不思議な神話的な生き物に変化していったり、人間と機械が一体になった「ハイブリッド」を、いち早く舞台上に出現させてみせましょう、という意気込みが、浅草の芸人さんたちにはあった。エノケンはそういう精神の象徴的存在だったのである。

新宿や池袋のような、沼地を埋め立てた上にできた盛り場では、こういうモダニズムの精神は、なかなか自由に飛び跳ねることはできなかったろう。ところが浅草は砂州の上につくられた、地形にも歴史にもしばられない、自由な土地の上に出現したアメリカ的盛り場なのである。その平坦な土地の上に生まれるものは、たとえ「悪場所」と言われるものであっても、根の浅い、軽さの感覚をもっている。「根の浅い悪」こそ、モダニズムが求めた理想でもあった。

往時の浅草六区（『台東区史』）

私たちはこの浅草のあり方から、たくさんのことを学ぶ必要がある。私たちの生きている世界では、なにもかもが平坦で均質だ。その均質世界の上に、精神の自由を奪っていくさまざまな壁が、できあがってしまっている。その壁を突き崩して、平坦な世界のそこここに穴をうがったり、洞窟をこしらえることによって、都市に自由を取り戻したいと願っている。そのモデルは、六本木でも新宿でもなく、この浅草に見つけることができる。ストリッパーのような観音様がいて、お猿のようなエノケンがいた浅草こそ、私たちの前方にある「来るべき東京」のモデルなのかも知れない。

あゝ、上野駅

上野のお山は、かつて大きな半島の突端だった。前方は広々とした遠浅の海、遠く浅草のあたりに小さな陸地がぽつりぽつりと見えるだけで、あとは一面の水。そこにまばゆい朝日が立ち昇ってくるのを、台地状になったお山の上の、大きな集落に住んでいる縄文人が見ていた。ここは列島が太平洋に向かって突き出た、岬のひとつだったのである。

そのために上野には、とてつもなく古い時代の土地の記憶が、いたるところに封印されて、残存しているような気配を感じる。ここにはたくさんの坂があり、複雑に入り組んだ地形が残され、大きな水たまりがそこここに取り残され、乾燥した台地と湿った沼地の跡が入り混じり、上野はさながら人間と自然の記憶の、ざっくりと堆積した貝塚のような土地なのだ。

真夏の夕方の不忍池のほとりを歩いていると、その生命の記憶の分厚さに、私はしばしば圧倒される。池にはおびただしい蓮の花が咲き乱れている。蓮の茎は泥の中に深く根を下ろし、そこがまだ入り江の一角だった頃の記憶をとどめている地層に、触れているのである。

まがまがしいほどに旺盛な生命力が、池の中から立ち上ってくるのを感じた私は、その池とそこに生えている蓮とが、上野にみなぎる不思議な生命力の源泉のひとつであることに気がついた。上野には、こういう不忍池のような場所が、いくつもセットされていて、街の表面がどんなにおしゃれな装いをこらそうとしても、このごっつい古代的な骨格だけはどうにも隠しようがない。そこがまた、モダンもポストモダンも超えた、上野の魅力なのである。

東北と上越と信濃から、東京に向かって走ってきた鉄道線路は、かつてはこの上野の駅にすべてが集まっていた。北の世界からやってきた列車は、上野の高台の脇に近づくとスピードを落として、プラットホームに静かに滑り込んできた。高台の一部が東京文化会館の前あたりで削り落とされて、そこに駅がつくられた。

線路はかつての上野半島の裾野を回り込むようにして走り、その岬の突端に駅ができたわけである。東口にあたる下谷のあたりは、いつまでもじめじめとした湿地帯の風情をただよわせていた。このあたりはいつまでも水が引かなかったから、湿った窪地には下谷万年町と呼ばれる一帯ができていた。しかし、西口にあたる公園口のほうは、高台をおおう深い森につながっている。そこにはたくさんの古墳があり、狐たちの生息する横穴も縦横に走っていた。あらゆる意味で、ここは「岬」なのである。

花園稲荷神社のお穴様

新しい岬としての上野

岬ということばは、不思議な響きをもっている。「サッ」という音は、古代の日本語では異界との境界をあらわす、魔術的な音だった。「サカイ（境）」とか「サカ（坂）」とかいうことばは、みんなこの「サッ」の音を含んでいて、見慣れない不気味な世界との境界がここにありますよ、ということを表示していた。その境界をつうじて、異界との見えない通路が開かれているのが、「サッ」という音のついた場所だった。

岬ということばにも、この「サッ」という魔術音が含まれている。岬は異界に向かって身をのりだしていく場所、そうしてのりだした全身で異界から吹き寄せる風を受ける場所を、あらわしている。境界に立って、向こうに広がる世界に通路を開いていく場所、それが岬だ。

東京にはそういう岬の中でも、とりわけ重要な岬が二つあった。ひとつはいま東京タワーの建っている芝の岬であり、ここには紀州熊野の海民の世界との海の通路が開かれていた（ここには、紀州熊野からの鈴木姓をもった移住者が、古代からたくさん住んだ。だからこのあたりの古い住民の名字には、鈴木が多いのである。ちなみに、例の新宿の創建者である鈴木九郎も、はじめは芝に流れ着いた人だった）。そして、もうひとつの岬が、上野にあった。近代になるとこの上野が、東北への玄関口になり、新しい時代の「岬」としての機能をはたすようになった。

上野の場合には、鉄道がその通路である。その通路は東北につながっていく。関

摺針山古墳

東の縄文の遺跡の上にできた上野から、深々とした縄文の大地である東北地方に向かって、鉄の道が開かれていたのだ。東北から東京へやってくる人々を、上野駅はいつも優しく迎え入れてきた。岬としての上野の立地条件が、東北世界に対するそういう優しい対応を可能にしてきたのだろう、と私は考える。

しかし、東北新幹線が東京駅に乗り入れるようになって、上野の東北地方に向かって開かれていた、近代の岬としての歴史にも、大きな変化がもたらされるようになった。東北に向かう鉄路は、それによって全国を均質化する交通網に接続されることになった。

そうなると異質な世界との接触点をあらわしていた岬は、自然と意味を失っていくことになる。岬はなにもかもが均質になっていく世界には、居場所を見つけられないからである。それならば、上野もいつかは、ほかの盛り場と同じような、退屈な空間に変わっていってしまうのだろうか。いやいや、上野のごっつい古代的な骨格は、そんなことでは変わらない。そのうちまた上野は、別のところに異界を見出して、新しい「岬」の機能を取り戻していくにちがいない。

炎と電子の秋葉原

秋葉原はアキハバラではなくアキバハラと読むのが本当で、それというのもここには明治の初期に大きな火除け地がつくられて、そこに火防で知られた秋葉《あきば》権現《ごんげん》が祀られたために、秋葉さまの原っぱという意味で、そう名づけられたからだ。

「江戸大地震火災之図」
（西山松之助『江戸時代図誌　江戸三』筑摩書房）

秋葉権現という神さまは、もともとは「三尺坊」とも呼ばれた不思議な神さまである。三尺（約一メートル）も高くジャンプできたからと言われているが、そうではなくて、身長が一メートルにもみたない小さな精霊であったからだろうと、私は推測している。三尺坊は火をコントロールする超能力をもった、小さな精霊として、烏天狗《からすてんぐ》のような空を飛ぶ異様な姿で描かれるようにもなった。火をコントロールするのが巧みなこの秋葉三尺坊という精霊を、遠州から招いて、上野の地続きで広い野原の広がっていたこの地にお祀りし、そこを火事の延焼を食い止めるための火除け地としたのである。今日の秋葉原の発達は、ひとえにこの秋葉三尺坊との縁が、遠因となっている。

江戸や明治初期の東京の人々のひそかな思考では、火事や地震はたんなる災害ではなく、世界を真新しくつくり変えるポジティブな意味をひめていると考えられていた。とくに江戸の末期のように、社会秩序が固定していて容易に変化の兆しをみせなかったような社会に生きていた人々は、火事や地震がおきて、それまで富裕だった連中が財産を失って文無しになり、それにかわってそれまで貧乏暮らしをしていた連中が、材木の買い付けやら建築ラッシュで儲けて、ダイナミックな社会変動がおこる様子を、なにか切ない変化への期待をこめながら、みつめていた。

火事は、現実世界を固定している壁という壁を、燃やしつくす力をもっている。秋葉三尺坊はその火をコントロールできる精霊なのである。現実の壁を火の力で崩壊させて、人の内面に自由の空間を開いてくれる精霊だ。遠州の深い山の中にいたこの精霊を、都市の中心にお連れ申しあげることで、そこには炎の力による過激な自由空間が開かれた。秋葉原は都市の中にぽっかりと開いた、炎の精霊のすみかだったのである。

その空間のもつ潜在力は、十九世紀後半にはまだ全面的な開花をみせることがなかった。三尺坊なる精霊が炎とともに開いたこの内面の自由空間が、現実の世界に大きく開かれるためには、ラジオやテレビが発達して、電子の波動が空間を自由に飛び交うようになる、二十世紀後半の到来を待つ必要があった。電子テクノロジーの発達によって、かつて精霊の棲んでいた空間には、情報を詰め込んだ電磁波が自在に行き交うようになり、遠く離れた人の心の内面空間どうしを、つなぎあうようになった。炎から電子へ。人の心の内面に、自由な空間を開くための手段は変わったけれど、そこで活動している心は、昔から少しも変化などはしていない。

精霊と「おたく」

戦後に誕生した新興宗教の教祖のうちの何人かが、ラジオ商を営んでいたことは、一般にはあまり知られてはいない事実であるが、ここには人の「たましい」と電磁波との興味深い関係が、あからさまにしめされている。元ラジオ商のその教祖たちは、きっとラジオを一心にいじっているうちに、目にはみえない空間を飛び交っている電子が、遠く離れた他人に向かって意味ありげなメッセージを伝えている様子から、しだいに霊界の実在を信ずるにいたったのではないだろうか。ラジオには、人の心の内面に深く入り込んでいく、不思議な力が宿っている。

そのラジオ商や電器商たちが、戦前から秋葉原には集まりはじめていた。戦争で完全な焼け野原となった原っぱの一角にあるガード下には、戦後になると駿河台や小川町方面から追われてきたラジオ部品を扱う闇市が移動してき

「おたく」の街

て、小さな部品屋が所狭しと立ち並ぶようになった。

当時ラジオは既製品を買うよりも、むしろ部品を買ってきてハンダゴテをつかって組み立てるものだった。組み立てがすんで、ドキドキしながら電源を入れる。真空管がぽぉっと光り出す。可変コンデンサを回して、チューニングする。すると不可視の空間を渡って、遠く離れたところにいる他人の心が、自分の耳元にまで到達してくるではないか。それは人と人の心が、「ヴァーチャル」な内面の空間で出会う初期の体験をあたえた。ラジオは今日の社会を先取りするような、不思議な先進性をひめた技術であり、秋葉原こそがその技術の聖地だったのだ。

ラジオの街秋葉原は、家電の街秋葉原となり、そして今日では電脳の街秋葉原に変貌をとげた。ラジオ的段階の技術では、人の心には新しく内面空間が開かれていたのにもかかわらず、その人は外面ではりっぱな社会人としてのふるまいをしていた。ところが、電子技術の開いた内面空間の原理が、しだいに想像力や生活様式の奥深くにまで浸透してくるようになると、外面の世界の現実性は解体現象をおこし、「ヴァーチャル」な内面空間をつくりあげている原理が、それだけで自律性をもちはじめる。「おたく」の出現である。

そして、いまの秋葉原はこの「おたく」の内面空間を外に投影したような街として、またもや大きく変容していこうとしている。さすが三尺坊のすまう原っぱらしい話である。炎の精霊が動き回っていた空間から、今日の電脳おたく的な内面の空間までは、一続きであり、その連続性がこの街の活気と自由の源泉となっている。

1. 立石様
2. 熊野神社
3. 水元公園
4. 金魚養魚場

第9章

東京低地の神話学

トーキョー・イーストサイド

Tokyo East Side

洪積層　沖積層

■ 旧石器遺跡　▲ 縄文遺跡
╳ 弥生遺跡　横穴墓　● 古墳
⛩ 神社　卍 お寺

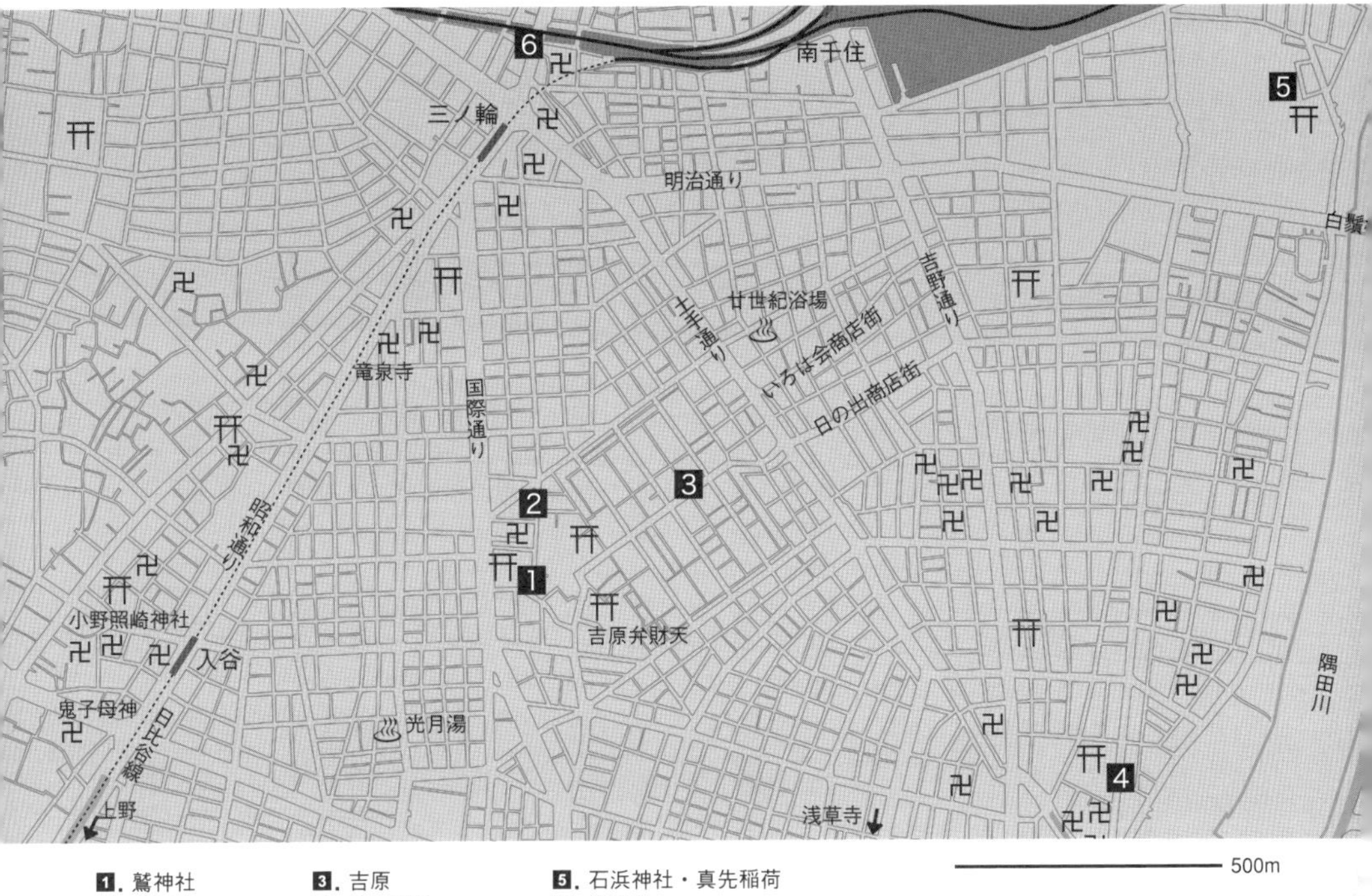

1. 鷲神社
2. 長国寺
3. 吉原
4. 今戸神社
5. 石浜神社・真先稲荷
6. 浄閑寺

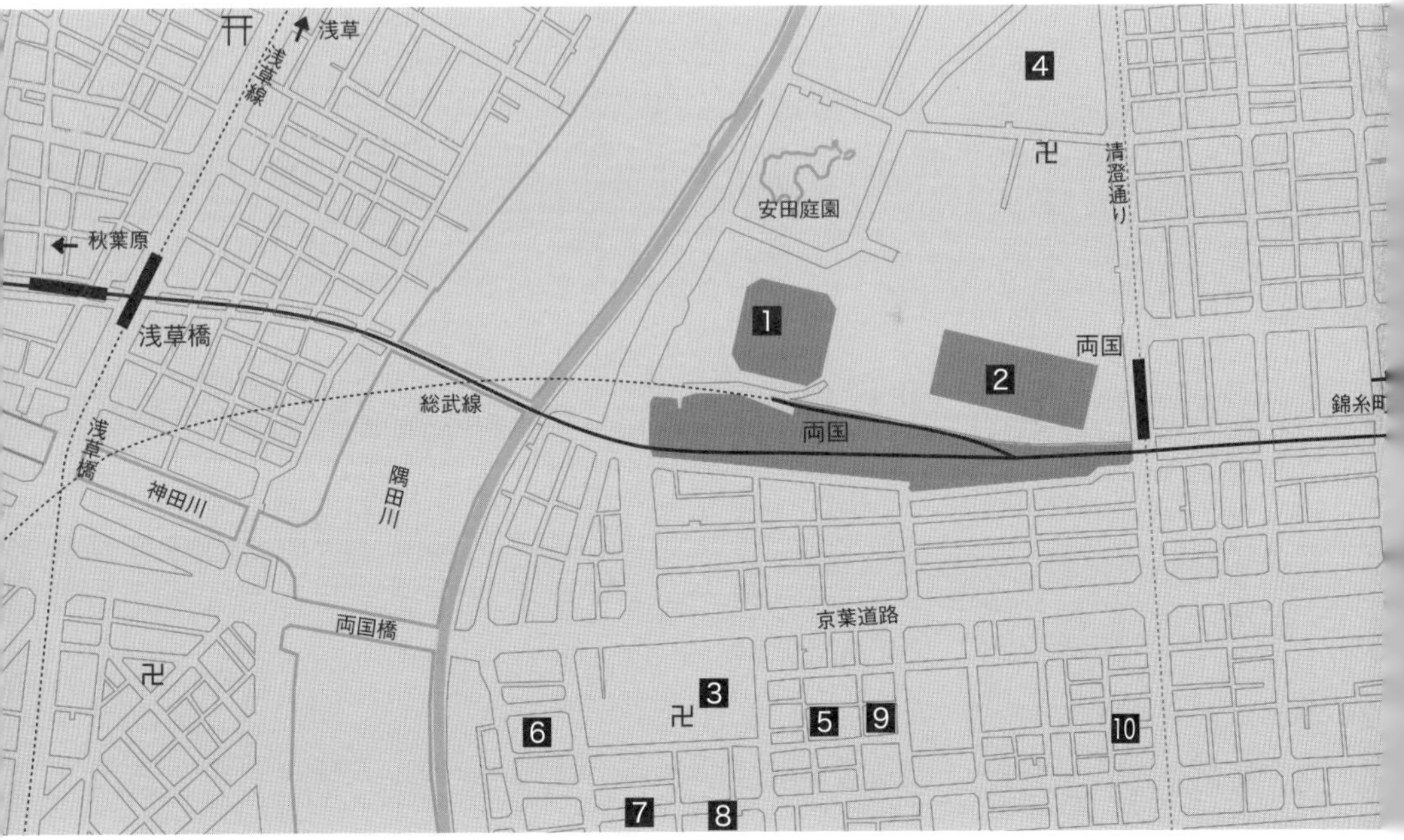

1. 両国国技館 相撲博物館
2. 江戸東京博物館
3. 両国回向院
4. 震災慰霊堂
5. 相撲写真博物館
6. 春日野部屋
7. 井筒部屋
8. 出羽海部屋
9. 時津風部屋
10. 二所ノ関部屋

お酉さま　東京の神話学 1

東京には不思議な祭が、いまもたくさん続けられている。大根の張りぼてをみんなで担いだり、蛙のぬいぐるみを着て行進したり、なんとも意味不明な行動を大の大人たちが大まじめで演じているのを見ると、この都市への愛がわいてくる。東京から祭をなくしてしまったら、なんと殺風景な都市になってしまうことか。祭があるおかげで東京には神話の思考が生き続け、この都市を合理主義の怪物の支配から救っている。

しかし、そういう不思議な祭の中でも、「お酉《とり》さま」はまた格別に変わっている。いまでは「幸運を掻き込む」という熊手を、奮発して買ってきて、飲食店や会社に飾るために、人混みに押されながら、神社にお参りするのが、お酉さまということになっている。しかし、よく考えてみると、お酉さまというのはもともと大鷲のことで、どうして鷲の祭と熊の手をかたどった竹細工が結びついているのか、意味は不明である。それに神社の入り口には、大きなタロイモの蒸したのを、縁起物として売っている。鷲と熊とイモが一堂に会して、さていったいなにを主張しようとしているのか。

この謎を解くためには、神社とお寺とを、無理やり分離してしまった、明治の神仏分離令よりも以前の、この祭の姿を知る必要がある。明治のはじめに断行されたこの悪法によって、日本人の宗教はずいぶん痛手を被《こうむ》った。それまで日本人が育ててきた、複雑でデリケートな神話的思考が、それによって単純化され、意味不明なものにされてしまった。だから、神社でいまおこなっている祭が、昔からのものだと、思い込まないほうがいい。じっさいこのお酉さまの場合など、繁盛をきわめている神社のほうの祭は、本来の意味が不明になってしまい、そのそばでちょっといじけた感じでやられているお寺のお祭りのほうに、古い意味が残されているケースもあるからだ。

浅草のお酉さまで有名な鷲神社《おおとりじんじゃ》のにぎわいを通り越して、しばらく歩いていくと、別名「酉の寺」とも言われている長国寺《ちょうこくじ》という、日蓮宗のお寺があらわれてくる。お酉さまの縁日には、こちらにも酉の市が立って、熊手が売られている。しかし、神社のほうのあの派手やかさに比べると、なんとなく寂しく、熊手売りの呼び声も哀愁を漂わせている。しかし、お酉さまのほんとうの意味を知るには、こちらのお寺のお祭りのほうが、ずっと深いものを伝えている。

大鷲のロマネスク

このお寺では、すばらしい図柄の熊手を配っている。「鷲妙見大菩薩《わしみょうけんだいぼさつ》」を描いたこの図柄をよく見ると、七つの星を頭に戴いた菩薩さまが、剣をかざして鷲の背中に乗っているのがわかる。神話のことを少しでも勉強したことのある人なら、この図柄がなにを意味したものであるか、すぐにぴんと来るはずである。鷲の背中に乗っている菩薩さまは、北斗七星に取り囲まれた北極星をあらわしている。そして、北極星は天空にあって少しも動くことのない星として、新石器時代の神話では、宇宙の秩序そのものをあらわしているのだ。

これにたいして鷲は、太陽に最も近い、高いところを住処とする鳥だと言われている。鷲はほかのどの鳥よりも高いところを飛び、高い崖などに巣をつくる鳥だと考えられていた。すると宇宙の秩序を守っている北極星が、鷲の背中に乗って地上に近づいてくることで、太陽が地上に近づいてくることになる。ここでお酉さまの縁日が、どんな季節におこなわれているかを考えてみる必要がある。それは一年のうちで、日没が最も早くなる時期に合わせている。つまり、太陽の力が最も弱くなり、昼と夜の長さのバランスが崩れてしまう季節を選んで、北極星の神さまは、鷲を連れて地上に来臨し、それによって失われた宇宙のバランスを回復しようとしているのだ。

おまけにである、北極星のことを現在でも、北方の狩猟民たちは地上の森に棲む、動物たちの王である熊と結びつけて考えている。天空には北極星が、そして地上には熊が、それぞれの世界の秩序を守る王として君臨しているというのが、古い神話の考えなのだった。この図柄には、熊の姿は直接描かれていない。しかし鷲と北極星が結びつくと、自然にそこに熊が寄ってくるようになる、これが神話の思考である。

そこで熊手の登場である。竹を細工したこの道具をつかって、人々は象徴的に富を自分のほうに掻き集めようとした。宇宙のバランスが崩れると、秩序に裂け目ができて、そこから自然の奥に隠されていた富が、この世界にあふれ出してくる。そのわずかなチャンスをねらって、熊の手で一気に掻き込むわけである。

昔は熊手といっしょに、竹でつくった茶筅《ちゃせん》をセットにして売っていた。竹細工を生業とする人々は、農業をしなかった、とても古い来歴を持つ人たちである。この人々は縄文時代以来のイモを、大切な「聖なる食物」と考えてきた。そこで大鷲の背中に乗って、北斗七星を頭に戴く北極星が地上に近づく祭には、蒸した巨大なイモを戴いてくるというのが、正しい考えだとされたのであろう。鷲と熊とイモは、北極星に導かれるように、こうして一堂に会することになる。

こうして、私たちの目の前で、お酉さまは異様な祭に変貌をとげていくことになる。この祭の背後には、とてつもなく古い神話の思考法が、活発に働いている。東京はその意味でも、いまだに神話の思考を生きている、ユニークな現代の大都会なのである。

長国寺の熊手

ものすごい人出でごったがえす、浅草の鷲神社の境内で商われている熊手には、ほとんどのものに鷲の飾りがついていない。本来ならば、北斗七星をしたがえた天空の王である北極星と大鷲が一体になって、はじめてお酉さまの祭は意味をもつようになる。その祭に熊の手をかたどった竹細工の道具や、八頭《やつがしら》の芋などが結びついてくるのも、鷲と北極星のコンビがあったればこその話である。

ところが、鷲神社で売られている熊手には、鷲の飾りがついていないのである。それが残っているのは、神社の境内の奥のほうに押し込められたようなかっこうになっている、お寺さんが配布している熊手のほうで、たいていの人はこの重要な象徴動物のついていない、珍妙なデザインの熊手をありがたげに買って、家や会社に帰ってくる。いつからこんなことになってしまったのか。

鷲神社の熊手から鷲の飾りが消えたのは、日本という国家が危険な道に突入しはじめた時期と、まったく重なっている。ときに明治三十七年、日本は帝政ロシアとの戦争のまっただなかにあった。ロシアのシンボルがよりによって鷲であったために、それを縁起物として配るというのはいかがなものか、と言い出す人たちが出てきたために、鷲神社は苦境に追い込まれることになったのだ。当時の『東京朝日新聞』の記事に言う。「当の相手が鷲印とあつて去年の酉の市さへ既に景気の良からざりしに今年はいよいよ出征の最中満州のみか浅草の北方に羽を伸す鷲神社までに旗色悪きは是非もなし」

大きく羽根を広げた鷲の図柄は、こうして鷲神社の縁起物から消えることとなった。神社は、明治のはじめ頃の「神仏分離令」によって、国家との密着の度を深めていた。そのことのツケが回ってきたのである。鷲は太陽に近い鳥であるというので、こうして冬至を取り囲む冬の祭りの象徴的アイテムとして、登場していたにすぎないのに、ロシアを相手に日本の国家が戦争をはじめてしまったばっかりに、お酉さまで活躍してきたその長い歴史を閉じなければならなかった。

そのかわりに、神道と仏教が分離されてからというもの、なんとなく国家からそでにされてきた仏教のお寺のほうが、国家とかかわりのない神話的思考が逃げ込んでくる「ふきだまり」のようになって、お寺の配る熊手には北極星を背中に乗せて、悠然と空を舞う大鷲のすがたが、昔のまま残されることになった。宗教が国家なんかと関係をもっても、ろくなことにはならない、という教訓の、お手本みたいな話である。お祭りは非国家の心意気をもっていないと、つまらない。

沖積層文化としての下町へ！

お祭りが都市を活気づけてきたのは、それが国家とも政治とも経済とも、本来は無関係だったからである。お祭りは徹頭徹尾、無駄な遊びであるからこそ、人の心によろこびと興奮をあたえることができたのだ。とくにいまのように、生活のすみずみまで管理が行き届いてしまい、あらゆる面に効率や利益を重視する経済原理の支配が浸透してしまった時代であればこそ、お祭りはますます大切なものになっている。権力や経済原理の及んでこられない「アジール」の空間は、都市の中に生きることがむずかしくなっている。そういう時代に、なんの実利ももたらさないことを最高の美徳にすえている、お祭りの存在意義はとてつもなく大きいのではないだろうか。

たとえば、お酉さまの熊手がそうだ。こういう実用的にはなんの役にも立たない縁起物のことを、その業界では「際物《きわもの》」と呼んでいる（「葛飾区郷土と天文の博物館」発行のパンフレット『際物作りの担い手』などが、恰好《かっこう》の案内書である）。お祭りがおこなわれるわずか一日か二日に限って出現し、藁や竹や紙をちょこちょこっと細工してつくった、実用ということにかけてはまったく無価値な際物は、経済的な原理が支配しているこの現実世界を、するするっと抜け出していく離れ業を、お得意とする。

現実の世界を支配しているのは、「交換の原理」である。ところが、熊手はそれをもっていると、ひょっとしたらとてつもない幸運や富がもたらされるかもしれない、というしろものだ。現実を支配している交換の原理をあっさり無視して、神様が幸運の贈り物を無償で配ってくれるかもしれない可能性を、熊手が開いてくれる。そこで大金はたいて熊手を手に入れた人は、その瞬間に、交換の原理を抜け出して、「贈与の原理」で動く、別の世界に足を踏み入れてしまうことになる。現実の世界では否定されてしまった、温かい贈与の原理が、こうしてお祭りのなかで、息を吹き返す。

笹やら藁《わら》やら竹細工やらの、見るからに粗末な材料を組み合わせただけの際物が、このとき不思議な魔力を発揮して、経済の原理の支配する世界に、小さな風穴をあけようとしているのを、私たちは見逃してはならない。東京に残された沖積層の上にかたちづくられてきた文化が、お祭りをとおして、こういう魔力を生きながらえさせてきた。沖積層上には贈与の原理をもとにした、別の文化が発達してきた。都心部に残された沖積層文化は、もはや息もたえだえである。ところが広々とした沖積層の上に、のびのびとこの別の文化というものを発達させてきた場所がある。下町である。下町とはもうひとつの、別の東京なのである。

沖積層に咲く花　下町　1

下町は東京の東部に広がる、巨大な沖積層の上につくられている。都心部の多くが、堅い土の上につくられているのと違って、砂利と泥をこね上げた低い土地の上に、下町はあるのだ。

どこまでも平坦な、だだっ広い土地の上に、ごみごみと家や工場が建ち並び、異世界へのアンテナ基地である「岬」もなければ、大きな森もランドマークとなりそうな目立った起伏も谷もない。しかしそれでいて、下町には、都心部にはすでに失われてしまった重要な精神文化が生き残っている。

下町にやってくると、あらためて東京は一つではないという思いがこみあげてくる。沖積層がつくる低地と洪積世にできた台地状の土地と、東京は二つの違う土質でできた土地、二つの違う地形、二つの違う精神文化のせめぎあいとして、発達をとげてきた。その意味で、下町の存在を抜きにして、東京を語ることなどは、まったく不可能なのである。

沖積層の低地と洪積層の台地という、この二つの異なる地形が、都心部でとても入りくんだなりたちをしていることは、すでにようく観察してきた。そのために高台と谷がつぎつぎと入れ替わっていく、アップダウンのはげしい地形をつくった。そしてそれが、その上にできる商店街の性質や、そこに集まる人間の趣味まで決定している。

台地と谷の交錯が都心部の地形をつくっている。そのために、台地の上から谷底へ向かうたくさんの坂ができることになる。坂は二つの性質の違う土地をつなぐ、移行の空間をつくっている。そして東京にはこの移行の空間である坂が、やたらと多いのである。そのおかげで、都心部の散歩は楽しいし、疲れにくい。性質の違う土地のあいだを、登ったり下りたり、行ったり来たりすることができるために、感覚が単調にならないですむからだ。

パリでは町のまんなかを大きなセーヌ河が流れていることによって、町全体に動き、流れ、変化していく感覚がつくりだされている、と言われる。東京ではそれとよく似た感覚

隅田川を船が行き交う

を、たくさんの坂がつくりだしている。坂の底には、かつて水の流れ込んでいた渓谷があったのだが、そこに下りていくことで、東京の散歩者は水の世界への下降を、無意識のうちに感受することになる。つまり、この都市の散歩者は、いくぶんシャーマンに似ている。しかしそれもこれも、高台と谷が複雑に入り組んだ地形から、決定されていることなのである。

無縁の空間としての沖積地

しかしいったん都心部を離れて東に向かうと、そこにはじつに広大な沖積層でできた土地が広がりはじめるのである。おおざっぱに言えば、武蔵野の台地の端の断崖上にある皇居を境として、遠く松戸市のあたりから東に向かって広がる下総《しもうさ》台地がはじまるまで、そこはかつて水の底にあった、広大な沖積地をなしている。そこに中川《なかがわ》がたくさんの土砂を、上流から運び込んだおかげで、砂地がしだいに陸地に変わり、どこまでも平らな低地だけでできた土地をつくった。こうして、東京低地とも言われる下町の原型となる、平らな陸地は生まれたのである。

もっともそこには、長いこと「町」などはできなかった。葛飾や足立のあたりには、江戸が東京になっても、まだ都市に野菜や正月の注連飾りやお酉さまの熊手を供給する、純然たる農村が広がっていて、今日のように小さな町工場が林立し、たくさんの職人たちの住む「下町」などは、存在していなかった。このあたりは千葉や埼玉との関わりのほうが深い近郊農村として、都市の住人から見たら一種の「異人」として、そうとうな距離感をもって、首都と関わっていたにすぎなかったのだ。

こういう状況を変えたのが、関東大震災だった。それまで職人の多くは、都心部に住んでいた。いや武士権力の管理下に置くために、職人は都心部に集められて、そこを生活の場所にしていた。ところがよく考えてみれば、職人はもともと沖積層と深いつながりをもっていたはずの人たちなのである。彼らは農業をしない非農業民だったから、川の中州や川縁の荒れ地などを生活の場所に選ぶことが多かった。そういう所有者のはっきりしない「無縁の土地」に、職人と商人は町をつくっていった。だから、職人はほんらいが沖積地族なのである。

武士の管理から自由になっても、東京の職人たちはなかなか都心部を離れなかった。ところが、都心部を壊滅させた大地震をきっかけとして、ようやく職人たちは彼らのほんらいの生活場所である、沖積地への移住を開始したのだった。のんびりとした農村地帯には、しだいに町工場が立ち並ぶようになり、メチエ（職人仕事）の中心地は東への大移動をはじめた。こうして、広大な沖積層の上に、こんにちの「下町」の基礎が築かれることとなった。

下町は農民の世界と職人の世界の、奇妙なアマルガムとしてつくられている。沖積地がたまたま都心部に残されてあると、そこはエロス的なサブカルチャーの温床となっていくが、都心部から離れて独立した一個の世界をかたちづくっている下町では、広々とした沖積層の上には、独特な健康さをそなえた別の世界が生まれてきた。ここにはなにもないように見えて、別の原理でできた、ひとつの別世界、別の東京がひそかに生きている。

東京のへそ　下町　2

人間は胎児のときに、へその緒でお母さんのからだとつながっていた。自分を養ってくれる血液が、おへそにつながった管から、どくどくと流れ込んでくれていたおかげで、生暖かい水中に浮かんだま

くず鉄処理場

ま、私たちは成長をとげることができたのである。

このような「へそ」が、どんな都市にもある。柔らかく、不定形な、名づけようもない「何者か」につながっているおかげで、どんな都市も硬直や機能不全に陥ることを、まぬかれていることができる。その「へそ」につながる管をとおして、大地の下からの柔らかい波動が、都市の中に流れ込んでくる。その波動を受けることによって、都市は自分のからだの一部分を、地球に溶かし込んでいることができる。するとその都市は、どんな悪環境の中でも、生き延びることができるのだ。

そのような東京の「へそ」が、意外なことに下町にある。武蔵野台地と下総台地の間に広がる東京低地の一角、江戸川と荒川放水路にはさまれた中川が、葛飾区の中央で大きく蛇行する、その湾曲部にある児童遊園地の一角にある「立石様《たていしさま》」こそ、東京が大地の底に自分をつなげている「へそ」のある場所なのである。いまではその場所に行っても、がっかりするだけであるが（なにしろ、そこには麗々しく柵がめぐらされ、ここがかの有名な立石様であるから、神妙に振る舞うように、と注意書きはされていても、目にすることができるのは、地面からわずかに頭を出した、なんの変哲もない石の一部だけにすぎないからである）、江戸時代にはこの立石様は、神秘的な噂に包まれた、葛飾一の名所だった。

この石は生きている、と言われていた。冬になるときまってどこかが欠けてしまうのに、春になると元通りにぷっくりと膨らんだ石に戻る、というのである。それにその頃はいまよりもずっと大きな部分が、地表にあらわれていたが、地面の下に隠れているのはもっと巨大で、その根は大地の底深くもぐり込んでいる、とも考えられていた。ようするに、この石は、利根川の向こう岸にある有名な鹿島神宮の「要石」と同じく、柔らかい胎動をくりかえしている大地の底につながる「へその緒」の、地表にあらわれた先端部にほかならないのである。

柔らかい沖積地の上に、こんな石が鎮座しているのを見つけて、想像力に富んでいた昔の人は、すぐにこう考えたものである。この石はわれわれ人間の生存のほんとうの姿を、あらわしてはいないか。われわれは、われわれよりもずっと「大きなもの」に抱かれるようにして、生きているのである。その「大きなもの」から栄養や富を受け取らなければ、人はこの世界で生きていくことなどはできない。その「大きなもの」は大地という母であり、人はその母のからだに抱かれた胎児として生存しているにすぎない。

大地の底には、母親のからだのように、優しく振動する「大きなもの」がいる。この石はだから「へそ」であり、「へその緒」をつうじてきっとその柔らかく揺れるものにつながっているのにちがいない。大地の底にひそんでいるこの「大きなもの」は、巨大な蛇や龍や鯰の姿に想像されたこともあるが、それはあまり重要なことではない。沖積地の上に置かれた聖なる石は、私たちの生存が、揺れ動き続ける、形も定かでない、なにかとてつもなく「大きなもの」の背中に乗って営まれている、きわめて不確かで、不安定な生活のくりかえしにすぎない、という空恐ろしい真実を語っている。

立石村立石（『江戸名所図会』）

東京低地の哲学

葛飾の立石様は、沖積地の上に生きる人々の「思想」を、よくあらわしている。東京低地の下町は、川の流れが堆積した多量の砂を含んだ、軟らかい土壌の上につくられている。人の暮らしは、その軟らかい「土台」の上に、ちょこんと石を乗っけたようにしてはじめられた。ここにはなにひとつとして、盤石《ばんじゃく》なものなどはない。

人生が盤石な基礎の上に打ち立てられている、などという幻想を抱くことができるのは、堅い洪積地の台地の上に町をつくった、山の手の連中だけなのではないか。あの連中は、自分たちの生きている世界が、不安定な動揺をひそめている、巨大な鯰の背中の上に乗っかっている、きわめて不確実なものだなどとは、考えていないように見える。その証拠に、ちょっとでも自分の人生の前途が見えなくなると、あの連中はすぐに不安になったりする。

ところが、低地ではもはじめから、人生は不確実なものだと、みんなが知っている。なにしろそこでは沖積地の上に、暮らしが営まれているのだし、人の生存がもともと不確かなものであるという真実を隠すために、人が自分の身にまとおうとする権力やお金も、低地の世界にはあんまり縁がない。下町最大の「聖地」とも言うべき立石様が象徴しているように、ここでは大きくて、堅固で、見栄えがよくて、盤石で、偉そうに見えるものなどは、たいして重要に思われたことがない。それよりも大切なのは、飾り気のない真実である。

人生が不確実であるということは、逆に柔らかく動揺をくりかえす、母親のからだのような宇宙に生きていることの、なによりの証ではないか。そのためだろうか、下町を歩いていても、自分が堅牢であることを誇りにしているような建物には、めったに出会わない。下町の哲学とは実存主義である。

相撲と低地　下町　3

現代人は、自然の「怪力」（あえて「暴力」とは言わないでおこう）というものは、ある日突然に、平和な日々

現在の立石様

を楽しんでいる人々に襲いかかって、むごたらしい惨禍をもたらすのだと、考える癖がついている。つまり、自然のふるう怪力は地震や津波となって、人々の暮らしの「外」から襲いかかってくるものなので、理不尽さにおいて、戦争の悲惨さと同質であるというのが、この社会での一般的な受け止め方である。

こういう思考法は、科学と技術の枠を利用してつくられた、強力な壁によって守られた都市の空間の中で生活するのに慣れきってしまっている感覚から、生まれてくる。都市は自然のふるう怪力をそぐための、さまざまな工夫をこらしている。そのために、都市生活者には、自然の怪力は自分たちの生きる世界の外のものである、という感覚が育つようになるのだ。

ところが、昔の人はそんなふうには考えなかった。彼らは、自分たちがその上で暮らしをいとなんでいる大地は、もともとがふるふると揺れている鯰や龍の背中に乗っているような、じつに不安定なもので、鯰や龍がなにかの拍子にからだをひと揺すりするだけで、背中の上でくりひろげられていた平穏な日常生活などは、ひとたまりもなく崩れさっていくものだ、という感覚をもって生きていた。

そういう感覚をもった人たちにとって、自然のふるう怪力は、自分たちの世界の外のものではありえなかった。そもそも人の暮らしそのものが、怪力をひそめた自然に包まれるようにして、つつましく過ごされていた。人の暮らしは自然の怪力と無縁であるどころか、その怪力の背中に乗っているものだから、人生は不確かで、不安定なものに感じられていたのである。

だから、彼らは地震のような大災害に見舞われても、ただ呆然と悲嘆にくれているのではなく、もうつぎの日の朝になれば、ふたたび鯰や龍の背中の上に、自分たちの新しい生活を立て直すべく、せっせと働きはじめたのだった。

下町と呼ばれる東京低地に育まれてきた生活の感覚とは、このようなものであった。関東平野の一角から海に突き出ている洪積台地の上に、都市的な生活の空間を築いてきた「山の手」の人たちが、しだいしだいに怪力をもった自然を、自分たちの世界の外にあるものとしてイメージするようになっていったのとは対照的に、下町では自分たちを自然の怪力の一部分であるとする、生活感覚が保存されてきた。相撲は、そのような下町の世界で育まれ、発達してきた芸能なのである。

怪力の美

相撲をとおして、人は奥に怪力をひそめた自然との通路を、開こうとしてきた。そのことは、相撲の起源を語る古い神話をみてみると、よくわかる。『日本霊異記』という古い本には、力士の先祖と思える大力の持ち主の話が、たくさん出てくるが、そういう力持ちたちはきまってお母さんが狐であったり、雷にさずかった子供だったりする。原初の力士たちは、人間と自然との間に生まれたハイブリッドとして、イメージされていた。つまり、大力をもった力士たちは、人間世界にあらわれた自然の怪力の化身にほかならなかった。

この点で、力士は要石とよく似ている。要石は、大地にひそむ鯰の頭を押さえている。そうやって、自然の怪力がこちらの世界にあふれだすのを、防いでいるのだ。それにたいして、力士は四股《しこ》を踏むなどのエレガントな所作《しょさ》をとおして、自然の怪力が野放図にあふれでてくるのを防いだあとに、土俵の中に、自然の怪力が抑制のきいた形式に守られて、わきあがってくる状態をつくりだそうとする。

土俵にあらわれた自然の怪力は、もともとはひとつのものであるけれども、抑制をもって暴れまくるために、西と東に自分を二分して、戦うふりを演ずるのである。東と西に

鹿島神宮の要石(『鯰絵』)

分かれ、「山」や「川」や「海」のような自然の景観につながりのある四股名をもった力士に乗り移った、自然の怪力は、土俵の上で激突しながら、あたりに怪力のかけらをまき散らそうと戦う。

土俵にあがって戦う力士は、もとはひとつの自然の怪力の化身なのであるから、ほんらいはどちらが勝つかは、あまり問題ではなかったようだ。その証拠には、関東一円で、神事としていまもおこなわれている草相撲では、勝負をつけないのが正しいという考えが、守られているところが多い。

相撲の背後にある世界観は、このように柔らかい自然感覚と、ひろびろとした宇宙感覚にささえられている。そういう感覚にささえられた草相撲が、かつては東京低地を取り囲む、関東一円の農村でさかんにおこなわれていた。その世界から、今日の大相撲の興行は、生まれ育ってきた。国技館は下町の、あの場所にあるのが、いちばんふさわしい。

相撲の生命は、反「山の手」的な、柔らかい沖積地的な感覚によって、育まれてきたのである。私たちは力士の肉体をとおして、目に見えるものとなって出現する自然の怪力を、とてつもなく美しい、と感じる。この感覚はとてもデリケートで、上等で、今日の世界に必要とされているものである。バラ色に輝く力士たちの肉体をこよなく美しいと感じることができるとき、自然のふるう怪力は、もはや外の世界から襲来する暴力として、いたずらに恐れられることはなくなるだろう。

大いなる無意識　下町　4

長いことフランスに住んできた友人の女性が、お正月に帰国したので、久しぶりに会った。話題がお笑い芸人のことにおよんだとき、彼女は面白いことをしゃべりだした。

「いまのフランスでいちばん人気なのは誰か知っている？　なんとアラブ系のお笑い芸人で、しかもそれが一人や二人じゃないの。どのテレビをひねっても、彼らのお笑いをやっているし、パリの街角を歩いているのが見つかった日には、きゃあきゃあ追いかけまわされて、まるで日本と同じね」

最近のフランスは日本製のコミックやアニメがブームだし、まあそういうこともあるだろうな、ぐらいに考えて、「ふーん、そうなの」としか返事をしなかったら、彼女は不服そうにこう突っ込んできた。

「変よ、ぜったいに変。だってこのあいだまでは、アルカイダがどうの、地下鉄テロがどうのといって、アラブ人と見るとぴりぴりしてたのよ。それがいつのまにやらテレビをアラブ系のお笑い芸人が占領して、それを見てみんながゲラゲラ笑っている。おかげで、あの妙なぴりぴり感は、たしかに減ったわ。誰かが仕組んでいるんじゃないかって思うくらい、みごとなバランス感覚よ」

そこまで聞いて、私もはっと気がついた。日本でもよく似た現象がおこっていたからだ。ついこのあいだまで、北朝鮮の拉致《らち》問題で、日本人はぴりぴりしていた（いまだってぴりぴりしている）。そのせいで日本に暮らしている北朝鮮系の人たちのみならず、韓国系の人たちまでもが、緊張を強いられてきた。社会体制のちがう人たちがやっていることだとしても、日本社会の、朝鮮半島の人々にたいする感情には、いつまた大きなひびが入ってもおかしくないほど、危険な状態が続いていた。

そんな危険な状況に、突然、中年女性たちの大群が乱入してきて、事態を一変させてしまったのである。ヨン様のなかに「神様」をみいだした彼女たちは、インテリたちが言論によって戦後何十年かけてたたかっても打ち倒せなかった壁を、宗教的な熱狂によってあっけなく押し倒し、大衆レベルにおける日韓関係には、もはや

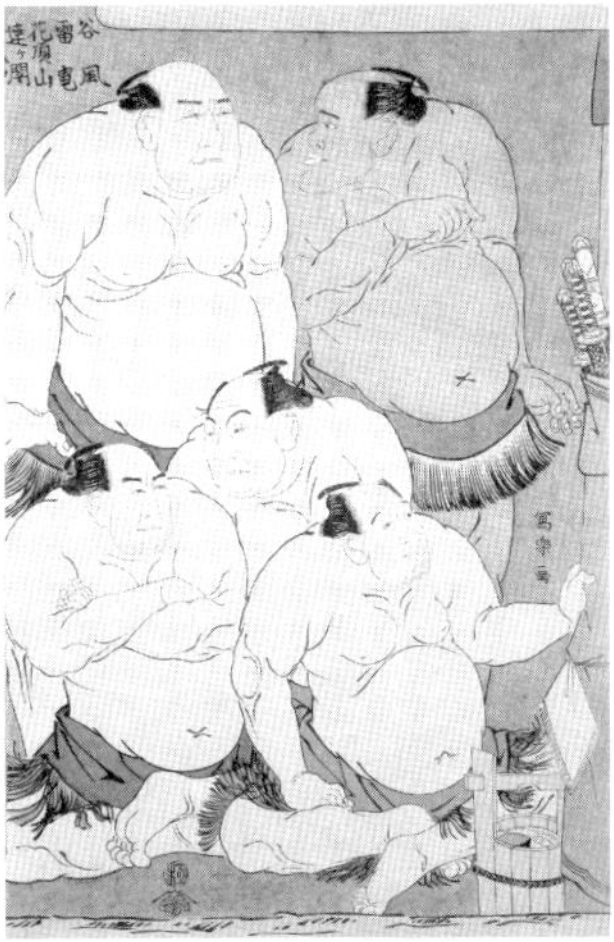
「大童山土俵入」（部分　ＭＯＡ美術館蔵）

後戻りのできないような変化がつくりだされてしまった。

ヨン様に「神様」を見ようとするぐらいなのだから、たしかに「神様」ご自身の語られたように、あの女性たちを取り巻く環境は、空虚なのにちがいない。しかしそれにしても、この中年女性たちの無意識が押し開いてしまった新しい状況というのは、なかなか捨てたものではない。朝鮮半島からの新しい「神様」たちの信徒となった彼女たちの宗教的熱狂のおかげで、朝鮮半島の人々にたいする日本社会の感情に、いくぶんかの正気とバランスが取り戻されたことは、たしかなことである。

現象の見かけのばかばかしさに、だまされてはいけない。それに物事の真の意味はずっと後になって、全体の結果がすっかりできあがったとき、はじめてあきらかになる。私にはこの中年女性たちの「物ぐるい」の中に、なにかばかにできないものが潜んでいるように感じられるのだ。

東京低地を讃える

フランスでも日本でも、大衆の無意識が危険な状況に敏感に反応して、突拍子もないシュールなやり方で、緊張をときほぐそうとする方向に動いているのが、見える。無意識は判断や反省はおこなわない。そのかわりに、理性が理解しきることのできない状況の本質を、直観的に理解して、熱狂や陶酔の力をかりて、自然界にあるようなバランスを社会に取り戻させるために、むっくりと動きだすのである。無意識に良いもわるいも関係ない。無意識は別のかたちをした自然なのであるから、つねに全体のバランスを回復することを心がけている。人間の社会は、こういう無意識に通路が開かれているかぎりは、どんな状況にあっても、健全さを失うことがない。

いまの東京のなかで、このような無意識が正常に作動している地帯は、おもに沖積低地の上につくられた街にある。そのことはお正月などに渋谷の雑踏を抜けてから、銀座線にのって、浅草の初詣にでかけてみると、よくわかることだ。

渋谷の盛り場は、武蔵野台地がかつて渓谷の底であった沖積地にむかって駆け下っていく傾斜地につくられているが、この街ではいたるところで、無意識という人間の自然につながっていく通路が、閉ざされてしまっている。そこでは欲望が最新商品をなかだちにして、心の表層を猛烈な勢いで、動いている。そのために若者でないかぎり、そこに長くとどまっていると、疲れてしまう。こういう街であるから、東京に失われてしまったバランスを回復するような出来事が、渋谷から発生するなどということは、まず期待できない。

ところが銀座線の終点である浅草にたどり着き、地下鉄を出たとたん、同じ雑踏なのに人々の放出している波動が、まったく異質なおだやかさを含んでいるのが、すぐにわかる。そこでは雑踏を歩いている人たちの欲望は、概してつつましい。売られている商品も食べ物も、流行の埒外《らちがい》にあって、落ち着いている。

そして雑踏は音楽や服にむかっていくかわりに、まずは浅草寺の奥へとむかって流れていく。そこに無意識への通路が開かれていて、その通路の入り口に触れると、人の心の底にも小さな穴があいて、そこから心の自然である無意識に入っていけるようになることを、みんなが知っているからだ。

大衆の無意識に通路を開いている宗教だけが、健全な宗教である。その無意識は長いスパンをかけて、最後はいつも正しい答えを出すからである。沖積地の上につくられてきた街は、心の自然であるそういう無意識への通路を残してあることによって、東京を荒廃から救っているのかも知れない。

下町の民家に咲く花

第10章

海民がつくった東京下町

隅田川 Sumidagawa River

洪積層	沖積層

■ 旧石器遺跡　▲ 縄文遺跡
╳ 弥生遺跡　△ 横穴墓　● 古墳
⛩ 神社　卍 お寺

10. 吾妻橋
11. 蟻の街(隅田公園)
12. 東京スカイツリー
13. 佃島
14. 月島

1. 深川(富岡)八幡宮
2. 深川不動堂
3. 深川公園
4. 木場公園
5. 深川神明宮
6. 芭蕉庵史跡
7. 芭蕉記念館
8. 向島百花園
9. 玉の井

下町をめぐる常識を覆す

東京の下町とはなんだろうか。地盤の固い洪積地《こうせきち》の上につくられたのが「山の手」で、堆積した土砂のつくる沖積地《ちゅうせきち》の上に形成されるのが「下町」、ということになるが、それだけではなんとなく深みに欠ける。下町には、それだけではすまされない、ずっと重厚な意味が隠されているような気がする。

東京の下町は、武蔵野台地を削って東京湾に流れ出る大河である隅田川《すみだがわ》・荒川《あらかわ》と多摩川《たまがわ》の、それぞれの河口部近くに形成されている。隅田川・荒川の河口部周辺には墨田区、江東区などの下町地帯が広がり、多摩川の河口近くには大田区、川崎区（川崎市）の下町が発達している。下町は大河の河口部におもにつくられるのだが、そのことが何を意味しているのかを解き明かしていこう。

現在の東京では、下町の意味というのが見えにくい。じっさいいまの東京では、ＪＲ山手線が皇居を取り囲む形で大きな円環を描き、それと並走するようにして何本もの環状道路が、大きな円弧を描いている。いっぽう中心部からは外に向かって、幹線道路と私鉄の鉄道線が、放射状をなして郊外に伸びている。

これだとどうしても、東京とその周辺の住人は、自分たちの住んでいる都市を、同心円状のモデルで考える癖がついてしまう。中心にはわずかな人しか住んでいない皇居の森が構え、その周りを何重もの道路や鉄道の円環が取り巻き、中心部から周縁に向かっては、放射状に都市が伸び広がっていくというイメージである。中心部には洗練された都市性が集中し、周辺に広がるにつれ、だんだんとそれが薄れていく。

そうなると、下町の意味はどうしてもネガティブである。そこはいたって庶民的なエリアであり、がいして物価は安く、庶民には住みやすいがセレブたちはあまり住みたがらない。町工場が多く立ち並ぶが、大手企業の本社ビルはそこにはまず見当たらない。ようするに下町は都市の周縁部なのであり、そこに漂っている味のある庶民的な生活感情や独特の文化も、しょせんは都市の周縁部であることから醸し出されている、という話になってしまう。アースダイバーはそのような常識を覆そうと思う。

海民と百姓

じっさい近代になるまで、いま下町の広がっているこの地帯は、そのような場所ではなかったのである。そこには少なく見積もっても二千年を超える時間をかけて、独自の世界が形成されてきた。中心にとっての周縁でもなく、都市のはずれでもなく、そこはれっきとした一つの自立した世界であった。

このことを明らかにするためには、この地に弥生人が到来した頃まで、話を遡らせなければならない。それまでこの地帯を生活の場としていたのは、狩猟採集の縄文人たちである。縄文人の文化や心性は、海岸部に住むものと内陸に住むものの間に、大きな違いはなかった。海の近くに住む縄文人は、おもに貝や魚を漁《すなど》って生活し、内陸の森林に住んだ縄文人は森の動物を猟して暮らした。しかし彼らの世界観は、ほぼ均質で違いがなかった。

ところが紀元前後から、西日本より弥生系の人々がこの地に到着し、旺盛な植民活動を開始すると、海岸部に住む人たちと内陸部に住む人たちとの間に、世界観や心性の上

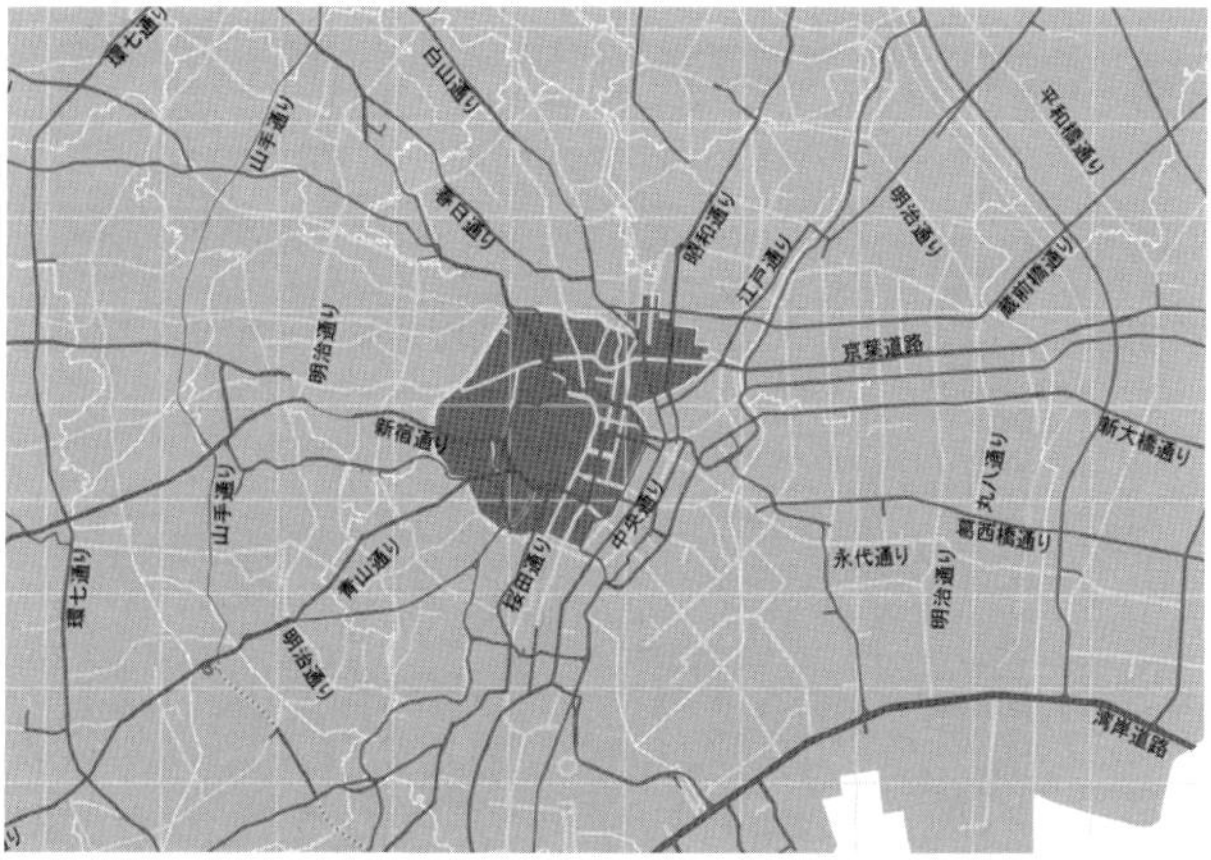

東京都の特定緊急輸送道路図（東京都）

での、顕著な違いが発生しはじめた。弥生系と呼ばれる人々の出自を探ってみると、彼らが水田稲作一本槍の人々ではなく、潜水漁による「海の狩猟」にも巧みだったことが見えてくる。弥生人は初期の頃は「半農半漁」の生活をしていたのである。

彼らは舟を使って、日本列島を海岸伝いに移動していった。海岸部にはラグーンが形成されやすいから、そういう土地を見つけたら、ラグーンの湿地帯を利用して水田を開いた。そこは海に近かったから、半農半漁の生活形態が維持された。ところが河口部から川を遡って、内陸に入っていく弥生人が増えてくるにつれて、彼らの生活形態に変化があらわれだした。

内陸部に入って適当な盆地や平地を見つけた人たちは、そこで稲作を主体とする暮らしに移っていった。あいかわらず川と湖での魚捕りは続けていたが、生活の中で「農」の占める比重が圧倒的に増えていった。その結果、内陸に入った弥生人の心には、新しいタイプの心性が芽生え始めたのである。

水田稲作を成功させるためには、あらかじめ田んぼの周辺の自然を、計画的に整備しておく必要があるし、水量や水温の調節を管理できなくてはならない。広大な自然の中のごく一部分とはいえ、農を中心とする生活を築いた人々は、村の周辺の自然を積極的に管理し、そこから自然の恵みを受けていた。

農を主体にするこのタイプの弥生人を、ここではとりあえず「百姓《ひゃくせい》」のご先祖と呼んでおくことにしよう。「姓」はのちのち職業という意味で使われるようになる言葉であるが、百姓とはどんな生活の技でもこなすことができ、それをもって国富を生み増やす人々という意味をもっていた。その先祖はすでに、内陸部の平野や盆地に住んで、水田稲作中心の暮らしをはじめた弥生人の中に形成されて

隅田川・荒川と多摩川の河口域に、
のちの東京下町が形成された
（地図データ：Google）

いたのである。

それにたいして、海岸部を生活の場所に選んだ弥生人たちは、半農半漁のうちの「漁」を中心とする生活形態を発達させていった。彼らの心性は、列島の先住民である縄文人と多くの共通性を持つ。彼らにとって、自然は自分たちが管理すべき領域ではない。縄文人たちと同じように、漁の弥生人にとっては、自分たちも自然の一部であり、その自然から技を使って恵みを取り出すことが人生である。私はその人たちを「海民」と呼ぶことにする。

毛一族

伊勢湾を出て東海地方を海沿いに進んでいった弥生系の人々は、とうとう古江戸湾（そういう名前があったわけではないけれど、とりあえずこう呼ぶことにする）の入り口にたどり着いた。一世紀頃のことと推定される。彼らがまず見出したのは、多摩川の河口部に広がる葦《あし》の原野と森林だった。いまの田園調布《でんえんちょうふ》と野毛《のげ》の近辺に、弥生人たちは水田を開いて、大きな村をつくった。このグループの分かれは、目黒川の河口部にも支村をつくった。のち芝丸山《しばまるやま》に大きな古墳群を築造することになるグループである。

多摩川の河口部に定着しなかった人々は、さらにしばらく北上を続けて、隅田川と荒川の河口部に入った。彼らはその二つの大河が、多摩川よりもずっと奥の深い水源から流れ出しているらしいことを知って、川沿いにさらに内陸部に踏み込んでいくことにした。

この人々は、隅田川と荒川を舟でさかのぼって、とうとう利根川《とねがわ》に出た。見たこともないような大河である。利根川の流域には、水田を開くのに好都合な平地や盆地がいくつも見つかった。とくに北埼玉と秩父盆地に、最適の入植地を見つけた弥生人たちは、そこを開拓して、富を蓄えていった。

このとき最初に武蔵野に入植を果たした弥生系の人々の中から、「毛」という名の豪族があらわれている。二系統の毛一族は、もともとが同じ入植仲間であったことから、多摩川の毛と北埼玉の毛との間では、代々婚姻が繰り返された様子で、武蔵国の北（埼玉）と南（多摩川）に、毛の一族はしだいに大きな勢力を張るようになった。東日本の制圧と経営にのりだそうとしていたヤマト勢力にとって、この東国の毛一族が、早くから気になる存在であったことはまちがいない。

余談ではあるが、北埼玉のあたりは「ムザシ」、多摩川河口部周辺は「ムサシ」と呼ばれていた。漢字の表記では「无邪志（ムザシ）」「胸刺（ムサシ）」と書き分けられる。これは私の思い過ごしかもしれないが、北部九州の宗像《むなかた》（胸形）族や安曇系の金刺《かなさし》族のことを念頭に置いてみると、この胸刺というあて字には、「刺青をした海民」の印象が感じ取られるのである。武蔵国の首長となった二家の毛一族は、いずれにしても海洋的なところを色濃く持った人々である。

多摩川の繁栄

隅田川と荒川の河口部に入植した弥生人は、利根川をさかのぼっていった北埼玉のムザシの国の毛一族の同族でありながら、生活形態としては海民のそれを選んだ。これにたいして多摩川河口部に巨大な弥生村を開いた人々は、ムサシの毛一族であることに誇りを持ちながら、農業開発におおいに打ち込んだ。

同じ古江戸湾への入植者ではあっても、隅田川・荒川の河口部に暮らす海民

亀甲山古墳
五世紀まで多摩川河口部は
武蔵野でもっとも先進的な地帯であった
（写真提供：大田区教育委員会）

的弥生人と、多摩川河口部に水田を開いていった農的弥生人との間には、はじめから違いが存在した。このことがのちに江戸＝東京の下町の形成にとって、大きな意味を持つこととなる。

半農半漁であった弥生系の社会の中から、有力な首長があらわれ、それが豪族や王に成長していくことができたのは、まったくお米の力に依る。狩猟社会は自然と一体の完全な循環型社会であるから、利用できるエネルギー総量には限界があり、余剰生産物は発生できなかった。ところが水田稲作をおこなえば、自然が与えてくれるものの限界を超えて、富を生み出すことができるようになる。そうなると、どうしても富の分配に不平等が発生して、格差が生まれる。農的弥生人は、こうして未来に資本主義をつくりだすことになる社会に、突入していったのである。

多摩川河口部に広大な水田と村を開発した、南武蔵の弥生人のグループが突入していったのが、典型的なこの「弥生の道」にほかならなかった。毛一族という開発のリーダーを得て、彼らは関東でもっとも早くに発達した、弥生型の社会をつくった。毛の国の王たちは、四世紀に入ると巨大な前方後円墳を築きだした。いまの田園調布から上野毛《かみのげ》にかけての一帯が、古代東国におけるもっとも華やかな先進地帯であったのだ。

ところが六世紀の前半、北埼玉の毛一族と南武蔵の毛一族の間に内紛が起こり、それをきっかけとして多摩川河口部の勢力の没落がはじまる。それについては、またのちほど詳しくお話しするとして（終章　ムサシ野オデッセイ）、あれほどの繁栄を誇った多摩川河口部の弥生人の村々は荒廃して、ただの田園地帯に戻っていった。とうぜん権力の所在地でもなくなり、隷属的な屯倉《みやけ》村だけが残った。

しかし歴史とは皮肉なものである。もしもこの地帯の勢力にそのような早々な没落が起こることがなく、そこがいつまでも武蔵野の文化的中心として君臨し続けたとしたら、二十世紀になって、この

埼玉古墳群（さきたま風土記の丘　KMC）

地帯が洗練された先進的「田園都市」に変貌するようなことにはならなかっただろう。そして河口の海岸部にできた砂地の上に、近代の象徴ともいうべき「労働者の下町」が、形成されることにもならなかっただろう。そうなれば羽田《はねだ》空港もなく、戸越銀座《とごしぎんざ》もない。

それに比べると、隅田川と荒川の河口部に定着した弥生人たちは、まったく異なる運命をたどった。そこにたどり着いたとき、おおいに野心的な指導者（おそらく毛氏）に導かれたグループは、稲籾《いなもみ》を握りしめながらさらに川をさかのぼって、関東平野の奥地への冒険をめざした。彼らは平野の奥地に稲作に最適の平地をいくつも発見して、そこで農的弥生人の暮らしを発達させていったのである。

ところが海民的生活への愛着の強かった人たちは、その冒険行に加わらなかった。内陸深く入り込んでいったら、海とのつながりが絶たれることになろう。彼らは安定した陸の上で水田をつくる生活よりも、揺れ動く海と一体になって、狩猟民と同じような偶然性と共生する生活の方を好んだ。毛一族の傍系でありながらも、彼らは隅田川・荒川の河口部に、漁民として生きる道を選択した。

深川の生成

隅田川河口の未来の下町候補地と、多摩川河口のそれとは、そもそものなりたちから違った。多摩川河口のそこには、弥生系の有力氏族が水田を開いて定着した。二、三百年後には、川べりの丘に巨大な古墳も築かれるにいたった。

ところが、隅田川河口に住み着いたのは、同じ弥生系の一族でも、どこかさえない連中だった。野心のある有力なイエの者たちは、沼地だらけの河口部を嫌って、内陸に広がっているという豊かなフロンティアの地を求めて、早々と荒川、利根川、渡良瀬川《わたらせ》へと遡っていく、開発の旅へと旅立っていった。その旅に加わらなかった漁民志向の者たちだけが残って、ぬかるみの多い、隅田川と荒川の低湿地に定着して、ささやかな漁村をつくって、そこで漁で生活を立てることになった。

こういう違いがあったので、文化の波及という点でも、両河口部は反対の方向を向くことになった。多摩川流域では、文化は海に近い河口部から上流の秩父へと伝わっていった。その反対に、荒川流域では高い文化はまず内陸の北埼玉や秩父で発達して、それが川の流れにそって下流に下っていった。

そんなわけで、徳川氏が江戸に入る直前まで、隅田川と荒川の河口部の未来の下町候補地は、浮かんでは沈んでいく数多くの砂州や、葦《あし》と萱《かや》に覆われた沼沢地《しょうたくち》ばかりの、荒蕪地《こうぶち》の時代が長く続いた。海岸部にいくつもの漁村は出来ていたが、あまり恵まれない自然環境の中では、とても発展は期待できない様子であった。

ところが江戸ができはじめる直前の慶長年間（一五九六〜一六一五）あたりから、西日本からいくつもの集団がやってきて、まだ湿地の多かった隅田川と荒川の河口の開発に着手しだすのである。主要メンバーは、摂津や紀州の海民ないし海民的武士であった。彼らは漁村に住む先住者と交渉して、人足仕事の手伝いを頼み、沼地の埋め立てを始めた。この頃はまだ江戸幕府の体制もよく整っていなかったから、土地開発の申請はおおむね許可された。埋め立てによって開発された土地は、そのまま開発者の所有と認められた。こうして隅田川の東（墨東）の土地が、くらげなす砂州の状態から、確かな大地への変貌をとげていったのである。

町の形成とヒルコ神

まず深川《ふかがわ》の北部地帯が埋め立てられた。リーダーは深川八郎右衛門《ふかがわはちろうえもん》という人物である。摂津にあったときは海民衆の長であったといわれる。家康入府以前に隅田川河口の開発のために、江戸に入っているところからも、この人物が海賊的な武士ではなかったかと推測される。秀吉は刀狩り令などとともに、海賊停止令《ちょうじれい》（海上平和令）などを発布して、海賊的武士の活動を徹底的に押さえ込もうとした。

この時期に、海賊的武士のさまざまな「転職」がおこっている。紀州の和田氏は、太地《たいじ》で網取り捕鯨を創始した。東北へ移って、新しい漁場を開発した者もいる。そうした動きの中で、おそらく海賊的武士であった深川氏も、世の推移を見極めた上で、隅田川河口部の開拓に本格的にのりだす決心を固めたのであろう。

深川北部の干拓が進み、そこが人の住める乾燥地に変貌した頃、こんどは紀州から熊井利《くまいり》左衛門《ざえもん》以下八名の漁師たちが移住してきて、深川南部の開発にとりかかった。この人たちはもともとが漁師だったので、開拓した土地は、「漁師町（古い地図には興味深いことに猟師町と書かれている）」と呼ばれるようになった。現在の清澄《きよすみ》、佐賀《さが》、永代《えいたい》のあたりである。同じ時代に、野口次郎左衛門《のぐちじろうざえもん》という素性のよくわからない人物が、小名木川《おなぎがわ》の一帯を海辺新田として開拓した。大島《おおじま》や福住《ふくずみ》のあたりである。

こうして深川氏による北部の開発に端を発する、隅田川河口部の埋め立て工事は、「芥と泥」をつき混ぜながら、営々と続けられた。江戸の初期にはすでに現在の地形の輪郭は出来上がり、半農半漁の庶民たちの暮らす豊かで静かな土地に、変貌した。

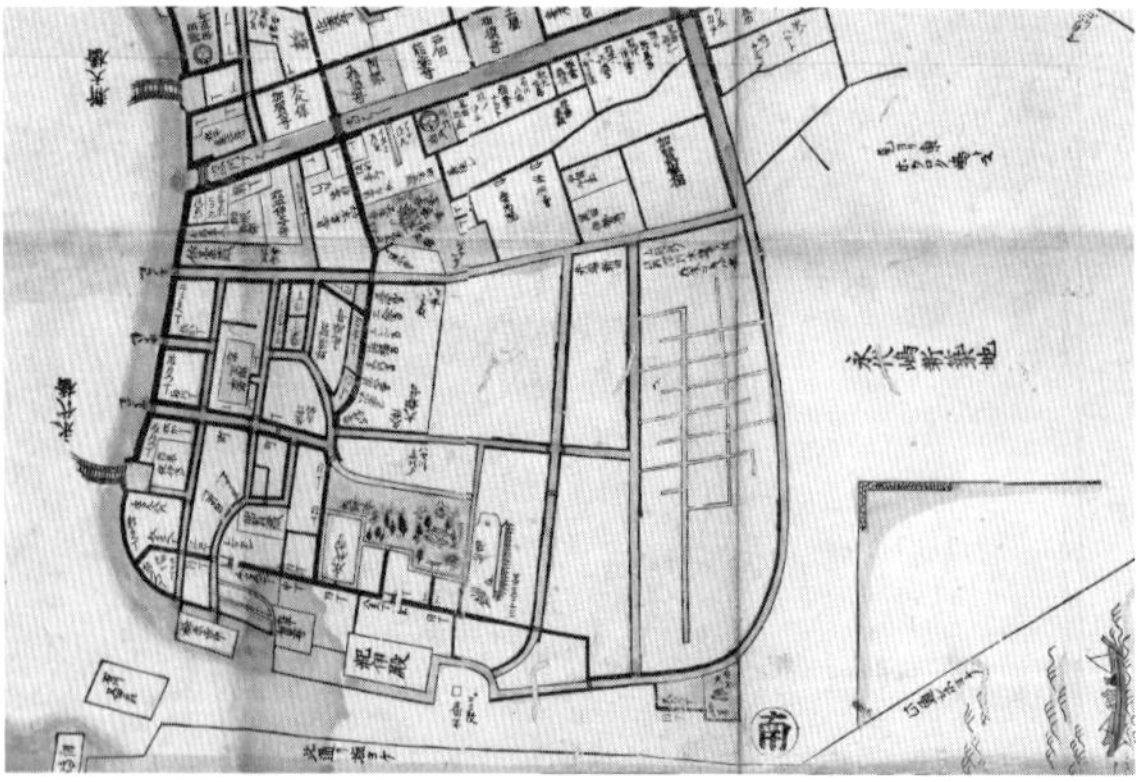

河口部の砂州は、摂津や紀州出身の海民衆によって、農地に変貌していった（「分道本所大絵図」1710年頃より）

[上]：隅田川　[下]：荒川

ところで深川氏は、小名木川から南の土地を埋め立て、そこを「深川」と名付けることを、幕府より許された。そこより南に、永代島《えいたいじま》と呼ばれる大きな干潟島があり、その最南端に近い浜辺に小さな聖所が、先住の漁民たちによって設けられていた。この聖所こそが、深川がのちに江戸でも随一の繁華街に発展するきっかけをつくったところである。

永代島の砂州の浜辺に、先住の漁民たちは、海の女神である豊玉姫を祀る小さな祠を建てていた。これは海民の習性でもあって、自分たちのご先祖たちがはじめてこの地に上がった上陸地点がそこである、という伝説を語り継いでもいただろう。

海民が南洋の故郷から持ち伝えてきた神話では、豊玉姫は太陽によって身ごもって、浜辺で太陽の子供を産む。その子供は太陽の子として、日子《ひるこ》と呼ばれる。この子はまた渚の子供という意味でイソラとも呼ばれるし、未熟児である蛭子《ひるこ》の名でも呼ばれた。

子供を産み落とした豊玉姫は、すぐに海の世界に戻ってしまったので、その子の世話は玉依姫《たまよりひめ》という巫女がお

こなった。そこで豊玉姫の聖所はしばしば「ヒルコ神社」とも呼ばれた。おそらく永代島の海浜にあったこの聖所も、あたりの海民たちによって、ヒルコの神社と意識されていたのだろう。ヒルコ神は漁業の神であるエビス神ともすぐ結びつくから、河口の砂州に住む海の狩猟者たちには、まさにうってつけの神の祠であった。

しかし古代・中世を通じて、さみしい永代島のこんな小祠に、特別な関心を持つような人はあらわれなかった。ところが江戸の町がにわかに発展しだすようになると、こんな粗末なヒルコ神社を、もっと格式の高い神社に昇格させたいと願う奇特な人があらわれるのである。ここに富岡八幡宮《とみおかはちまんぐう》創生の物語が始まる。

深川八幡の創生

永代島にあった海民の祀る小祠が、富岡八幡《とみおかはちまん》（深川八幡）に昇格するきっかけをつくったのは、長《ちょう》盛法印《せいほういん》という一人の山伏の活躍だった。この法印さまは、まだ地盤整備の整っていなかった永代島を、私費を投じて固く搗《つ》き固めて開拓し、六万坪もの私有地を手にいれた。これも江戸初期ならではの、一種野放図な話である。

永代島の南端には、海神を祀る漁民たちの小さな聖所（あたりに渡しが多かったところから「七渡り社」とも呼ばれた）があった。法印さまはこの聖所に、しかるべき著名な八幡神社を勧請《かんじょう》して、八幡神を祀る神社に昇格させたうえで、その八幡神社とセットで、六万有余坪の土地をまるごと公儀に寄進しようと申し出たのである。今の深川公園から門前仲町《もんぜんなかちょう》の全部が、すっぽりと入るほどの地所である。な

下町に咲く花

［右ページ］：小名木川運河

にやら法印さまの遠大な野心を感じる、恐ろしいほどに気前のいい申し出である。

長盛法印はみずからを菅原道真公の末裔と称していただけあって、人たらしのカリスマ性があったものらしい。将軍家光をはじめ幕閣一同は、このとてつもなく気前のよい申し出を聞いて、驚くやら感心するやら。法印さまはたちまち幕府の厚い信任を得た。

なにしろ八幡《はちまん》太郎《たろう》義家《よしいえ》の故事以来、関東に覇をとなえた武人の多くが、八幡神を深く信心しており、江戸城に近い辰巳《たつみ》（南東）の方角に、格式高い八幡神社を創設なさるべきという、カリスマ法印さまの話はおおいに説得力をもった。かくて一六二七年、南深川の海浜に、八幡宮創設の許可が下りた。

境内の一角には、神仏習合の別当寺である永代寺もつくられ、法印さまはそちらの寺の住職となり、将軍お目見えを許された将軍家師範役の格を与えられて、江戸城にも自由に出入りできる権威を得た。権力者がなにを望んでいるかを的確に知りぬいて、その望みのものを的を外さず大盤振る舞いにギフトする。長盛法印はまさに贈与の天才であった。

ところでこの八幡神、もともとが海民と深いつながりをもつ神さまである。海沿いでも内陸でも、いま八幡を名乗っている多くの神社が、もともとは豊玉姫＝ひるこ（いそら）＝玉依姫という三神格の海神を祀る、海民の聖所であった。基本の構造は母子神のカップルである。

［上］：深川公園と水の記憶
［下］：江戸野菜（亀戸大根）

そのため、そういう海神を祀る古い聖所を、新しいタイプの神格である八幡神で覆って改造してしまうという、長盛法印の考えは少しも突飛なものではない。八幡神は応神《おうじん》天皇とその母である神功《じんぐう》皇后を中心とする、きわめて複雑な神格ではあっても、つきつめてみれば古代以来の母子神の変形にほかならないからである。

神功皇后は軍船を仕立てて、朝鮮半島への出兵をおこなったという神話が語られている。その出兵のさい、福岡の浜辺の仮宮で、のちの応神天皇を出産したと言われる。いろいろな点で、八幡神と海の女神をめぐる古代の海民の信仰とは、驚くほど似通っている。

古代が黄昏《たそがれ》を迎えた時、海民の古い信仰は、八幡神という新しい神道へと、アウフヘーベンされたのである。神々の名前は変わったが、海の母子神の古い構造は不変だった。海の要素は表面には出てこなくなった。しかし八幡の神紋は海の渦をあらわす三つ巴であるし、祭礼には分霊箱ではなく立派な神輿《みこし》が練り歩くようになったが、その神輿を海に浸けたり海水を浴びせたりするところには、原始的な浜下りの儀式が、形式化されて保存された。

長盛法印というカリスマを得て、隅田川河口部に住み着いた海民のささやかな聖所であった場所が、幕府も一目置かざるをえない八幡神社へと、みごとな変身をとげたのである。そしてそれをきっかけとして、深川南部の海浜には、江戸随一の繁華な下町エリアが出現することとなった。

アイディアの勝利

とはいえすぐに、深川八幡に人々が押すな押すなの参詣をはじめたわけではない。

深川八幡之図（「新編江戸名所図誌」東京都公文書館蔵）

高い格式を得たものの、当初は庶民にはまるで人気が出なかった。菅原道真公の御手彫りの像というのがご神体で、それだけではとうてい人気は出ない。永代寺の僧侶たちは、御開帳のとき以外にも、もっとたくさんの参詣人がやってくるにはどうしたらよいものか、と頭をひねった。

「そうだ、お色気だ」というのが、僧たちの出した答えであった。さいわい深川界隈には、いかにも海民の娘らしい「おきゃん」な美少女たちが、ごろごろしていた。この「おきゃん」という言い方は、そののちには、辰巳の下町娘や芸者衆の代名詞にもなった言葉であるが、漢字で書くと「御俠」。これは「勇み肌」や「いなせ」や「粋《いき》」や「俠気」といった男性の江戸っ子向きの形容にたいする、女子の江戸っ子向きに使われた。

かわいい顔をしているくせに、ずけずけとものを言い、ときにはがさつと思えるような振る舞いをしても、平然としている。ツンデレで、でもいったん惚れこんだら命がけ。情に厚く、まがったことが大嫌い。こういうタイプの「おきゃん」な美少女を集めて、お茶屋で給仕をさせたら、さぞ評判になるのではあるまいか、というのが永代寺の僧侶たちの摑んだアイディアである。

そこでさっそく、八幡神社の鳥居の外に、腰掛け茶屋と小料理屋を設けて、白粉《おしろい》を塗った女を雇って、参詣人を呼び込もうとした。ここまでは普通だが、深川八幡が進んでいたのは、神社の鳥居の内側にも、同様の店を設けて、こちらのほうに例の美少女たちをそろえて、客を待ったことである。

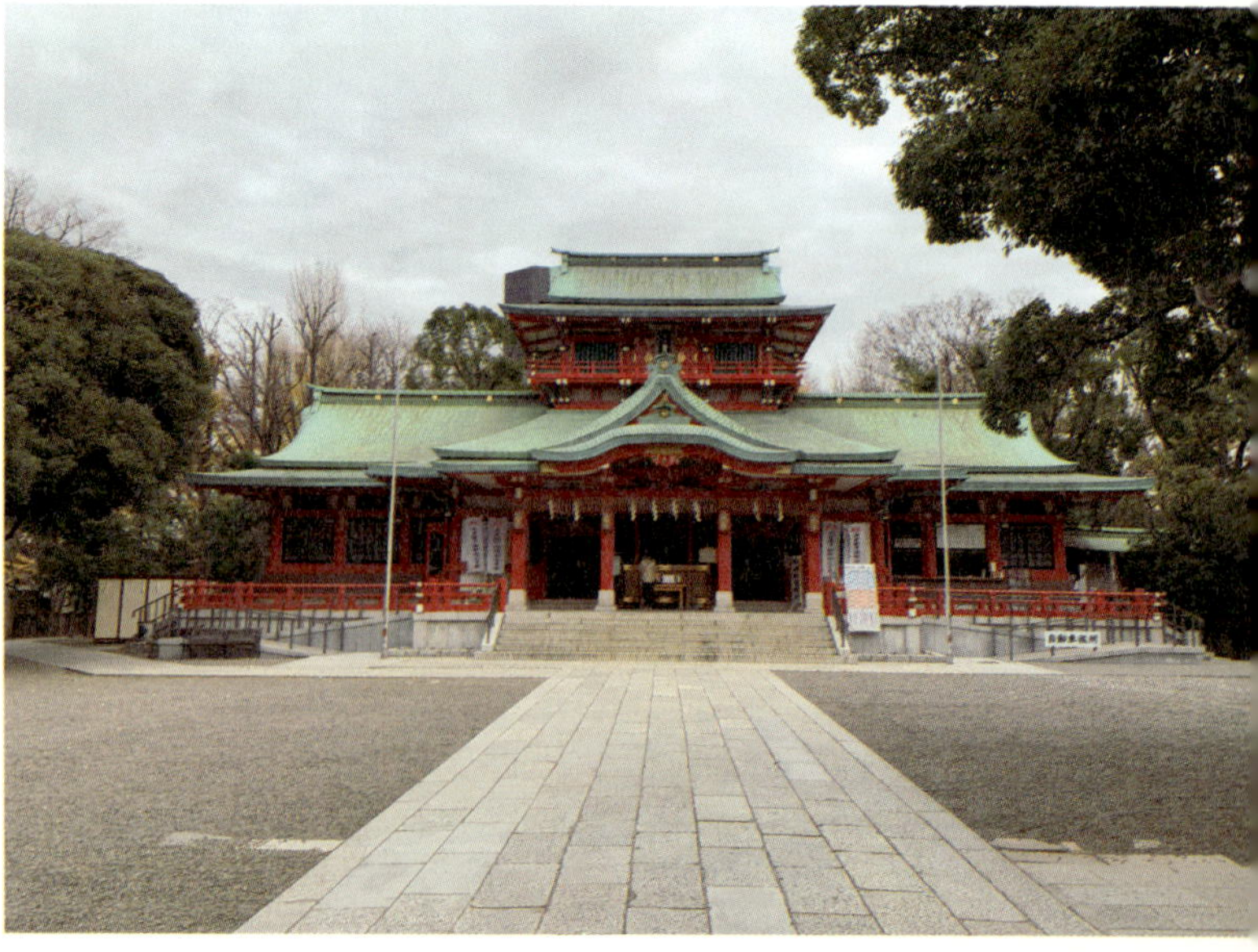

富岡八幡宮

そのときの美少女たちの名前もわかっている。花車屋のおしゅんとおりん、澤瀉《おもだか》屋のおはな、桝屋のおちょう。いずれも十五、六の美形ばかり。このアイディアはおおいにうけて、境内はたちまち参詣人であふれかえるようになった。

門前仲町の花街

茶店ごとに美少女の茶汲み女をおいて、腰掛け茶屋でお客の応対をさせるサービスが、隅田川の向こう岸に住む江戸っ子たちの評判となって、渡し舟で多くの参詣人が、深川（富岡）八幡宮にお参りにやってくるようになった。しばらくすると隅田川には、新大橋（一六九三年）と永代橋（一六九八年）が架かったので、深川への交通はいっそう便利になった。それまで長いこと、寂しい新開地だった深川は、それを機に一大繁華の地へと発展しはじめた。

深川八幡の門前あたりは、長い海浜の続く土地であったので、以前は洲崎《すざき》と呼ばれていた。洲崎と言えば、陸地の突端をあらわす言葉だが、そこには古代・中世以来、遊女が集まって、花街をなすのを常とした。日本で最初につくられた花街は、淀川べりにあって、傀儡子《くぐつし》と呼ばれる人形使いの男芸人を裏の相方とした多くの遊女が集まり、色商売をおこなって、不夜城のにぎわいをなしたという。水辺には遊女がつきものなのである。

それが洲崎深川にあっては、海浜に面して立派な八幡神社と永代寺とが立ち並び、おまけに幕府のおぼえもよいとなれば、花街のできないわけがない。深川八幡の門前にできた腰掛け茶屋には、美しいウェイトレス目当ての参詣客が、毎日押すな押すなと詰めかけた。そうなる

門前仲町

と、お茶を出すだけでなく、客を小座敷にあげて、酒や料理を提供する料理茶屋というのが登場してくるのは、自然の理であろう。酒席には歌い舞う芸妓がはべることになろうし、芸妓の手配をする一種の芸能プロである置屋も必要になってくる。

それ以上の性的サービスを求める客のためには、娼妓も集めておかなくてはならない。こちらは水茶屋と称して、多数の娼妓を茶汲み女という名で雇い入れた。こういう料理茶屋や水茶屋が、富岡八幡の門前に群れをなして、立ち並ぶようになった。こうして深川の八幡宮は、江戸でも有数の岡場所になった。

凄まじい鳥追いの美

周辺の暗闇には、私設の娼妓もこっそり集まってきて、屋根のない場所での営業をおこなった。「鳥追い」や「夜鷹」と呼ばれた女性たちである。彼女たちがいずれも鳥類に関わりある名を持っていたことは、人類学的にもきわめて興味深い。夜鷹という夜鳴き鳥は、地面に粗末な巣をつくるだけで、荒っぽい営巣をする。この娼妓たちは筵《むしろ》一枚敷いただけで、地面の上で事をなすことから、その鳥の名で呼ばれた。それに夜鷹鳥は、口を開いて飛行しながら、空中で捕食する。そのなりふりかまわぬ貪食ぶりが、このような連想

歌川広重「名所江戸百景　深川洲崎十万坪」

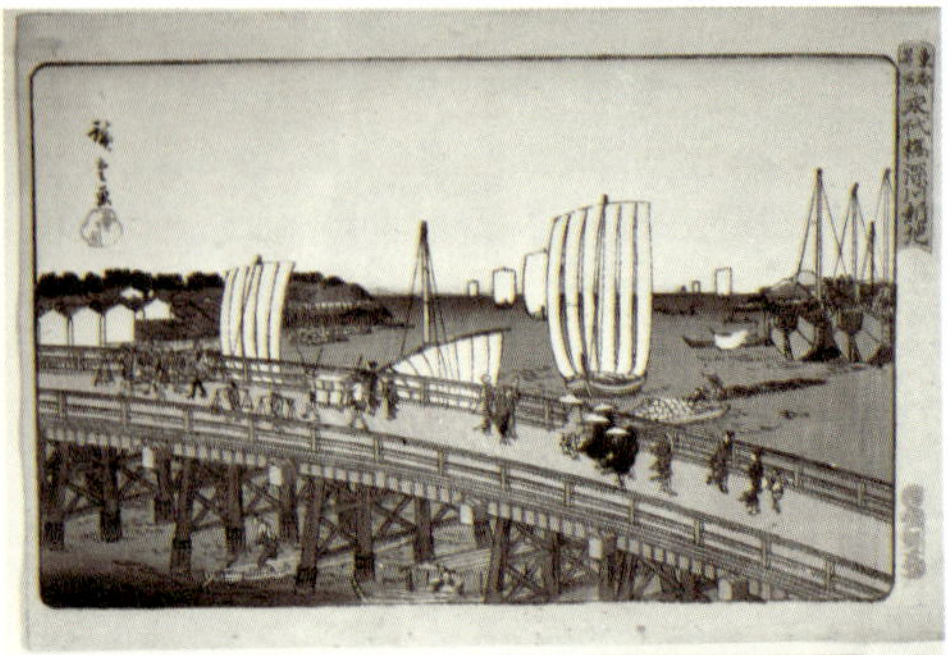

歌川広重「東都名所　永代橋深川新地」

を誘ったのであろう。

深川八幡裏の薄暗がりには、多くの鳥追いたちも生息した。彼女たちは身の安全を守るためもあって、かならず二人一組で商売をした。深川八幡の鳥追いは、とりわけ美形なことで有名だった。概して年齢が若く、ぞっとするほどに凄まじく美しいのである。評判があまりに高いので、彼女たちのブロマイドは浮世絵に競って描かれた。身分のある武家と恋仲になった鳥追い少女の悲恋話も、いっとき江戸中の評判になっている。

とにかく性文化のダイバーシティにかけては、深川八幡の門前街は、非公認であるがゆえのゆるさも手伝って、当時の新吉原のはるか上を行っていた。頂点に立つのは「辰巳芸者」と呼ばれた芸妓たちで、彼女たちは置屋を代理店にして座敷に出たが、基本、色は売らない。その下に、各料理茶屋が置屋を通さずにまる抱えにしていた「伏玉《ふせだま》」と呼ばれる妓女たちがいた。彼女たちは芸妓と娼妓の間のような存在で、芸はちょぴっとだが、色のほうはたっぷりである。

水茶屋には数多くの娼妓たちが待ち構えている。彼女たちは芸はしない。三味線ではなく、枕を抱えてやってくる。そして屋外には、鳥類の名で呼ばれる多数の下級の娼妓たち。夜鷹にはそら恐ろしい容姿をしたものたちも多かったというが、鳥追いの中には目のさめるような美女も多かった。料金は千差万別であったが、上には上の、下には下の、それぞれの魅惑があふれていた。

もちろん江戸のことであるから、男娼もこの街にはたくさんたむろしていた。彼らが待機する陰間茶屋もちらほら。じつに文字どおりピンからキリまで、深川八幡の門前街には、あらゆるタイプのエロチシズムがあふれていた。八幡宮・永代寺と花街は、完全にウィンウィンの関係にあったと言えようが、この土地の陰の守り神でもある豊玉姫も、さぞやご満悦であったことだろう。

辰巳芸者の心意気

しかしなんといっても、深川の花街を代表していたのは、辰巳芸者たちである。彼女たちは江戸の花柳気質の「粋《すい》」を、自他ともに任じていた。辰巳芸者から見たら、新吉原の花魁《おいらん》を頂点とするお女郎衆などは、あまりにコッテリとしすぎていて、野暮臭くてたまらない。それに欲深で不人情だ。ようするにまるで「いき」でないのである。

新吉原のコッテリした女たちからすれば、辰巳の女たちは行儀が悪く、「きゃん」で「伝法《でんぽう》」（浅草伝法院の寺男たちはいきなヤンキーとして有名で、彼らの言葉づかいが「伝法」として流行した）で、荒々しくガサツで、騒々しいと見えた。じっさい辰巳芸者は男のような喋り方を好み、「米吉」だの「音吉」だのいう男名前を名乗った。門前仲町《もんぜんなかちょう》では芸者のことを別名「羽織」とも呼んだが、これは辰巳の芸者がいつも羽織を着ていて、座敷でも脱がなかったことからきている。羽織を着て、きっぷのよいいきなセリフで、客をあしらうのである。

この一件だけ見ても、辰巳芸者がずいぶんと誇りと見識の高い女性だったことがわかる。深川花街では芸妓と娼妓の区別をはっきりつけていて、芸妓は芸ときっぷを売り物にして、求められても枕席《ちんせき》にははべらなかった。なぜ辰巳の芸者がこんなに「きゃん」で、男っぽくって、誇りが高かったのか。その理由を探っていくと、我が国における「遊女」というものの来歴と本質が明らかになってくる。

浮世絵に描かれた美女

辰巳芸者の来歴 「いき」の考古学 1

深川（富岡）八幡宮の門前町を活躍の舞台としていた、江戸にその名を知られた「辰巳芸者」は、「いき」で「きっぷのよい」を本領としていた。座敷でも羽織をはおったまま、切れ味のよい男っぽいことばをしゃべり、芸は見せても色は売らないという、いきでおきゃんでじつに律儀な「遊女」たちである。

どうして深川にこんなタイプの遊女たちが集まってきて、一大伝統をなすにいたったかについては、諸説がある。ある説によれば、気が強すぎて他の岡場所に居づらくなった芸者たちが、埋め立て地にできたばかりの新興の深川花街に、流木のように流れ集まってきて、自然と気の強い女ばかりの世界を形作ったという。

また別の説によれば、深川は海に面した岡場所であったから、金華山《きんかざん》沖で鯨を仕留めて俄《にわ》か成金となった豪快一途の漁師やら、近くの木場《きば》で働く「川並《かわなみ》」のような強面《こわもて》の、川の民由来の任侠連中（男性版の「きゃん」な連中）を相手に、愛嬌商売を続けているうちに、自然こんな荒い気風が育ってしまった、などと言う。どちらの説も間違ってはいないのだろうが、それだけではいまいち説得力に欠ける。

私はむしろ、深川門前仲町で発達した、独特な遊女の経営形態に注目する。辰巳の芸者は、座敷を提供する料理茶屋お抱えの遊女ではなく、置屋という一種の芸能プロをエージェントにしてお座敷に出て行く、個人営業者としての遊女である。この点が、同じ深川でも料理茶屋お抱えの「伏玉《ふせだま》」という娼妓や、新吉原の花魁《おいらん》をはじめとするさまざまなタイプの娼妓たちと、辰巳芸者の大きく違うところである。

辰巳の芸者は、料理茶屋の経営者が性商品として売りに出す、伏玉や花魁のような女性ではなく、自らの芸を自分の意志で披露して、交換にお金をいただくという、れっきとしたパフォーマーなのである。じつはこういう形態こそ、古代・中世以来の日本の遊女の、ほんらいの商売のあり方である。

神聖な遊び女

大阪の淀川べりに、平安時代にたくさんの遊女が集まってきて、不夜城のごとき歓楽街をつくったときも、芸と色を売る遊女たちは、自立した個人営業者であった。彼女たちは夫でもある傀儡子《くぐつし》をエージェントとして、貸座敷の持ち主とシビアな交渉をした末に、お座敷に上がったものである。

こういうのが遊女ほんらいのあり方であって、のちの時代のように、遊郭お抱えの遊女として身の自由を失ってしまうなどというのは、神聖な遊び女である遊女のあり方としては身の失墜である。彼女たちはもともと神々とともに公界《くがい》に生きる女性なのであって、苦界《くがい》に落ち込んだ女性などとはわけが違う。こういう遊女の伝統は、戦国時代をつうじても廃れることがなく、江戸時代も初期の頃には、まだ自立性が高く鼻息の荒いタイプの遊女たちが、各地の花街でにぎやかに愛嬌商売を続けていた。

しかし、そういう神聖な遊び女の伝統につながる、プライドの高い自由な遊女たちは、しだいに管理化がきつくなっていく江戸時代の社会では、だんだんと生きづらくなっていった。彼女たちは自由が奪われていく各都市の岡場所を嫌って、新興の深川花街に集まってくるようになった。「流木が流れ着くように」ではなく、そこにはまだ遊女の伝統が残っていそうだという直感にしたがって、自分の意志で集まってきたのである。

おまけに客筋は、海の民、川の民が主流である。この連中は船や材木を操って生きている。板子一枚の下は死の世界、文字どおり「浮き世」としての人生を過ごしている。彼らの心性は、農業や資本主義にはあまりなじまない。どちらかというと狩猟民の世界に近いところをもっている。儲けたお金を次の投資のために貯蓄しておくのではなく、「宵越しの金は持たねえ」とばかりに、ひと夜で蕩尽するのをダンディズムとする。

古代・中世以来の遊女の精神的伝統につながっていたがために、管理化の進む江戸時代の他所の花街になじまなかった、「伝法《でんぼう》」で「きゃん」な芸者たちが、こうして富岡八幡門前町に集まり、そこに独特の花柳界のスタイルを築き上げていった。

ようするに、浅草の田んぼの中につくられた幕府管理の新吉原と、海辺の洲崎にできた深川の花街とは、同じ遊里といっても、本質が違うのである。新吉原が農業に支えられた封建社会の似姿のような遊里であるのにたいして、深川のそれは海民や川民の心性を土台とする、非農業的な岡場所である。じつはここに、東京下町の世界の本質を探る鍵が潜んでいる。

江戸軟派文学にしょっちゅう登場してくる、きっぷのよい辰巳芸者の姿を目の当たりにするたびに、私は海民文化のなかに育っていた、健康なフェミニズムのことを思わざるをえない。日本列島の話に限らず、世界中で海民の女性たちは、家の中での権威においても経済力においても、きわめて自立性が高かった。彼女たちは、古代からすでに、男たちの獲ってきた魚介類の行商に出かけている。

古代・中世の大阪雑魚場《ざこば》や京都六角町《ろっかくちょう》の魚市場には、広めの大きな籠や盥《たらい》を頭にのせた女商人が群れ集まり、地面に敷いたムシロの上で、魚や貝や海藻を売ったのである。そのとき彼女たちは、地面に座り込むのではなく、立膝《たてひざ》を抱えて座ったという。この座り方は、今日でも世界各地の海民の女性たちの間に、見ることができる。

このとき魚介を売って得たお金は、まず女商人たちの財産となり、それから男の漁師たちに分配された。こと貨幣経済に関するかぎり、海民社会で主導権を握っていたのは、女性である。じつはこのことが、遊女という存在の発生に深くかかわり、ひいては江戸文化に大きな影響を与えた、辰巳芸者の形成にもつながっていくのである。

材木の商業団地「いき」の考古学 2

富岡（深川）八幡宮の周囲にできた花街に独特の雰囲気をつくりあげるのに力があった、もう一つの重要な要因がある。深川の東のはずれ、大横川《おおよこがわ》の河岸にあった「木場《きば》」の存在である。木場は各地からの材木を集積して販売するのを目的として、我が国で最初に作られた巨大商業団地である。

江戸を建設する際に、家康は各地の木材生産地の有力な材木商人たちに、積極的な参加を呼びかけた。この呼びかけに応じて、天竜川河口の浜松、紀ノ川河口の和歌山、木曾川沿いの岐阜などから、目先のきく何人もの材木商が、江戸に居を構えて商いを開始した。

その頃はまだ江戸も、草ぼうぼうの空き地がいたるところにあったので、材木商たちは日本橋や京橋のそういう空き地に、材木を集積しておくことができた。ところが明暦三年（一六五七）一月、江戸下町を燃やし尽くし、江戸城に甚大な被害をもたらした「明暦の大火」が発生した。このとき火勢

辰巳芸者（歌川国貞「艶姿辰巳八景　州崎」）

をことさらに強くしていたのが、街中に集積されている材木の山であることが問題になった。幕府は日本橋界隈にある材木問屋の置き場を、隅田川の東にまとめて移転させ、そこに材木の商業団地をつくることにした。

最初に材木置き場がつくられたのは、深川（富岡）八幡宮の西南に広がっていた、人の住まない広大な埋め立て地であった。しかしそこがどういういきさつか、さる大名家に与えられることになり、またまた移転を求められることになった。そこで、八幡宮近くの土地（そこはごく最近まで「元材木町」と呼ばれていた）を追い出された材木商たちは、そこから東方に去ること数キロにあった、開削されたばかりの運河沿いの荒蕪地《こうぶち》に、新しく材木置き場を設けるように求められた。その頃は「築地」と呼ばれたその土地が、「木場」と名前を変えて発展しだすのが、十七世紀の終わり頃の話である。

豪商と川並鳶

とにかく江戸では材木が飛ぶように売れた。江戸城の築城という大仕事が終わったあとも、多くの材木商が江戸に留まって商売を続けた。江戸では信じられないほどの人口増加にともなって、新築ラッシュが続いた。火事も起きやすかったので、大火事や地震が発生すると、そのたびに材木商たちは大儲けすることができた。材木は幕府による一種の保護商品であったので、談合、買い占め、人為的な価格つり上げなどが横行した。その結果、木場には何人もの巨大豪商が出現することになった。

代表的な豪商は、紀伊国屋文左衛門《きのくにやぶんざえもん》（紀文《きぶん》）と奈良屋茂左衛門《ならやもざえもん》（奈良茂《ならも》）の二人。彼らは深川に豪邸を構えて、そこから夜毎《よごと》門前仲町の花街に出かけては、有名

現代の貯木場（KMC）

料理屋で盛大な宴会を開いた。商談という名目もあったろうが、大半はただのどんちゃん騒ぎの蕩尽の宴である。じっさいそれは、たまげるほどにゴージャスな宴会であったと、語り継がれている。

この豪商たちの太っ腹のおかげで、深川八幡の門前町の繁栄は確保されていた。彼らが豪華に遊んでくれたせいで、料理茶屋も辰巳芸者たちも娼妓も仕出し屋も菓子屋も酒屋も、大いに潤った。紀文大尽などは豪華な生活の果てに破産の憂き目にあい、豪邸を追い出されて、深川の仕舞屋《しもたや》のような小宅に余生を過ごすことになったが、お世話になった深川住人は恩を忘れず、紀文神社の祠を建てて、この大尽の偉業を讃えたものである。

しかし、アースダイバーにとっては、そういう話はあまり重要ではない。それよりも重要なのは、材木問屋にまつわる商売がらみの話ではなく、木場で働いていた労働者たちの来歴と彼らが創造した文化のことである。この労働者たちは「川並」とか「川並鳶《とび》」と呼ばれた。

その名称は中世の「川並衆」から来ている。尾張と美濃の境を流れる木曾川沿いに勢力を張っていた土豪たちが、ひとくくりにされて川並衆と呼ばれたらしい。読んで字のごとく、伊勢湾に定着した海民を先祖とする川民の集団である。戦国時代を生き抜いた彼らは、豊臣秀吉に仕えていたという。

操船技術に巧みであった川並衆は、木曾の山中から切り出される原木を、筏《いかだ》に組んで激流を漕ぎ下り、木曾河口部まで運び出す技を持っていた。鳶口（トビという鳥のくちばしに似ていたことからその名がついた）という道具を、自由自在に使いこなして、水に浮かんだ原木を手繰り集め、水流の静かな溜まりにきれいに並べ置くことができた。水に浮かんだ材木から材木へと、まるで飛鳥のように跳んだの

歌川広重「名所江戸百景　深川木場」

で、トビという鳥の名前で呼ばれたとも言われる。

この川並衆が、江戸へと大量の木曽の材木が、海上を使って運搬されるのと一緒に、江戸にやってきた。彼らは木曽や紀州出身の材木問屋に雇われて、木場で働くことになった。この川並こそ、深川界隈で発生し江戸下町の全域に広がっていった「いき」の文化を形成した、辰巳芸者と並ぶ、もう一人の立役者なのである。

木場は、材木問屋、川並、筏師《いかだし》、木挽《こび》き、荷揚げ人足などで構成された、一つの町をなしていた。江戸時代の川並といえば、木場の目利きを意味する。木場で原木の良し悪しを見分けて、仕分けや検品をする人たちで、木場でももっとも重要な職人である。筏師はもとは川並の仲間で、原木を鳶口を使ってまとめて筏に組み、運んでいく作業をする。木挽きは製材職人で、立て並べた原木を、大きな鋸で手作業で挽いて、材木にする。この川並、筏師以下の職人を総称して、俗に川並と呼ばれた。

材木問屋（中には紀文、奈良茂のような豪商も含まれる）たちの商談を兼ねた門前仲町での遊びは、上品で贅をこらしたものではあったが、「いき」という江戸庶民がもっとも重要視した美意識や価値観からすると、どこかしら野暮である。遊びを人生のスタイルにまで高め、「いき」として造形しえたのは、まことに川並たちの手柄であった。

川並鳶の労働観 「いき」の考古学 3

木場の労働者、川並鳶は、じつにイナセな稼業の男たちだった。木場では材木を浮かべておく堀のことを「かこい」と呼んだが、このかこいに浮かんでいる材木に乗って、鳶口一丁を手道具にして、軽業と言っていい働きをするのである。労働でありながら、身ごなしはほとんど芸術の域に達している。

川並鳶は音曲の才人でもあった。常日頃から、清元《きよもと》、常磐津《ときわず》、長唄といった江戸の音曲を学んで、その心得があったから、くるりくるりと回転する材木の上で「角乗り」をやりながら、涼しい顔で歌いつつ、愛嬌たっぷりに踊りを舞うことなども朝飯前。普通の人が穿いているのよりも裾の短い、縞の股引《パッチ》きを穿き、股引きと足袋《たび》の間にちょいと素足の覗くのをオツだと言って、男前のファッションにも細かい心をくだいた。江戸下町のダンディズムである。

水に浮かんだ材木の上で、鳶口一丁を手道具に、川並鳶の「演ずる」労働が、どこか軽業を連想させるのは、彼らのいだいている独特な「労働観」に由来している。川並鳶にとって、労働は苦役ではない。労働を通じて、彼らは美的な自己実現を楽しんでもいる。労働を大地との重たい結びつきから自由にして、労働の意味を軽々と宙に放り投げようとしている。この軽さが、イキで、イナセで、オツな生き方に、結びついていた。

たしかに浮遊する材木を、鳶口一丁で操作する作業によって、乱雑に水面に浮かんだ材木の群れはきれいに整列させられ、ついでに木の品定めまでやってのけるのだから、その作業はたしかに有用で

ある。しかし川並鳶はそこに実益にとってはおよそ無用な、踊りやら歌やらを結びつけ、そうすることで、労働を有用性から切り離して、水堀を軽々とした遊戯の空間に、つくりかえてしまうのである。

川並鳶の得意とする「木遣《きや》り」を耳にした人は、日本民謡では類例の少ないポリフォニーの美に、深い感動をおぼえる。細くて強い糸のような、線状をしたいくつもの旋律が、おたがいにかみあい、もつれあいながら、絶妙なハーモニーを生み出している。これを木場で聞いたことのある、さる民族音楽の研究家は、そこがまるで台湾先住民の祭りの庭ではないかと、錯覚したほどであったという。それほどに川並鳶の飛び抜けた芸術的センスは、南方海洋民的なのである。深川のイナセな空気は、まさに海から吹きつけていた。

イナセの流行と「いき」の三羽烏

ところでこの「イナセ」という言葉、じつは隅田川を渡った向こう岸である、日本橋魚河岸の仲買人のファッションから生まれたものである。魚河岸の兄いたちは、男前に関しては、当時の江戸のファッション・リーダーを自任していたから、イナセという言葉ができる前から、イキでイナセな生き方の表現をめざして、日夜アイディアをこらしていた。

イナセは江戸の後期にできた言葉である。発祥地は日本橋魚河岸。そこで働く仲買の若者たちの間で大流行した、「鯔背銀杏《いなせいちょう》」という奇抜な髪型に由来している。胁の異様にふくらんだところが、魚のイナ（ボラ）の背中に似ているところから、そういう名がついた。魚河岸の若者たちは、鼻緒を極端に長くした高下駄を履いて、街中を闊歩した。鯔背銀杏を結った伝法《でんぽう》な若者たちの履く高下駄とい

［右ページ］：川並の「角乗り」
（KMC）

うことで、こちらも「鞋背足駄《あしだ》」と呼ばれた。

こんな高下駄、履きやすいわけがない。しかし「歩きやすさ」という自然な価値を諦めて、軽業のような歩き方に慣れていけば、そのうち不自然さが美に変わる瞬間が訪れる。江戸の流行人は敏感に、これに「かっこよさ」を感じ取った。髪型といい、履いている下駄といい、奇抜で不自然で、世間を超越している風情がある。

そう、世の中で、自然で普通で生きやすい、と考えられている価値を積極的に放棄して、不安定な格好や状況をみずから望んでつくりだし、その状況を制御して、涼しい顔をして渡りきってみせる。これがイキで、イナセな生き方のスタイルであり、それを野暮な世間で押し通してみせるのに、江戸のダンディーたちには、キャン（俠）なたたずまいが求められた。

不安定な状況をわざわざつくって、それを無事渡りきってみせて、拍手喝采を得るというのが、軽業の本質である。川並鳶や火消し鳶の仕事と生き方が、どこか軽業的に見えるということのうちには、じつは一つの深遠な人生哲学が潜んでいる。江戸下町に発達した「いきの哲学」である。

隅田川をはさんで、神田・日本橋の側と深川の側で発達した、イキな人生スタイルを代表していたのが、深川八幡門前町の芸妓である辰巳芸者と、深川木場の川並鳶と、日本橋魚河岸の兄いたちである。これが「いき」の三羽烏ともいうべき人々である。彼らはいずれも海や川に深い関係を持つ人々であり、その人々の間から、「いき」の人生哲学が発生したことには、日本人の思想史にとっての大きな意味が潜んでいる。

中世の遊女は、川を商売と生活の場所としていた。彼女たちは、盤石《ばんじゃく》の大地に生きることを避けて、文字どおり水面に浮遊する「浮き世」の人生を選択した。その遊女の精神の伝統は、管理化の進んだ近世封建社会の中でも、しぶとく生き続けた。

その伝統をもっとも強く残したのが、辰巳芸者である。高く張り渡した人生という軽業の綱の上を、野暮な欲望の地面に落下しないで渡りおおすため、彼女らはエロチシズムのあやうい発展場でも、イキでキャンなスタイルを押し通した。深川が川の世界であったことが、このような生き方を可能にした。木場の川並鳶と並んで、辰巳芸者は、ストックではなくフローし続ける生き方を象徴する人々である。ここに海鮮魚を扱うプロである魚河岸衆を加えて、「いき」の哲学の具現者の三位一体が完成する。

九鬼周造の「いき」論　「いき」の考古学 4

深川木場の川並鳶の穿く股引き《パッチ》がオツなのは、股引きと足袋の間からチラッと足首ののぞくのが、たまらない男の色気を醸し出すからである。その股引きは、ひどく細身に出来ていて、まるでゴム製ででもあるかのように、ぴっちりと股に穿きこむ。そうすると、座り込むのも難しいほどだが、そのほうが断然イナセだから、無理をしてでもそのスタイルで押し通す。

辰巳芸者が、真冬でも足袋を履かずに素足で過ごしたのも、そのほうがきりっとしていて、イキだからである。足袋を履いて、暖かく快適にやり過ごすことを、彼女たちは嫌ってみせた。寒いからといって、ぬくぬくしていては、辰巳芸者の名にもとるると言うのである。

軽業師のように「浮き世」を渡りきっていこうという決意が、「いき」である
（歌川国芳「江戸ノ花 木葉渡 早竹虎吉」）

そんなのはやせ我慢だと悪態をつく野暮天も、当時からいることはいた。たしかにやせ我慢と言えないこともないだろう。しかしそのやせ我慢には、この世へのきっぱりした思い切りが込められている。

名著『「いき」の構造』の中で、哲学者の九鬼周造は、「いき」を定義して、「運命によって『諦め』を得た『媚態』が『意気地』の自由に生きるのが『いき』である」と書いた。九鬼は「いき」をもっぱら、異性への巧妙なアピール（媚態）という方面から観察して、こういう結論を得ている。たしかに人が異性に対して媚態を見せるのは、たとい自分を不自由にしてでも、愛情や人生での安穏を得たいがためであろう。しかしそんな不自由にはまっていくよりも、いっそ自由に生きていきたいという、「意気地」を発揮しようと思い切ったとき、立ち居振る舞いのすべてに、「いき」が染み渡るようになる。

その思い切りの根底には、現世的な価値への「あきらめ」がなければならない。安穏で安楽な暮しに「温《ぬく》く温《ぬく》く」とおさまっている生き方は美しくないと感じるような精神である。九鬼周造の考えでは、辰巳の芸者やさまざまな職人衆が、このような「いき」のスタイルを発達させた根底には、現実を軽いものと見なす傾向の強い、武士道の理想主義と仏教の非現実主義がある（九鬼周造『「いき」の構造』岩波書店）。

この優れた定義に、それ以上付け加えるべきものはない。しかし欲を言えば、「いき」の根底に横たわっている「あきらめ」は、九鬼周造の言うような、異性方面への媚態の問題に限定されるものではない。「いき」にもアースダイバー的深層があり、それはなぜそのような精神が隅田川河口部に発達したか、という疑問に答えるものでなくてはならない。

「あきらめ」の深層と「いき」の野生化

辰巳芸者や川並鳶や魚河岸衆といった、下町文化の精神的な中核を担った人々は、いずれも川の民、海の民の系譜に属する人たちである。この人々は、日本人の原型である弥生人が、稲を栽培する農の民と、海や川での「狩猟」を生業とする海の民に分かれていったときに、水辺近くに住んで魚貝を採る生活を選んだ人たちの末裔である。

彼らは自分の田畑をもたない。田んぼに植え付けて収穫を待つという生き方ではなく、川や海の自然が与えてくれるものを、なかば受け身、なかば積極的な態度で、いただいて生きるのだが、これは基本的に、縄文人などと同じ、狩猟民の生き方に通じる。

自然の富は無限ではないから、むやみに乱獲することはできない。技術が向上したからといって、獲物を一網打尽にすることは許されない。そこから狩猟民に特有な環境倫理が発達してきた。狩猟民は有限な自然の富を前にして、まず「あきらめ」を知らなければならなかった。この「あきらめ」に裏打ちされた倫理があったればこそ、人類は数万年もの間、地球環境を壊さないで生きてこれた。

農業革命が、このバランスのとれた生き方を壊してしまった。農では、大地に種籾をまいて「投資」をおこなうと、大量の「利潤」をともなった収穫が可能になる。そうなると、耕作地を増やし、労働力を投入していけば、いくらでも富の生産が拡大していくと思われた。農業革命をきっかけとして、人類はそれまでの狩猟民的な、「あきらめ」を知る生き方を捨てて、貪欲を追求する動物に変わっていった。この根源的な貪欲さが、現代の資本主義にまでつながっていく。

ところが、海民的な心性を持ち続けた人々の中には、こういう考えを受け入れ難いと感じる感性が

歌川広重「東都名所　日本橋魚市」

生き続けた。どんなものであれ、欲望のあくなき追求はむなしい、と感じる心情である。なによりもそれは美しくない。内心にもったりとした欲望を抱いていると、生き方の切れ味は鈍くなる。

こうして後世、芸妓や鳶の心に、「あきらめ」に裏打ちされた人生のスタイルを、美にまで高めていこうとする心情が発達することになった。事実、江戸っ子が「イキだねえ」と称賛するもののすべてに、思いっ切りのよい、ある種の「あきらめ」が浸透している。じつに「いき」は、江戸下町に生きる庶民の間に発達した、精神の貴族主義なのであった。

しかしじつを言うと、イキが新吉原などで遊ぶ、札差の旦那衆や大名旗本などに育まれた、高級な趣味であったのに対して、深川界隈のプロレタリアたちに育まれて発達したのは、イナセのほうである。イナセのお仲間と言えば、キャンだのイサミだの、少々下品なところが混じっている。

イナセの代表格が、新内《しんない》流しやコハダ寿司の売り子であったと聞けば、なんとなく事情が見えてくるだろう。「坊主だまして還俗《げんぞく》させて、コハダの寿司でも売らせたい」とは、そのころの流行歌である。深川界隈に発達したイナセは、イキの上品化に反抗して、それを野生に連れ戻したうえで、一挙に美にまで高めようとする生き方の趣味である。それとよく似た精神をもって、言語芸術に一大革新をもたらそうとしていた一人の芸術家が、元禄の頃、深川に住んでいた。ほかでもない、桃青《とうせい》松尾芭蕉、その人である。

流し売りの寿司職人

魚河岸の鯉屋　深川芭蕉庵 1

伊賀上野の人、松尾宗房《むねふさ》（のちの芭蕉）は、寛文十二年（一六七二。ただし諸説あり）に江戸へ出てきた。京都の有名な俳人北村季吟《きぎん》のもとで俳諧を学んで、卒業を認められた宗房は、ツテを頼ってまず日本橋に貸家を借りて、江戸の住人となった。

俳号を「桃青《とうせい》」と名乗ることにした。日本橋で句会を催しているうちに、そこに魚河岸の有名な鯉問屋として知られていた鯉屋《こいや》市兵衛《いちべえ》こと杉山杉風《さんぷう》が、出入りするようになった。桃青はまだ無名に近い新進気鋭の俳人だったが、鯉屋市兵衛とたちまち意気投合。終生の友となる。この出会いこそが、そののちの芭蕉の人生に、じつに大きな意味をもつこととなる。

鯉屋の一族は、摂津国（大阪）大和田《おおわだ》村の出身である。大和田村は淀川河口にある海民の村で、隣村の佃《つくだ》村とは親戚づきあいの仲であった。海賊的な体質をも備えていたこの両村の漁民が、江戸の建設が始まろうとしていた頃、この新しい都への移住を敢行した。彼らははじめ江戸湾で白魚漁をおこない、それを江戸城に納入することで、幕府の信頼を得た。

その信頼をバックに、佃・大和田両村の漁民は、日本橋に彼らの経営する魚市場を開く許しを得た。その市場で、大和田村出身の井上与一右衛門《いのうえよいちえもん》が、鯉を扱う問屋を開いた。この鯉問屋は成功して、三代目からは鯉屋を名乗るようになり、日本橋魚河岸でもたいそうな大店《おおだな》となったのである。

武家は鯉を好んだ。滝を登っていくほどの気迫を秘めた鯉の姿に、自分の理想を重ねたのであろう。正月だ、節句だ、大奥の出産だ、と言っては、しょっちゅう鯉の料理を所望した。この時代、鯉は鯛と並んで、祝いの席に欠かせない高級魚として、高値で取引された。

もともと摂津大和田村と言えば、鯉の産地で知られていた土地柄であるから、鯉屋のご先祖は江戸に出てくるとすぐに鯉の養殖に乗り出した。生簀を深川村に置いて、そこから毎日生きの良い鯉を魚河岸に運んだ。鯉屋はほどなくして幕府の御用商人の地位を獲得して、周囲もうらやむほどの財力を蓄えた。その鯉屋の主人である杉山杉風が、若き桃青のパトロンになったのである。

深川移住

桃青は、日本橋魚河岸の魚問屋の二階に住んで、創作にいそしんだ。魚河岸の朝はとてつもなく早い。朝ぼらけ、満杯の魚をつめた籠を担いだ仲買人の罵り声や、荷車の行き交う騒々しい音が、道にあふれている。なんという活気にみちた繁盛ぶり。桃青は人間世界と自然界の境界域である魚河岸に住むことによって、生命が相即相入《そうそくそうにゅう》しあうカオスを体験して、おおいに心境を深めた。当時の一句、

鎌倉を生きて出《いで》けん初鰹

初鰹を食することは、江戸庶民にとっては、一種の呪術であった。とびきりに生きの良い初鰹を、体内に取り入れることによって、自分も魚の生命力のご相伴《しょうばん》にあずかろうという、回春呪術である。桃青のこの句は、人と魚の生命が渾然一体となったアニミズムの世界を、言葉の中に再現してみせている。魚河岸に暮らしたことで、桃青の芸術はぐんと深くなった。

宗匠と認められるようになった桃青は、延宝八年（一六八〇）、いったん、深川に転居する。将軍綱吉によって生類憐れみの令（一六八五）が出されて、鳥魚の販売が激減したため、鯉屋が深川に持っていた大きな生簀には、鯉の一匹さえ泳いでいなくなった。そこで杉風は生簀の脇にあった番小屋を改修して、桃青のための庵をこさえた。一人の弟子が、生簀のほとりに、当時金持ちの間で流行して

いた芭蕉（バナナ科）の株を植え、それがいつしか大きくなった。それをよろこんだ桃青は、改修なった番小屋を「芭蕉庵」と命名し、それ以後「芭蕉（はせを）」の俳号を用いることとなる。

「かるみ」と「俗」

芭蕉庵は、深川の開拓者である深川八郎右衛門が創建した深川神明宮近くの、いたって閑寂の土地にあった。芭蕉はここを拠点にして、『奥の細道』の旅をはじめとする何度もの大旅行を敢行するとともに、もっぱら「をかしみ」を追求する言語遊戯にすぎなかった俳諧を、芸術の域にまで高めていく努力を重ねた。しかし「芸術」と言っても、京風の「雅《みやび》」とも、江戸ブルジョア的な「粋《いき》」とも異なる、「かるみ」の境地をめざした。

「かるみ」は軽業師や放下師《ほうかし》の術に似ている。軽業師は、手に持った品物を空中に投げ上げて放下しながら、地面に落とすことなく、宙に浮かべ続ける。芭蕉が目指した「かるみ」の境地でも、世間の価値に一体化してしまうことなく、かといって世間から離れてしまうのでもなく、絶妙な距離を保ち続けることが追求された。

「雅」も「粋」もこの点では、俗世間から超脱しすぎている。「俗」の極みのような対象を取り上げて、それを通俗の地面に落下させることなく、また超俗の境地に逃げ込んでしまうことなく、中間にある「かるみ」の宙に浮かべ続けるのである。このような「かるみ」の境地を確立した一句、

　木のもとに汁も膾《なます》も桜かな

風雅な桜の樹下には、汁や膾のお膳がひろげられている。この異質な取り合わせを、「汁

放下師

も桜」「檜も桜」と重ね合わせ、相互貫入させている。違うものどうしが、たがいの違いを尊重したまま、縁でつながりあっていく。この「かるみ」は俗を離れることなく、俗からの離脱を果たしている。

芭蕉が俳句の中で実現しようとしたことは、水堀に浮かべられた材木の上で、オツでイナセな川並鳶が、鳶口一丁を手に、軽やかに実現してみせていた技と、同じ構造をしている。それはまた、キャンで伝法な辰巳芸者が、エロチシズムのあやうい領域で、凜として演じていた振る舞いにも、深く通じている。

江戸下町の深川では、職人技から芸術にいたるまで、同じ「かるみ」の精神に貫かれながら、奇跡のような達成が生み出されていた。

エッジとしての下町　深川芭蕉庵 2

深川に庵を営んだからと言って、芭蕉がその土地に落ち着いて暮らした、と考えたら間違いである。この芸術家、とにかく動き回るのである。しょっちゅう「そぞろ神」に誘われて、旅に出てしまうのである。『奥の細道』を生んだ東北への大旅行、甲子《かっし》吟行、更科紀行、鹿島紀行、嵯峨日記などの旅がようやく一段落した元禄四年（一六九一）、しばらくは深川に腰を落ち着けようという気になった。

このあたりが生粋の深川っ子と違うところである。深川っ子にとって、そこは隅々まで自分たちの

芭蕉稲荷

気息の吹き込まれた「小宇宙」であった。日本の都市の多くは海民によって形成されている。大河の河口部にできた砂州の上や、川の中州の上に、移動性の海民は交易のための「街」をつくった。「町」と書くと、水田から生まれる富の集積を連想させるが、街のほうはまっすぐな道の両側に並ぶ家並みを想起させる。こういう家並みは、漁村に特有のもので、その意味で、街というものの設計原理には、海民的発想が潜んでいる。

江戸の下町を代表する深川は、このような街の典型で、辰巳芸者や川並鳶をスターとする深川っ子は、そこを自分たちの「島」や「宇宙」として、造形したのである。彼らはその宇宙の隅々まで、イキでイナセでキャンな精神が浸透していないではすまさなかった。そのかわり、彼らはその宇宙の外のことにはがいして無関心で、野暮な田舎者の侵入を嫌う、狭量なところも持っていた。

そこへ行くと、多動の天才である芭蕉にとって、深川という土地は宇宙の中心などではなく、異世界に触れているエッジにほかならなかった。芭蕉は西国の人であったから、江戸はどこまでも、征夷大将軍の開いた幕府の所在地でしかない。幕府は、野蛮人（夷）を征服しに出陣した将軍の滞在する、野営地の周りを取り囲む幕屋《まくや》という意味しか持っていない。この意味でも、江戸は野蛮で野生的な異世界との境界に接している、エッジな領域の大本営なのである。

風流の考古学

おそらく深川っ子のほとんどは、自分たちが文明世界のエッジにいる、などという意識を持たなかっただろう。ところが芭蕉には、そこが異世界へのエッジの領域である、という強烈な意識があった。俳句はこういうエッジの領域で鍛えることによって、はじめて芸術となりうる。伊賀上野の人、松尾芭蕉には、東国世界のエッジである深川へ、住み着かなければならない宿命があった。『奥の細道』の旅に出るとき、芭蕉と随行者の曾良《そら》は、小名木川の岸で船に乗り込み、荒川を渡って千住で陸に上がった。ここから東北への旅が始まる。千住には多くの門弟や友人が見送りに来ていた。千住がいわば文明世界のエッジで、そこから先に異世界が広がっている感覚が、旅に出る者と見送りの者の両方に共有されていた。

しかし本当の東北は、白河の関を越えたあたりから始まる。蝦夷の勢力に阻まれた西国勢は、長いこと白河の関あたりまでしか、支配圏を伸ばすことができずにいた。その感覚は、芭蕉の頃にはまだ強く意識されていた。その白河の関を越えたあたりで、田植え歌が聞こえてきた。西国の農村で聞いてきたような、華やかな田植え歌と異なり、どこか古代的な響きをたたえた田植え歌である。芭蕉はその歌声にひどく感動して、つぎの句を詠んだ。

　風流のはじめやおくの田植えうた

この感覚である。この感覚に触れたくて、芭蕉は東北への旅に出たのだ。異世界に保存されている、古代の野生的感覚とでも言おうか。近世になると、エッジの向こう側の文明世界では、すっかりこのザラザラした野生的感覚は削ぎ落とされて、感覚の表面はなめらかに整えられてしまっている。ところがエッジのこちら側に身を移してみると、それがまだ生き生きとして、生活の中に根づいているのがわかる。

「風流」は、たんに上品で優雅であることではない。風流は、その原初の姿にあっては、このように野生味をたたえながらも、エレガントな力強さにあふれている。芸術は典雅な美しさを目指すものだが、その典雅は、原初の野生的感覚に触れているものでなければならない、と芭蕉は考える。こういう芭蕉の中には、とにかく水面の光景に満足しないで、水中への潜水《かずき》を始めてしまう、アースダイバーの先駆者がいる。

そういう意味で、俳句とアースダイバーはじつに相性が良い。俳句は言語芸術のエッジに立とうとする。そこに立って、エッジの向こうから吹き寄せる野生の風を受け止めて、その感覚をエレガントに造形する。芭蕉の以前には「うふふ」という程度の野生味を「をかしみ」にして楽しんでいた俳句が、芭蕉以後はほんもののエッジ芸術へと変貌した。

鳴子温泉から尿前《しとまえ》の関に取り掛かり、山中のみすぼらしい民家に宿を借りることになった。そのときの一句、

蚤虱《のみしらみ》 馬《うま》の尿《しと》する枕もと

これはリアリズムなんかではない。蚤や虱のような小動物を着物の縫い目に「飼って」いて、同居人同然の馬は、人間の寝ている藁布団の脇で、ジョージョーと尿を放っている。人間と非人間の生物たちが、同じ平面で同居しあっている世界。痒いわ臭いわでたまらないと思いながらも、芭蕉は人間と非人間の間に敷居のない、このような「俗」の世界こそが、俳句の生まれる場所だと考えている。

深川という江戸のエッジに形成された下町から出発して、芭蕉はエッジの向こう側に広がる、異世界の内側に踏み込んでいった。するとそこは異世界でもなんでもなく、そこにもやはり同じ人間の生きる世界があったが、人間は自然の、小さな、小さな間借り人でしかなかった。

言語芸術のアースダイバー＝芭蕉
（重要文化財「奥の細道画巻」より
与謝蕪村筆、逸翁美術館蔵）

芭蕉忍者説　深川芭蕉庵 3

芭蕉のひっきりなしの旅への衝動については、別の説もささやかれている。芭蕉がじつは幕府の「お庭番」ないし「隠密」の職を密かに奉じていて、頻繁に地方へ旅に出かけたのは、俳句の宗匠のかっこうをして、こっそりと各藩の内情の隠密調査をおこなうためだった、というのである。この説には、なかなか説得力ある、いくつもの根拠が挙げられている。

江戸時代は今よりもずっと、地方へ旅行するのが難しかった。それなのに、芭蕉はお上から通行手形を入手するのが、不思議なくらい上手だった。とくに元禄の頃は、まだ仙台伊達藩は幕府にとって、いつ歯向かうやもしれぬ危険な存在だった。芭蕉はそこにさしたる支障もなく、入国している。

それに旅費はどうやって工面していたのか。パトロンが魚河岸の鯉問屋の主人、杉山杉風《さんぷう》であったとは言え、毎回の路銀を、弟子でもあるこの商人に頼ることができただろうか。ほかにも確かな旅行費用のスポンサーがいたのではないか。

それに芭蕉のあの尋常でない健脚ぶりはどうであろう。『奥の細道』では二千四百キロを踏破し、一日に五十キロ近く山谷を跋渉《ばっしょう》したこともある。特別な訓練を積んだ人間でないかぎり、当時の四十五歳の文芸系の「老人」には、なかなかできることではない。これらの疑問は、芭蕉が幕府の隠密であったとするならば、たちまち氷解する、と隠密説の信奉者たちは主張する。

それ以上にこの説に重みを加えているのが、芭蕉の出生に関する事実である。芭蕉は伊賀国の柘植《つげ》出身の土豪・松尾与左衛門と、百地《ももち》氏出身の梅の間に生まれた。母である梅の父親（芭蕉にとってはお祖父さん）は、なんと伊賀流忍者を統括していた百地丹波《たんば》である。伊賀忍者を束ねる「上忍」として

「伊賀惣国一揆」を指揮して、織田信長に果敢に対峙し、戦って敗れるも、その勇名は後々まで世に轟いた。こういうお祖父さんの孫であるから、なにかと忍者とは関係が深く、伊賀忍者の服部半蔵《はっとりはんぞう》ともつながりがあった、と言われている。

しかし、本物の忍者や隠密であれば、自分の素性は痕跡も残らないほど徹底的に隠したであろうから、この先も芭蕉隠密説を確証できる証拠などは、出てこないに違いない。それよりも興味深いことは、芭蕉の出生にまつわるこれらの謎めいた話と、彼が唱導した蕉風俳句の本質とが、深いところでつながっているように感じられることである。

滝口武者からお庭番まで

江戸幕府に「側衆《そばしゅう》」ができたのは、三代将軍家光の時代だと言われている。側衆は「お庭番」を管理していた。戦国時代には多くの大名が、秘密裏に敵国の情報を入手するため、変装に巧みで、忍びの術の心得のある者たちを選んで、間諜《スパイ》として養成していた。

戦国の時代が終わり、徳川家による一元支配が確立していく過程で、幕府は各藩の内情を探るべく、新しい強力な間諜のシステムをつくる必要を感じていた。その要請の中から、お庭番をはじめとする、各種の隠密の制度がこっそりとつくられた。

この当時の権力中枢でおこなわれる情報伝達には、いくつもの階層性があった。公共政策に関わる情報の多くは、まず奥まった部屋などでの内密の会議で決められ、それが大広間に集められた諸氏の前で、公《おおやけ》に伝達される。これは人間の世界での、公的な言葉を通じておこなわれる伝達である。

ところが、そういう公的な場所にあらわれてはこない（あらわれてもらっては困る）、情報の伝達というのもある。そういう情報は、表立った人間の世界に所属してはいけないものとして、人間の世界の外の、「自然」から、密かにもたらされる。伝達がおこなわれる場所は、人間世界が自然に触れあう、境界《エッジ》の空間でなければならない。お屋敷で言えば、「庭」がそれにあたる。

その庭に密かに情報をもってあらわれる「お庭番」は、これまた人間と自然とのエッジに立つことのできる人たちでなければならない。この役に最適なのは、戦国時代にゲリラ戦法を発達させた「忍び」の末裔たちで、彼らは火遁《かとん》・水遁《すいとん》の術に象徴されるように、自然と一体化する能力にたけていた。彼らは半分人間として、半分は自然に溶け込んでいた存在である。

こういう江戸時代のお庭番には、もっと古い時代の原型がある。京都の宮廷の庭を警備する「滝口《たきぐち》の武者《むしゃ》」である。滝口とは滝の落ちる源の意味。滝口武者は、内裏の北東隅にあった、御溝水《みかわみず》という水の落ち口のあたりの警備を担当した。水路を伝ってなにが侵入してくるというのか。自然からの統御できない力が、人間世界に侵入してくるのを恐れて、宮廷人はそこを滝口武者に護らせた。芭蕉が深く尊敬した歌人の西行法師が、もともと滝口武者であったという事実は、西行の旅から生まれた和歌の本質と、深いところでつながっている。

こうしてみると、芭蕉隠密説には、もっと別の意味も隠されているように思えてくる。芭蕉は、クスクス笑いを誘う程度の言葉のお遊びだった俳句を、自然と直接触れあう、エッジの空間に連れ出したのである。そのエッジの空間で、人間の営為と自然の働きが渾然一体となったカオスの中から、美

西行法師はもと宮中の滝口武者であった
（「西行物語絵巻」より）

しい形を言葉によって取り出そうとした。

そういう芭蕉を、言葉の世界の「お庭番」または「滝口武者」と呼ぶことができる。言葉の滝口武者は、人間世界にとっての自然につながる水路の落とし口に立って、そこから侵入してくる自然力を、全身で受け止めながら、それを俳句に変換して、人間世界に取り入れるという仕事に従事した。だから、芭蕉は、江戸という大都市の「滝口」である、下町深川に生活する必要があったのである。

水迷宮　永井荷風 1

深川を中心に花開いた墨東（隅田川の東岸。「濹東」とも書く。江戸文人の小洒落た造語）の江戸文化は、明治の文明開化の時代に入ると、急速に衰退していった。江戸っ子の世界などはもう旧弊な時代遅れとされて、時流に乗り遅れまいとする人たちからは、軽い蔑《さげす》みをもって見られていた。

それでも、下町には昔気質の人たちが、多く住み続けた。文明開化に関心の薄い遊人《あそびにん》たちは、あいかわらず隅田川を渡って、下町独特の気風を残したその遊里に通い続けていた。ゆっくりと沈んでいく落日の陽は、いつまでも墨東の空を茜色に染め上げていた。そういう墨東の土地であればこそ、近代化の時代に疑いを持ち、それに背を向けようとしていた少数の心ある人々は、その地によなき愛情を注いでいた。荷風散人、永井荷風などが、さしずめその代表者であろう。

青春の日々をニューヨークとパリに過ごした荷風は、近代文明の根っこをなしていた個人主義思想の本質を、深く理解していた。いつまでもパリで暮らしたいという願いを絶たれて帰朝した日本で、彼は根本の個人主義抜きで、奇形的な発達をとげようとしていた明治の近代文化に、深い絶望を味わい、決然としてそれに背を向けた。生粋の東京人であった荷風は、そういうときに、「下町」を発見したのである。

荷風は執筆や読書に疲れると、毎日のように山手の家を出て散歩に出た。いつもコウモリ傘を手に、日和下駄を履いて、東京中を散策して回ったが、その足はしばしば下町に向けられた。荷風は下町の魅力に取り憑かれていた。そこへ行けば、幕末から明治初年頃の、古い時代の江戸東京の空気を吸って生きていた、昔気質の人たちがまだ生きているのに出会えた。そこはまた、江戸文学の舞台でもあったから、現実の景色の向こう側に文学的想像力を羽ばたかせるにも、好都合な土地柄だった。

人類学的な散歩者

荷風の散歩はアースダイバー的に言えば、沖積地《ちゅうせきち》の上につくられた東京下町に向かっていたのである。その点で、同時代のもう一人の偉大な散歩者である柳田国男と、好対照の趣味をなす。柳田国男は仙川《せんかわ》と多摩川に挟まれた台地上の成城に住んで、おもに武蔵野の農村を散歩して回った。柳田の散歩は、乾燥した洪積《こうせき》台地の上にくりひろげられたのである。

ところが永井荷風は、水気の多い沖積地での散策を好んだ。住んでいたのは山手地帯であったが、散歩に出ると言えば、まず銀座に出て、そこから浅草へ出て、隅田川を渡って、向島《むこうじま》、深川の繁華街に向かい、さらには葛西《かさい》から浦安《うらやす》にかけての海岸部まで、足を伸ばすこともあった。

言うまでもなく下町は、大河の河口部に長い時間をかけて堆積した砂州の上や、江戸時代以降に埋め立ててできた人工の陸地の上につくられている。そういう土地は、いつまでも湿り気がある。水気を抜くために、埋め立て地には、縦横に運河が開削された。運河には、たくさんの小川から水が流れ

永井荷風（KMC）

込み、小川が街を流れるときは、無数の溝川《どぶがわ》に枝分かれしていく。永井荷風はこのような水路の張り巡らされた、沖積地の街を愛した。

そのため、柳田国男の散歩と永井荷風の散歩は、まるで正反対のような東京の姿を映し出すことになった。柳田の目は、武蔵野の乾燥ぎみの農村部の生活に注がれた。それにたいして荷風の関心は、水気の多い沖積地の下町に注がれ、そこにくりひろげられる海民由来の非農業的な生き方に注がれた。そのおかげで柳田国男の散歩は、農民の精神を探るまじめな民俗学を生んだのにたいして、永井荷風の下町への散歩は、アイロニーとエロチシズムにみちた、独創的な都市の文学を生み出した。

洪積地の柳田国男にたいする沖積地の永井荷風。対照的な散歩をおこなったこの二人が達成した学問と文学は、そのまま東京のアースダイバー探求となっている。とりわけ永井荷風の、自分の愛惜する下町の文化と人間にたいする態度とつきあい方の中に、私はすぐれた人類学者の資質を見出す。

人類学者は、研究の対象と一体化することを求める柳田の民俗学とは違って、いつもある醒めた距離をもって、自分の興味の対象とつきあおうとする。どんなに相手の世界を愛していても、相手の価値観や人情に一体化してはいけない。それとそっくりの態度を、下町を克明に観察し記述している荷風のうちに発見できる。そういう意味で私は、荷風文学のなかに、下町の海民的世界をめぐる、最高の人類学的探究を見るのである。

荷風はまず、下町のいたるところに見られる水の景観に、強い印象を受けている。荷風は、水の流れが、都市の美しさやそこに暮らす人の心性に、大きな影響をおよぼすものであることを、よく知っていた。それだけに、江戸

柳田国男（ＫＭＣ）

時代に都市の景観をあざやかに彩った隅田川が、パリのセーヌ川やロンドンのテムズ川のような発展をとげることをしないで、あんなに美しかった川べりにむさくるしい工場群が立ち並び、ただ運輸のための川に変貌してしまったのを嘆いた。

しかし、そんなことでがっかりしてはいけない。「水は江戸時代より継続して今日に於ても東京の美観を保つ最も貴重なる要素となっている。……東京市は此《かく》の如く海と河と堀と溝と、仔細に観察し来れば其等《それら》幾種類の水――即ち流れ動く水と淀んで動かぬ死したる水とを有する頗《すこぶる》変化に富んだ都会である」（永井荷風『日和下駄』講談社文芸文庫）。その多様で変化に富んだ水の世界を、もっとも豊かにくりひろげているのが、沖積地上につくられた下町である。

そこは、多様なる一面の水の世界である。しかも溝川の奥には、女たちの性が淀んだ水のように待ち構えているという街でもある。特異の人類学者はこうして、墨東の水界にどっぷりと漬かっていくことになる。

向島ラビリント　永井荷風　2

浅草から眺めた隅田川の対岸は向島《むこうじま》である。古くは浅草寺《せんそうじ》の周辺まで、隅田川が浸しており、川の中に向島という浅瀬ができていた。その浅瀬はほどなくして深川方面の島々とひとつながりになったが、関東大震災の後、ようやく浅草と向島をつなぐ言問橋《ことといばし》ができるまでは、そこには竹屋の渡しという渡し船があるだけであった。

永井荷風『日和下駄』荷風直筆の口絵

風光明媚な隅田川沿いには、江戸時代からたくさんの料理屋が立ち並んで、深川とよく似た繁華な花街をなしていた。しかし向島の内部に踏み込んでいくと、そこには別の光景が広がっていた。なかなか水がはけなかったと見えて、向島にはいたるところに沼地や湿地帯が広がって、しじゅうぬかるんでいた。そのかわり田んぼをつくるのには向いていた。そのため向島の寺島《てらじま》村の一角に、「玉の井」と呼ばれる私娼窟ができるまで、そこには寂しい農村地帯が広がっていた。

畦道は複雑に入り組んでいて、田んぼの脇には、水路が縦横に走っていた。どの水路も運河につながっていくので、川が陸地に侵入しているようで、まるで陸地までもが隅田川の一部に見えるほどである。そんな田んぼの中に、明治の末頃、忽然として華やかな色街が出現した。

その頃、浅草寺裏手の入り組んだ路地には、たくさんの「銘酒屋《めいしゆや》」なるものが並んでいた。別にうまい酒を飲ませる店というわけではない。銘酒屋はたいがい木造の二階屋で、一階が接客用の茶の間になっており、女性が一人ないし二人で客を待ち構えている。女性たちは、一階の壁に開けられた小窓から、路地をゆく男性たちに、「ちょいと、旦那」などと呼びかける。気に入った女性がいると、男たちは店に吸い込まれていく。

一階の茶の間でいちおう茶や酒などを出すのが習わしで、少額を「おぶ代」として払うと、それを挨拶がわりに接客がおこなわれる。しかし、たいがいの客の目的はそこにはない。あやしい商談がまとまると、客と女性は連れ立って、二階の小部屋へ上っていく。そこでいわゆる「ちょんの間」の行為をおこなうためである。三十分かそこらでそれがすむと、客は階段を降りていき、何食わぬ顔で銘酒屋を後にする。

こういう銘酒屋の群れが、言問通り開通工事のために、立ち退きを命じられたのである。それを機

向島の料亭

に、多くの銘酒屋が、対岸の向島・寺島村の田んぼの中に、一軒また一軒と店を移していって、営業を再開した。しばらくするとそこには何十軒もの銘酒屋や居酒屋や飲食店が並び、電飾またたく花街が出現することになった。

臭い立つ水迷宮

まだ言問橋はできていない頃であるから、遊客は白鬚橋《しらひげばし》で隅田川を渡り、この新興の色街に向かった。玉の井と呼ばれることになるその色街には、他所では体験できない不思議な魅力があったと言われている。はじめてこの街を訪れたとき、永井荷風はそこがまるで「迷宮《ラビリント》」のようだ、と感じている。

玉の井は湿地帯の田んぼの上につくられた色街である。このようなアースダイバー的理由によって、玉の井は荷風のような感受性の持ち主を著しく刺激する、水迷宮の構造を持っていた。畦道をそのまま路地にしているために、道はくねくねとうねって別の路地と交差し、突然にその道が途切れてしまうこともしばしばで、路地の入り口にはよく「抜けられます」の看板がかかっていた。

畦道がそのまま路地道になったものだから、脇にはかならず農業水路の変じた溝川《どぶがわ》が流れていた。その溝川の両側に、たくさんの銘酒屋がひしめきあって立ち並んでいた。土地に高低差がないので、溝川の水は水はけよく流れていかない。そのため、溝にはボウフラが生息して、夏にでもなれば、わんわんと唸りをあげて、蚊の大群が人に襲いかかった。

下水道のない頃であるから、生活排水はこの淀んだ流れに流しこまれた。それもあって溝川はいつも芳しからぬ臭いを放っていた。そこへ汲み取りトイレの臭気が参戦してきた。たいがい一階にあっ

［左ページ］：映画『濹東綺譚』（豊田四郎監督、昭和35年）のセット

たトイレの汲み取り口は、裏路地に向かって設置されており、えもいわれぬ薫りを放っていた。溝川とトイレと蚊の大群……それでも遊客たちは、特別の刺激を求めて、この湿地帯の私娼窟に群がった。値段が安かったという理由だけではない。水迷宮に特有の魔力が、男たちを引きつけていたのである（日比恆明『玉の井　色街の社会と暮らし』自由国民社）。

迷宮に踏み込む

五十代も半ばを過ぎた頃の永井荷風は、生命力の衰えを如実に感じるようになっていた。そんな荷風にある日のこと、こういう方面のことに詳しい友人が、隅田川の対岸にある新手の色街のことを話題にした。その話は荷風をいたく刺激した。色街を縦横に走る溝川、その両側に立ち並ぶ安価な娼婦たちの住む家、水迷宮の奥にたむろする女性たち。荷風はさっそく、この町の探訪に出かけることにした。

人類の想像力は、迷宮のイメージをつねに渦巻きの構造で描き出してきた。つまりは回転する水流である。渦巻きの外側の水流は速いが、中心に近づくにつれて流れは緩慢になってくる。そして中心点でついに流れは静止する。その静止点は一種のブラックホールになっていて、水は異世界に吸い込まれていく。

水の流れに都市美の本質を見ていた荷風は、複雑な水路網でつくられた向島の迷宮的構造に魅せられていたが、その渦の中心と思しき場所に、女たちのエロスの凝集された市場が存在することを知って、自分の生命力があやしく蠢《うごめ》きだすのを感じた。

近代日本のいったい何に、自分は嫌悪の情を抱いていたのか、その理由が見えてくるように思えた。近代は生命の本質をなす迷宮の構造を破壊して、それをのっぺりと平らな空間に変えてしまおうとしていた。そのことを嫌悪していた荷風は、本物の迷宮を探していたのである。それが玉の井にあった。

エッジとしての吾妻橋　死と再生の隅田川 1

日本語の「はし」という言葉には、どこか微妙に不安を誘うものがある。その言葉はもともとエッジという意味を持っている。ものの縁《へり》を「はし」と呼ぶ意味をこめて、川に渡して両岸をつなぐものをも「はし」と呼び、「橋《はし》」という漢字で書くようにした。

多くの西欧語では、橋は「川などで隔てられた二つの土地をつなぐ施設」を意味する言葉で、呼ばれている。橋のこっちと向こうには、同じ人間の世界があって、橋の向こう岸がどこかへ消えてしまったりはしないような安心感が背後にある。石造りの頑丈な造りも、安心感を誘ってきた。

こういう安心感が、日本語の橋にはない。なにしろそれは世界の縁なので、向こう側がはっきり見えないのだ。橋を渡った向こうに、同じ人間世界を見出せるという確証はない、という語感が、そこには密かに込められている。きゃしゃな木造の橋がほとんどだったせいだけではない。日本人の空間

認識の特徴が、橋に「端《はし》」のような意味を持たせたのである。

そのせいか、橋を描いた日本画ではしばしば、橋の向こう側が霧の中に溶け入って、霞んで見えないように描いてある。そして霞んでいるところには、よく雲や花盛りの桜などが描かれる。日本の橋も「川で隔てられた二つの世界をつなぐ施設」であることには違いないが、橋の向こう側は、想像力にとっては見知らぬ異界なのである。

江戸と明治初年頃の東京では、隅田川に架かるいくつもの橋が、そのような微妙な不思議感覚を掻き立てる、まさにエッジとしての橋だった。浅草までは俗世であるが、隅田川がその俗世の縁であり、川向こうは違う秩序の支配する異界である。

浅草と向島を吾妻橋《あづまばし》がつないでいる。向島には深川や本所《ほんじょ》のようなれっきとした人間世界の広がっていることは、誰しも承知していたが、江戸や明治初期の人の想像力の中では、吾妻橋の向こう側は霞んでいるのである。橋の途中から、雲や桜華に覆われ、あたりをはっきり見分けることができない。想像力豊かな江戸時代の文人は、しばしば向島を、そのようなプチ異界として楽しみ、文章や絵にその不思議な感覚を描いてみせた。

異界の桜

そのためであろう、吾妻橋を中心として南北に伸びる隅田川の両岸には、江戸時代からたくさんの桜が植えられてきた。この隅田堤の春先の光景は、たとえようもなく美しかった。隅田川の両岸に桜が咲き始めると、人々はこぞって桜見物に出た。陶然とした表情で桜を見上げる者、興奮して騒ぎ出す者、堤のそぞろ歩きは他の季節とは違った不思議な「ものぐるい」の感覚を掻き立てた。

［右ページ］：玉の井（2点とも）

隅田川の岸辺は世界の縁《エッジ》であり、その縁の向こうには、死の世界でもある異界が広がっているという民衆的な想像力が、堤の両岸におびただしい本数の桜の植樹を促したのである。世界の縁では、この世の生と異界の死が入り混じっている。そういう場所にふさわしい植物はと言えば、桜の右に出るものはない。

蕾が出た、と期待に胸を膨らませていると、ある日いっきに桜の花は開きだす。するとたちまち満開である。昼間はまばゆいばかりの薄桜色に空を染め上げ、夜になってもその残光は消えない。黄昏《たそがれ》と東雲《しののめ》が溶け合ったような、この世とあの世の縁を思わせる光景が、帝都のいたるところに現出した。

日本人がなぜ桜の花を好んだかについては、これまでも多くのことが書かれてきたが、私の見るところ、その理由は日本人の思考が「神話的」であるところにある。桜という植物にあっては、生の盛り上がりと死への没落が、あまりにあっさりと接近してしまう。生と死とのその急接近を見て、日本人は不思議な感動を覚える。

日常生活では、生と死がはっきりと分離されていなければ、秩序が保てない。ところが、桜の満開を見たときのように、ふだん分離されている生と死が、急接近してくっついてしまっているのを見ると、心があやしくうごめいて、いきおい非日常的な神話思考にのめりこんでいってしまう。戦争でも起こっていれば、そういう思考はますます強く発動する。自分も桜の花のように、いさぎよく散っていきたいという危ない心情も、芽生えやすくなる。

一気にパッと咲き出して、あっという間にハラハラと散っていく桜の花。これこそ、生と死が背中合わせになった、世界の縁に植樹されるにふさわしい植物である。そう考えてみれば、上野山といい

歌川広重「江都名所 隅田川はな盛」

飛鳥山といい、江戸東京の桜の名所は、いずれもアースダイバー的地形学におけるエッジの空間に設けられている。

納涼花火

隅田川は、江戸東京下町の中央を流れているにもかかわらず、世界の縁としての川なのである。そのため夏至の季節ともなれば、おびただしい数の死霊が集まってくると想像された。昼夜のバランスの崩れる夏至には、死者の力が優勢となって、生者の世界に侵入してくる。そういう古代の観念が、近世になっても庶民の間では盛んだったから、寝苦しい夏の夜に、人々は世界の縁の川に船を浮かべて、大挙して訪れてくる死者の霊を迎え入れ、その仲間に溶け込んで、お互いを慰めあおうとしたのである。

都市の納涼は、ただの遊びではなかった。人々は隅田川の川面に、たくさんの平底船を出し、死者とともに酒席の宴を張り、派手な音曲を水上に奏でた。死者の目印になるようにと、盛んに火も焚いた。そのうち、もっと派手な迎え火を、空に打ち上げようということになった。火薬職人の鍵屋《かぎや》が、十八世紀前半、隅田川における最初の花火を打ち上げた。

隅田川は世界のエッジとして、こうして多くの死霊を受け入れる、心優しい場所であった。しかしその隅田川は、二十世紀になって二度も、おびただしい数の人間の死体を飲み込む川となった。

「両国大花火」歌川広重豊国
『江戸自慢三十六点』（ＫＭＣ）

関東大震災　死と再生の隅田川 2

江戸は何度も大地震や大火災に見舞われている。百万人を超える住民を抱える、当時世界有数の大都会であった江戸は、そのたびに甚大な被害を受けた。しかし二十世紀になって、東京が被った二度の災禍（一度目は自然、二度目は戦争による）のもたらした被害は、それらとは比較にならないほど巨大であった。そしてそのときの被害の大半は、隅田川沿いの東京下町にもたらされた。春の桜と夏の花火で知られた隅田川が、二度の悲劇の現場となったのである。

関東大震災によるとてつもない惨状は、いまだに日本人の記憶の中に深く刻み込まれている。大正十二年（一九二三）九月一日午前十一時五十八分、相模湾北部の海底プレートの跳ね上がりによって、とてつもないエネルギーが放出された。激震が関東各地を襲った。なかでも首都東京の受けた被害は甚大であり、文字どおり首都は焦土と化した。

とくに深川、本所《ほんじょ》、浅草、下谷《したや》、神田、日本橋、京橋など、下町地域ではほとんどの家屋が焼失してしまった。これには二つの不幸が重なった。一つは地震の発生が昼食時にあたっており、多くの家庭の台所で火が使われていたためである。

もう一つの不幸は、このとき日本海側を台風が通過していたことである。台風に吸引されて、太平洋側には強風が吹き荒れていた。海上から来るこの烈風によって、下町地域には想像もできない状況が生まれた。隅田川をこの烈風が吹き上って行ったのである。それに煽られて、火災は猛烈な勢いで、隅田川沿いの町々を焼き尽くした。

さらに火と風は、多数の竜巻を発生させた。火を含んだこの竜巻の一つが、午後四時ごろ、本所の

関東大震災の甚大な被害
（『大正十二年東京大震災写真画帖』より）

陸軍被服廠《ひふくしょう》跡の広場に逃げ込んで、ようやく一息ついていた人々を直撃した。この広場は六万平米もある広大な空き地であったため、家財道具を荷車などに詰め込んだ人々は、四方からこの広場に集まっていた。

風速五十メートルとも言われる旋風は、火を巻き込みながら、広場に集まった人々に襲いかかってきた。「突然彼等（被災者）は、地上の音とも思われない或る音が、自分等に近づいて来るのを聞いた。天は暗黒となった。而して凡ゆるものを空中に捲き上げ、総ゆるものを火中に捲き入れながら、荒狂う旋風が、地を掃って来るのを見た時、彼等は恐怖と戦慄の極に達したのであった。旋風は地上を一過した。その時に後に残されたものは、そも何であったろう。哀れ黒焦となった三万五千人の残骸であった」（『東京府大正震災誌』より）

東京大空襲

その惨劇からわずか二十二年後、同じ東京下町のほぼ同じ地域を、今度は米軍の投下するおびただしい量の焼夷弾がなめつくしていったのである。昭和二十年（一九四五）三月十日午前零時十五分に空襲警報発令、東京上空に多数のB29爆撃機が襲来して、空襲を開始した。攻撃は二時間半以上にもわたり、低空からの絨毯爆撃がくりかえされた。爆撃はピンポイントの正確さでおこなわれ、同じ日本橋や銀座の界隈でも、キリスト教系の聖路加病院などは避けて、焼夷弾が確実に投下されていった。下町はふたたび焦土と化した。

この日の空襲による死者八万三千人余は、関東大震災による死者に匹敵した。とりわけ本所、深

［左ページ右］飛来する爆撃機（KMC）
［左ページ左］大空襲の焼跡（KMC）

川、向島への攻撃は、執拗かつ徹底したものであったため、墨田区、江東区において焼失した家屋はおびただしかった。関東大震災のときとよく似た状況が、またもや発生した。東京下町にはこの夜、強い北風が吹き荒れていて、各所に起こった火災の火は、折からの強風に煽られて、隅田川を一気に駆け上り、またたくまに下町一帯を焼き尽くしていった。

隅田川の両岸は、まさに生き地獄だった。「隅田川をはさんだ下町一帯は全く火の海と化し、最後まで防火にあたろうとした人々は煙にまかれて逃げ道を失い、白鬚橋《しらひげ》から吾妻橋にかけて道路といわず川のふちといわず、焼死者の屍《しかばね》がるいるいと横たわるという惨状を現出した」(『都政十年史』より)

戦争がはじまる前まで、東京下町は「帝都復興」の事業によって、着々と再開発が進行して、大震災以前とは面目を一新しつつあったのである。大震災によって焼け野原となった土地には、新しい区域割と再編成が実行され、多くの旧町名が消え去り、迷路のように入り組んでいた道路と街並みは整備されて、太い直線道路の両脇に新市街地ができていった。旧住民のなかには、千葉や埼玉や多摩方面へ移住していく者もたくさんいた。他の土地からの人口流入の動きも激しかった。こうしてかつては江戸っ子の生活圏の中心であったこの地域からは、急速に土地特有の色合いは喪失されていった。

かわりに、隅田川の両岸には、たくさんの工場が建った。とくに本所などは「工場といえば本所」などと言われるほどで、ものづくりを中心とする中小規模の工場が、ところ狭しと立ち並ぶようになった。こうした工場の多くは、戦争がはじまると軍需品の生産を委託されるようになり、米軍の諜報機関には、下町界隈こそが武器弾薬製造の中心地、と目されるようになっていた。東京への空襲計画の一つの狙いは、そういう下町を徹底的に破壊することにあった。

こうして、関東大震災発生からまだ二十二年たらずしかたっていなかったのに、震災で大被害を受

けた東京下町は、ふたたび空襲で焼き尽くされた。大震災からの復興のために発行された巨額の国債が、日本帝国を財政的に追い込み、ついにはそれが戦争への導火線の一つとなったという説もある。大震災と大空襲は深い因縁で結ばれているが、東京下町の不幸は、その因縁劇の現場に選ばれてしまったことにある。

下町コミュニタス

東京は焼け野原となったが、大半の庶民にとっては、敗戦は一種の解放でもあった。下町の人々にはとりわけそうだった。そこに住んでいたのは、権力に近い偉いさんなどではなく、戦争になればまっさきに駆り出され、前線に送られる庶民がほとんどだった。戦争が終わったという知らせを聞くと、焼け野原と化した東京下町には、いっせいにバラックが立ち並び、闇市が開かれて、旺盛な生活感がどっとばかりに噴出した。

深川、本所、向島は、関東大震災以後、東京でいちばん大きな工業地帯として発達していたから、焼け跡には以前からの経営者たちが続々と戻ってきて、粗末な工場を再建して、細々とだが生産を再開した。疎開していた旧住民も、だんだんと戻ってきた。敗戦後の下町は、むしろ意気軒昂だった。

それまで偉そうにふるまっていた権力者たちが追放されたり、黙らされたりしたものだから、庶民たちは占領下にあって極度の窮乏生活を強いられているというのに、まるで自分たちが世の中の新しい主人になったような気分になっていた。敗戦後の庶民の世界には、地域や国家の共同体（コミュニティ）よりも上位の人間の結合である「コミュニタス」（人類的共同体）を実現しようという、元気があふれていた。

じっさいその頃の東京下町には、民主主義《デモクラシー》の高揚した感覚が蔓延していた。それには戦前からの伏線がある。すでにお話ししたように、深川、本所、向島などの下町地帯が、東京における「ものづくり」の中心となったのは、関東大震災後のことである。焦土と化したこの地帯の「復興」にともなって、たくさんの中小企業の工場が移転してきたり、町工場の創業がおこなわれたりした。

同じ時期に、多摩川河口部の下町への大規模な人口流入も起こっていた。東京と横浜を結ぶ京浜工業地帯の形成が、本格化しだしていた。こうして隅田川と多摩川の両河口の下町は、大震災をきっかけとして、人口流入の続く工業地帯に変貌していった。多摩川河口部には、鉄鋼・造船など重工業の工場が立ち並んでいったが、隅田川河口部には、主に軽金属の加工を専門とする、中小規模のものづくり工場があふれたのである。

おりしも大正デモクラシーの時代であった。ロシア革命の衝撃を受けて、日本国内でもさまざまな無産政党の活動が活発になった。共産主義者、社会主義者、無政府主義者などの指導による、労働者のストライキやデモも頻発していた。深川、本所、向島には、数多くの労働者が働き、そこに居住していたから、とうぜん下町地帯の政治意識は高くなった。

もともとの下町住民たちには、保守的な意識の持ち主が多かったが、よそから流入してきた労働者の先鋭な思想は、コミュニティを超えたコミュニタスのほうに向かっていた。下町地帯のこのような動きに、国家と警察はいつもピリピリと神経を尖

下町の工業地帯（ＫＭＣ）

[右ページ]：下町に点在する工場

らせていた。

こういう緊張関係の続いていた時期に、関東大震災が起きた。混乱のさなかに、労働運動のリーダーたちが逮捕拘留され、このあたりでも亀戸警察署内では多数の社会主義者が、軍人によって殺害される事件まで起きている。天災によるカタストロフィが社会革命につながることを、国家は恐れた。

震災による大災害のさなか、下町住民の多くは、秩序を守ってじつに整然と行動し、おたがいを助け合った。その姿は、海外特派員たちに強い感銘を与え、欧米に感動的に報道された。ところがそれと同時に、恐怖におののく人々の心理を利用して、流言飛語を流すものたちがいて、異民族やオルタナティブな思想の持ち主にたいする、排外主義的暴力がおこなわれたことも、隠しおおせない事実である。

戦前の東京下町は、思想のるつぼだった。そこには悠然たる保守あり、急進的な左翼あり、人類愛あり、排外主義あり、キリスト教あり、マルクス主義あり。デモクラシーは光と闇をこきまぜて、人々の幻想を突き動かしていた。その思想のるつぼが、戦時体制のもとにあって、強引に蓋を閉じられていたのである。その蓋が、敗戦によって吹き飛んでしまった。そのとき、それまで抑え込まれていたコミュニタスの実現を希求する幻想も、いっきに解放されて、下町の空に広がっていった。

「蟻の街」の出現

このことを象徴するのが、言問橋東詰側の一角（現在の隅田公園）に出現した「蟻《あり》の街」である。ときは昭和二十五年（一九五〇）、朝鮮戦争勃発の年である。本所、向島界隈の焼けた工場跡には、多数の鉄屑類が土中に埋まったり、放置されたままになって

隅田公園

いた。こうした鉄屑を拾って、廃品業者のところに持ち込めば、いくらかの金になったから、孤児や職を得られない人々が、鉄屑拾いに精を出していた。

その鉄屑が、朝鮮半島の戦争によって、いっきに値を上げ始めたのである。隅田川の川岸には、廃品回収で暮らしを立てようとする人々が、集まって暮らしていた。彼らは「バタヤ」と呼ばれた。バタヤの暮らしは苦しかった。ヤクザによるピンハネもひどかった。それを見かねた元ヤクザの小澤求《もとむ》という男が、バタヤたちを守ろうとして、地主であった同胞援護会の法律事務所に相談にでかけた。そこで松居桃楼《とうる》という劇作家と出会ったのが、ことの始まりである。

元ヤクザの小澤は、行政や世間の無理解と闘わなくちゃあいかん、この地にバタヤたちの理想郷をつくらにゃいかん、と松居に力説した。二人は意気投合して、同胞援護会から隅田川沿いの広大な土地を借り受け、バタヤたちが集めてくる鉄クズ、銅クズ、紙クズなどを整理し再生工場に送り出すための廃品仕切り場をつくった。そこに廃品回収労働者とその家族の住まいも建てて、バタヤたちの完全自主管理になる、一個の堂々たるコミュニタスが建設された。蟻の街の出現である。

蟻の街がつくられた場所は、法律上は東京都の所有する土地であったため、そこをバタヤの集落が堂々と占拠していることに、都の担当者は当惑していた。都は何度も退去を要求したが、蟻の街の指導者たちは、要求をかわし続けた。

これには蟻の街のような集団の存在することに、世の中の空気が、強い共感をしめしていたことも、力を貸していた。庶民の多くは、終戦以来、国をはじめいっさいの権威を信用しなくなっていた。戦争中に国家の命令に従うだけだった組織にも、批判の目を向けていた。庶民の心は、各種の

蟻の街

る。

「コミュニティ」を超える人間の新しいつながりをつくりだしたいと、願っていた。震災や敗戦のような破局のあとには、人間は一段階上にある人間の絆を求めるものである。

蟻の街は、そういう庶民の潜在的な期待に応える、「コミュニタス」としての特徴を備えていた。そこは、廃品回収業者のような追い詰められた社会的弱者が、自分たちの力でつくりだし、自主的に運営管理する自立組織である。しかも隅田川の一角を現実的に占拠して、一個の王国をつくっている。その王国の内部は、平等主義につらぬかれ、権威や慣習によってではなく、愛によって結ばれていることを理想としていた。

スターにも事欠かなかった。ポーランド出身の長い髭を生やしたカソリックのゼノ修道士は、ユーモラスな人柄と軽妙な日本語で、蟻の街のスポークスマンの役目を果たした。長崎で被爆した修道士は、数年後にはこのバタヤのコミュニタスに住み着いて、宣教と生活支援の活動に精を出していた。

エリート一家出身の北原怜子《さとこ》はまだ年若かったが、たまたま浅草の履物屋の店先で出会ったゼノ修道士に見初められて、「神の花嫁」となって、蟻の街の活動に打ち込むことを決意する。彼女は肺結核を発症したが、活動をやめることなく、二十八歳の若さで蟻の街で亡くなるまで、奉仕活動を続けた。北原の短い人生は、「蟻の街のマリア」として新聞雑誌で報じられ、芝居にまでなった。

社会の最底辺にいる人々が、東京下町の一角に、理想のコミュニタスを創造しようとしている。この当時、言問橋脇にある蟻の街の存在は、自分たちは変わらなくてはいけない、変わりたいと切実に願っていた、戦後すぐの頃の日本人の心を大いに鼓舞した。

北原怜子（KMC）

水平な下町の世界

蟻の街の創設者が、任侠の人と左寄りの劇作家の二人であった、というところが、いかにも下町らしい話である。浅草や墨東の土地をシマとするヤクザのなかには、古くからの任侠の精神を保ち続けている人たちが多かった。終戦と同時に、よその地域からどっと流れ込んできた新タイプの暴力ヤクザにたいして、このイナセな任侠たちは、降りかかってくる難儀からシマの住民たちを守ろうとしていた。

ここにバタヤの理想郷をつくろうという、この任侠の人の熱弁に打たれて、蟻の街創設に動いた劇作家の場合、その精神には権威的なものから自立した人生を生きたい、という強い願望があった。二人はともに、国や行政などの力を借りないで、庶民が助け合いながら自立して生きることに、大きな価値を見出そうとしていた。これこそ、東京下町の精神の最良の部分にほかならない。

隅田川河口部の沖積地に、海民の集団が住みだして以来、自立の精神は一貫して下町社会のバックボーンであった。それは辰巳の芸者や木場の川並衆の、イキやイナセな生き方を支える原理であったし、そこに暮らす人々をつないでいた結合原理でもあった。そういう自立した個人が、平等な関係を保ちながら、水平に結びついていくのである。

ほんらい平等な人間関係の上にのしかかってくる、理不尽な権威は認めない。この精神が、いっぽうでは任侠（イナセ）の生き方につながり、もういっぽうではアナーキズム思想につながっていく。国家神道とは終始折り合いのよくなかった富岡八幡宮の立ち位置などにも、この下町精神のあらわれを見ることができる。

ゼノ修道士と人々

土地の力とは不思議なものである。深川でも本所でも向島でも、大震災や終戦後には、大規模な住民構成のシャッフルが起こっている。伝統を知る古い住民がよそに転出し、新しい住民がたくさん移り住んできた。それでもしばらくたつと、新住民もすっかり東京下町の人らしくなってしまうのである。土地の力というものは、どうやら実在するらしいのだ。

スカイツリーの建立

そういう東京下町の心性は、戦後しばらくの間は大いに活躍を見せるのであるが、日本が高度成長期に入ると、しだいに目立たなくなっていく。あんなに生き生きと活動していた下町の精神は、経済至上主義の風潮に飲み込まれて、だんだんと活力を失っていった。

長いこと続いたその下町退潮の流れが、最近になって風向きを変え始めたのである。そのきっかけの一つは、東京スカイツリーの誘致という、意外なかたちであらわれた。携帯電話やSNSの急速な普及によって、東京の電磁波の海はパンク状態になりはじめていた。東京タワーだけでは、もはや電磁波の海の混沌を制御しきれなくなった。新しい電波塔の建設が必要になっていた。その候補地に、墨田区の押上《おしあげ》地区が選ばれたのだ。

下町住民はいきなりの発表に、はじめは当惑した。しかしすぐに、ひょっとしてこの電波塔は、自分たちの世界にふさわしいものかもしれないと思うようになった。東京タワーは中央集権的なツリー型の電波塔だが、これからつくられる新電波塔は、情報を多方向に拡散していく未来型の電波塔になるのでは、という暗黙の認識が共有されはじめたからではないか、と誘致の過程に参加した知識人の一人は感じていた（中川大地『東京スカイツリー論』光文社）。その直感は正しかった。スカイツリーは現代の五重塔として、東京下町に立ち上がらねばならない必然性をもっていた。

現代の五重塔　死と再生の隅田川　3

日本では古くから、五重塔は鎮魂のための塔として建てられてきた。最初の五重塔は、聖徳太子によって難波の四天王寺に建てられたが、これは皇室との戦争で殺された物部守屋《もののべのもりや》の荒れ狂う霊を鎮めるためであった。五重塔は、横死した人の霊を、鎮め慰める機能を持っている。

人類にとって塔は、地上と天上を象徴的につなぐ装置の意味を持ってきた。天地がいまだ分かれていない頃、すべてのものが平和に調和しあっていた神話の時間を再現するために、人類は天地を結ぶ宇宙樹の象徴として塔を建ててきた。塔が建つことによって、死者と生者は和解できる。

日本一高い電波塔が、墨田区押上に誘致されることが決まったときに、不思議な話だが、下町住民の中には、関東大震災と東京大空襲で亡くなった、おびただしい死者のことを、思い出した人が少なくなかった。墓地に卒塔婆を立てる感覚からの連想で、高い塔の建設とかつて下町を襲った災禍の犠牲者の慰霊とが、結びつけられたのかもしれない。奇しくも「宇宙樹＝スカイツリー」と名づけられたこの電波塔は、現代の五重塔としての意味を、知らず知らずに担うことになった。

面白いことに、この電波塔の設計を担当した建築家が、五重塔との連想を強く意識していた。高い電波塔にふさわしい免震構造を考えていたとき、五重塔の仕組みのことが浮かんだのだ。伝統的に五重塔は「心柱」という高い柱を中心に立て、その周りに建物を組み立てていく

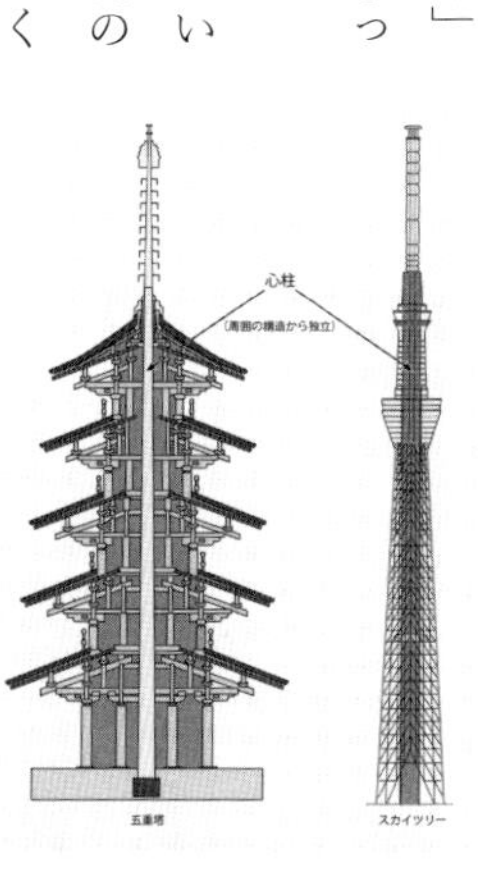

五重塔とスカイツリーの構造

のであるが、この心柱は地面に固定されず、揺れ動くことができるように作ってある。スカイツリーには五重塔から着想された、この心柱構造が取りいれられた。不思議な因縁である。

近代になってからの東京下町は、いつも鎮魂のための五重塔の創出を願っていたのではないか。それは権威や権力を誇示するための塔ではない。そこに住む人間たちは、心の中で平等性の原理を理想としてきたが、その原理は権威的なものが庶民と分離してしまうのではなく、いと高き天と地べたを這うような地上の生活が一つに結合する生き方を求める。そういう「結び」の塔ならば、むしろ下町の空にこそふさわしい。この発想はじつは古くて新しい。

幸田露伴の『五重塔』

向島に住んだ文豪、幸田露伴もそう考えた人の一人である。彼は明治二十五年、谷中《やなか》の感応寺《かんのうじ》（のちの天王寺）の境内に立っていた五重塔をモデルとして、名作『五重塔』を書いた。

感応寺には、十七世紀に高さ三十数メートルの五重塔が建てられ、関東一の高さを誇っていた。それが一七七二年に目黒行人坂《ぎょうにんざか》大火の延焼によって、焼失してしまった。しかしその二十年後、この五重塔は、近江の棟梁八田《はった》清兵衛《せいべえ》を中心とする、四十八人の大工の手によって再建された。幸田露伴はその実話をもとに、下町職人の心意気を主題とする小説を書いた。

大工たちの脳裏には、いつも上野の高台にそびえ立つ寛永寺《かんえいじ》の五重塔のことがあった。寛永寺五重塔は幕府の肝いりで建てられた仏塔で、幕府権力の象徴ともなっていた。その塔を、谷中の低湿地に住む庶民たちは、日夜仰ぎ見ていた。だから反骨心の強い日蓮宗の感応寺が、関東一高い塔をそこに建てたとき、庶民は大いに誇りを感じたものだった。

［右］：四天王寺の五重塔（著者撮影）
［左］：上野寛永寺の五重塔（KMC）

その五重塔が火事で焼失してしまった。下町の人々は、自分たちの心の支えを失ってしまったように残念がった。再建を求める声が高くなり、勧進による募金運動が始まった。幕府からの補助金があるわけでもない。庶民が自分たちだけの力で、失われた五重塔を再建しようという運動である。この呼びかけに心を動かした、何十人もの大工の棟梁たちが、協力を申し出てきた。庶民の力だけで、寛永寺の塔に負けないほどの五重塔を立ち上げてみせる。こうして下町の大工の力を結集して、谷中の五重塔は完成した。

幸田露伴はこの実話にいたく感動した。露伴は、下町住民によって再建がなったこの五重塔をモデルとして、職人の心意気を描き出す『五重塔』を書いた。このとき彼の脳裏には、かつての谷中住民と同じように、低湿地に立つ庶民の五重塔の背後にそびえ立つ、上野高台の五重塔との対比があった。

一つは洪積地の突端の岬に立つ塔で、国家の力を背景としている。ところがもう一方の塔は、大昔には海の底であった沖積地に立ち、国家から無視されてばかりいた庶民の世界の真ん中に立つ。二つの塔は、まったく意味が違うのだ。

vs.東京タワー

この対比、まさに東京タワーとスカイツリーの関係のようではないか。本書の読者は、東京タワーが武蔵野台地の突端にあって、海に突き出た岬に建てられた電波塔であることを、よくご存知であろう。そこは古代からの古墳地で、多くの円墳は目黒川流域を拠点とした豪族たちの墓である。巨大古墳は権力の象徴であり、海の彼方の他界との接点に、豪

東京スカイツリー

族たちは墓をつくるのを好んだ。

その同じ場所に、東京タワーが建てられた。敗戦から立ち直った日本の象徴という意味を込められたこの電波塔は、また中央集権の象徴でもあった。国民の世論形成に大きな影響力をもつテレビ放送が、この塔から電波を発する。これは上野の台地（ここも巨大な古墳地である）に建てられた、寛永寺五重塔の現代版でもある。

これにたいして東京スカイツリーは、隅田川の中州であった向島の沖積地に立つ。施主は民間の東武鉄道株式会社。この電波塔からは、テレビの終焉を先取りするデジタル地上波と各種の通信メディアのための多様な電波が発信され、リゾーム状に広がっていく現代の情報網に対応できる能力を持つ。脱中央集権型の塔として、スカイツリーはかつて谷中感応寺にあった庶民の五重塔と多くの共通性を示す。まさに歴史は反復する。

思想の温床　海民　吉本隆明 1

隅田川河口部の中州に海民が埋め立て地を開き、それが東京下町に発展していった話をしてきた。江戸湾の周辺には、こうして庶民の生活する下町エリアができていったが、そこに独特の心性を備えた「江戸っ子」が生まれたのである。海民の多くは、もともと西日本からやってきた人々であったので、この江戸っ子なるものの正体は、きわめてダイナミックな組成を含んでいるのがわかる。

海民は、農民とはずいぶん異なる心性を育てていったので、彼らのつくる庶民的な都市文化にも、それらしい特徴が大いにあらわれている。江戸っ子は都市の消費者であるが、貯蓄を好まずに、儲けたお金は遊興や祭礼などで、派手に使い果たすのを、イキ（粋）とした。農民に比べると、個人主義の傾向が強く、孤影にみちたそのたたずまいを、イナセなファッションで包《くる》んでみせた。

江戸＝東京の下町には、特有の思想があったのである。その思想はたいていの場合、知的な言葉では表現されない。食べ物の趣味やファッションや特有のしぐさや、たいして意味のないしゃれた口のききかたや、権威を相手にしたときの振る舞い方などをとおして、それは表現されてきた。じつに下町は思想の豊かな温床ではあったが、その思想はいつも潜在的な暗黙知のようなもので、自分の思っていることが知的な言葉で語られるのを、むしろ照れくさく感じるような人たちの世界だった。

ところがその下町に、戦後になって、吉本隆明《よしもとたかあき》という大思想家があらわれたのである。その人は自分が下町住人であるという地点に立脚して、誰の真似でもない独自の思想を組み立てた。江戸の庶民文化の原点である月島に生まれ、転居を重ねていく先はいつも下町のどこか。「大衆」の幸福感を最高の価値尺度として思索をおこなったが、その大衆の原像とは、じつは東京下町の庶民の暮らしの中に見出されるものだった。

私はこの思想家を生んだ一族が、もと九州は天草《あまくさ》地方の海民であった、という事実を重視する。その海民の末裔が、海民的都市文化の中心地に成長して、その世界に立脚した思想を創造したのである。吉本隆明の思想には、海民的特徴を示す種々のしぐさや趣味やイキやイナセが見出される。

天草で小さな造船業を営んでいた吉本隆明の父親は、大正の末期に、経営不振におちいった造船所をたたんで、単身東京へ出てきた。石川島《いしかわじま》周辺の造船所に職を見つけると、郷里から両親や妻子を呼び寄せて、月島の三軒長屋の隅の一軒を新居として、東京の生活を始めた。その年に、吉本隆明が生まれた。

少年時代のほとんどを、佃島や月島で過ごした。家の裏はすぐに運河で、学校に上がる前は、ほとんどの時間を家の周囲で遊んだり、ぼんやりして過ごしていた。天草からいっしょに東京に出てきた、おじいさんとおばあさんがそばにいて、九州弁で孫にいろいろなことを教えてくれた。おじいさんは、もともと船大工だったので、ちょっとした木工なら上手に作ってくれた。おじいさんたちの心が、いつも天草の方角へ向いているのを、少年は気づいていた。

おじいさんもおばあさんも、天草にいた頃からの熱心な浄土真宗の門徒だった。佃渡しを使うと、築地の本願寺までは楽に行けたから、そこによくお参りに出かけて行き、少年もよくお供をした。おじいさんたちの信心の様子を眺めているうちに、自然と浄土真宗の考えになじむようになった。のちに吉本隆明は親鸞のうちに日本の思想家の理想像を見出すようになったが、その素地はすでにこの頃育っていた。

佃島から広がる世界

吉本少年の遊び場は、月島から元佃島、新佃島へと広がっていき、当時埋め立てが進行していた四号地埋め立て地は、悪童連にとって神秘な魅惑にみちた、最高の遊び場となっていた。貝独楽《べいごま》やメンコなど、当時の子供の遊びならなんでもやった。遊び仲間との、幼い友情の思い出は、いつまでも吉本隆明の心の中に残った。まわりの大人たちの示す繊細な思いやりや怒りを、この少年は正確に感受できて、しかし口には出さず、自分の内面に忍ばせながら、そのことの意味を考え続けていた。

中学校への進学が迫ってきたころ、吉本少年は父親の勧めで、深川門前仲町にあった「今氏塾《いまうじ》」という、界隈で有名な学習塾に通うことになった。学校が引けると、ランドセルを放り投げて、仲間との遊びに駆け出していた、それまでの毎日との縁を切り、相生橋《あいおいばし》を渡って越中島《えっちゅうじま》を抜けて、門前仲町の塾に行き、勉強や体育をする新しい日々が始まった。

今氏塾では、勉強ということを、土台から教えられた。たとえば算術を学ぶときには、算術とは何かという基礎中の基礎から、自分の頭で考えるやり方を叩き込まれた。これは後年の吉本隆明の思考法に、決定的な影響を与えた。自分で考えてとことん納得したものでないかぎり、他人の思想を鵜呑みにしたりすることはなく、なにより独創性を大切にするような癖ができあがっていった。これは山の手方面の秀才には少ない傾向である。ようするに沖積地下町のやり方はスマートではなく、手間暇かけても自力でものごとを作ろうという、いささか鈍臭いやり方が好みなのである。

また今氏先生は古式泳法の達人でもあったから、吉本隆明は水練の時間に、たっぷりと泳法の基礎を叩き込まれた。海民の末裔として、もともと泳ぎの才能があったのだろうが、基礎を叩き込まれたおかげで、立派な泳者に育った。家族を持ってから、毎年のように伊豆の土肥《とい》に、友人たちと水遊びに出かけていて、ある年そこの海で溺れかかって、ＮＨＫのＴＶニュースにまでなったのも、もとはといえば、少年時代の東京湾での水練に遠因している（この項、吉本隆明『少年』を参考にした）。

大衆の原像　海民　吉本隆明　2

十二、三歳頃までの体験が、その人の人格の深い部分を形成する。吉本隆明の場合、その時期を佃

相生橋と永代島

［右ページ右］：築地本願寺（ＫＭＣ）
［右ページ左］：佃島

島、月島、深川などの、東京湾岸の下町で過ごしている。自分の父親も含めて、まわりにいた大人たちのほとんどが、職人や労働者やその家族であった。会社経営者と言っても、たいがいは零細な工場をやりくりしている人たちで、この地域には小金持ちのプチブルですら少ない。

彼らはおおむね「大衆」である。町の知識人である塾の今氏先生にしても、大学に奉職する教授でもないし、雑誌に書いたものが載るような作家インテリでもない。地に足のついた生き方をしている在野人である。そういう大衆に囲まれて、吉本隆明は人格形成をした。

思想家としての活動を開始した頃、吉本隆明は「大衆の原像」という、鮮烈な概念をひっさげて登場した。戦後間もないその頃は、知識人を先導役としてのいわゆる左翼運動がさかんで、彼らの間では「大衆」という言葉がよく使われた。そこでは、大衆が政治的に目覚めるとき、彼らは世の中を変革する力を持つにちがいないが、知識人はその大衆を目覚めさせる役割を果たさなければならない、などと語られていた。

吉本隆明はそれに食ってかかった。知識人によって目を覚まされるなんて、そんな大衆は現実のどこにもいない。知識人は「あるがままの大衆」を知らないから、そんな寝ぼけたことを言うのである。あるがままの大衆は、「自分と家族が今日を生きることができ、明日もまた同じように暮らせることだけを願う存在であり、それ以外のこと（政治や経済の状況など）には徹底的に無関心である」。

ほんものの生活者でない知識人に、そんな大衆の真実がわかろうはずがない。そんなことで、あるがままの大衆の言葉にならない思想を繰り込んだ、ほんものの思想をつくることなど、できっこな

吉本隆明（KMC）

い。こういう吉本隆明の「大衆の原像」論は、知識人予備軍であった学生たちをうろたえさせ、今の人には想像もつかないくらいの衝撃を、彼らに与えた。その当時は、難しい本を読む知識人と、生活に明け暮れる大衆の間には、大きな格差・落差があったから、吉本隆明の言葉は、大衆であることを脱して、さあこれから知識人の仲間入りをしようという学生たちを、しこたま打ちのめす力を持っていた。たちまち吉本隆明はそういう若者たちにとっての、教祖的存在になっていった。

「大衆の原像」論は、威力にみちた思想であったが、それに衝撃を受けた若者たちにとっては、なんとも難解で抽象的な、ほとんど秘教的な教えのように思われたのも事実である。彼らには、自分たちがどうしたらその「大衆の原像」と言われるものに出会うことができるか、見当もつかなかった。ところが吉本隆明にとって、これくらい具体的でわかりやすい思想もなかった。なぜなら彼は、この思想が具体的な形で、生活のすみずみに浸透している世界のまっただ中で生きてきたからである。

アースダイバー的原像

その原像的な「大衆」の生息地帯は、東京湾周辺の下町である。杉並や世田谷のインテリ地帯や他のおしゃれ地帯などでは、それはめったに見つからない。東京下町は、はじめ海民によって開かれ、その後も海民的心性を色濃く残し続けたエリアである。吉本隆明の一家は、日本列島の海民文化発祥の地である、天草地方からの、近代になってからの移住者である。

吉本家が住み着いたエリアには、海苔の養殖で生計を立てたり、湾内で小魚を捕っている漁師や、吉本家のような船大工の家系の者も多かった。ようするに、吉本隆明の周囲には、海民的心性の持ち主が、うじゃうじゃいた。彼らの心性には、「大衆の原像」がきわめて具体的な姿をして生きてい

隅田川の風景（KMC）

た。吉本隆明はそれを思想の言葉に引き出して見せただけのことで、じつはそこには少しも難しいことなど含まれていなかった。

吉本隆明はべつに抽象的な観念を操っているのではなく、自分の体験にもとづいて、いたって具体的なことを、平易な言葉で語っているにすぎない。そういう言葉が、なにか恐ろしく難解なことを語っているように感じられたとしたら、その言葉を受け取る側に問題があった。ようするに、「大衆の原像」にはアースダイバー的な根拠があって、水に潜ったことのない人には、水中の世界のことがわからない。

原像的「大衆」の世界は、具体性の世界である。じっさい下町の住民は、その昔から徹底して具体的なものの好きな人たちである。目で見たり、手で触ったりできる具体物を、自分の手で扱い、細工をほどこし、道具の調子を整えてそれを使って見せたりするのが得意で、そういう具体性の世界を離れた、観念とか思想とかについて考えるのは、いたって苦手である。そこで自分たちの幸福ということも、身近の具体的な世界に、関心を限って考える傾向があった。

こういう心性から見れば、国家とか政治とか経済などというのは、まるで現実性をもたない、幻想の産物であるように見える。いったいどうやったら国家などというものに触れることができ、目で見ることができるのだ。だから「大衆」が国家や政治のことなどに無関心なのは、意識が低いせいではなく、そうしたものが幻想の領域に属しているという直感が、彼らにあるからである。

海民の末裔である吉本隆明は、こういう具体性の世界に、思想の足場を置いていた。それを「大衆の原像」と言ってみせた。世の中には、日本が高度経済成長期に入って「大衆の原像」の体現者が消滅してしまったとか、大衆の中産階級化が進んで吉本の思想もすっかり効力をなくしてしまった、とか言う人たちがいる。でもそれは間違った考えだ。「大衆の原像」は、人が幻想の外に出るためにいつでも必要な、意識の鏡なのである。

海民としての詩人　海民　吉本隆明　3

海民は人生の大半の時間を、海の上で過ごす。足元に踏みしめるのは堅固な大地ではなく、危なっかしい船板である。そして船板の下には、陸の生き物を飲み込んでいく海がある。陸上で人生を過ごしている者には、ふだん気が付かれていないが、海民は、自分たちの生が船板の下で逆巻く海水のような、表面からは見えない強力な流動するものに、左右されていることを知っている。私が吉本隆明の思想に見出すのは、そのような海民的世界観である。

吉本隆明はなによりも詩人であった。詩人とは、言語がコミュニケーションのための道具ではないことをよく知っている人のことを言う。文法とか構造とかで分析できるのは、言語の「水面の上」にあらわれた部分だけであって、その下には身体のリズムだとか、無意識下に眠っている太古からの記憶だとかが、言語の「水面の上」に顔を出そうと、ひしめきあっている。

そう考えた吉本隆明は、独力で自前の概念を組み立てて、自分の言語理論をつくってみるしかなかった。このとき体内にセットされてあった海民的世界観が、ものを言った。言語は心の外にある現実を「指示」する働きと、心の内面の動きをあらわす「表出」の働きとの組み合わせでできている。人が現実的なことについて語り合おうとするときには、指示の働きが前面に出てくる。しかし心の内面の、無意識の深い部分に触れている動きを取り出すには、表出の働きによらなければならない。

詩人というのは、機能を後ろにひっこめて、言語のもつ表出の働きを、前面に出すことによって、世界の表面から隠されている真実を、表現しようとする者だというのが吉本隆明の言語論である（吉本隆明『言語にとって美とはなにか』）。そうなると、心そのものにたいしても、海民的理論が考えられなくてはならない。分別や判断をする合理的な心は、意識という薄い船板で、その底に渦巻く海水から、かろうじて身を守られている。

しかしその下の暗い海水は、大人がまだ母親の胎内で胎児であったときの記憶を、しっかり留めている。またその胎児の中には、自分が爬虫類や魚類であったときの記憶まで、留められている。心の機能ばかり見ている心理学には、こういうことが見えていない。ここでも自前の概念を自力でこしらえてみないことには、真実の心の科学は生まれない（吉本隆明『心的現象論』）。

共同幻想論とアフリカ的段階

こんな風にして、吉本隆明は首を突っ込んだどの領域でも、思想の海民として振る舞ったのである。知識人たちは、自分が守られている地面の上では、いかにもエラそうに振る舞うけれど、自家製の小舟に乗って、未知の海に漕ぎ出そうという勇気は、からっきしない。こういうことを語るときの吉本隆明は、あの川並衆のイナセで伝法な語り口にそっくりだった。

「国家」というものにたいしても、吉本隆明は海民の流儀で立ち向かっていった。当時影響力のあったどの国家論でも、国家は「機能」としてとらえられていた。社会契約から生まれたのが国家だとか、ブルジョアが自分たちの経済的利益を守るために、警察や軍隊で人民を抑圧しているのが国家で

日本人の思想をアースダイバーすると、
海民的思想の存在が浮かび上がってくる
（吉田純『吉本隆明』河出書房新社）

あるとか、いずれの国家論もニュアンスの違いはあれ、国家は機能であると考えていた。

しかし海民的思想は、そうは考えない。機能などはしょせん「水面の上」の理屈付けにすぎない。ここでも船板の下には、渦を巻く海水が流動している。具体性を重んじる海民からすれば、国家は実在しない幻想だ。機能という船板の下には、幻想の深海が広がっている。その深い海は、底の層、中間の層、表面の層の三層に分かれ、それぞれに名前をつけるとすれば、個人幻想、対幻想、共同幻想となる。

家族を発生現場とする対幻想は、個人幻想の殻を破って、人の意識に拡大をもたらす。なかでも兄と妹、姉と弟の間に生まれる対幻想は、家族の殻を破って、意識にさらなる空間拡大をもたらす。そのため、アマテラス（姉）とスサノオ（弟）の物語のように、古代人は兄妹、姉弟の間の愛の関係に、重要な意味を与えたのだ。共同幻想は対幻想を土台にして、共同体の幻想を生み出す。血縁関係よりも上位に、共同体という幻想的なものをこしらえ、それが国家に変身をとげる。

経済生活という船板の下に、吉本隆明は幻想領域という、底なしの海を見出したのである。この海民的発想が、マルクス主義の国家論を解体してしまった。海民的な本質を持つ詩の論理が、ここでも陸上生活者の安心の大地を揺るがした。

では「日本人」という船板の下には、何が渦巻いているのだろうか。ふつうは「弥生人」という稲作民が、日本人の原型だと考えられているので、その船板の下には「縄文人」がいるはずだと考えるだろう。岡本太郎のように、縄文人の製作した土器類から、野生的な想像力にみちていた縄文人というイメージを引き出して、世の常識をくつがえそうとした人なども、そう考えた。しかし吉本隆明には、そういうのは近代主義の裏返しにすぎない、と見えていた。

縄文人は歴史の外にいた人々であり、今の人間にはどうがんばったところで、その人たちの心の内面は理解できない。縄文人は弥生人以降の人間とは、根本的に異なる心の構造をしているはずだ。その人たちの心性を、歴史の外という意味で、ヘーゲルにならって「アフリカ的段階」と呼んでみよう。すると普遍的な人類の一類型としての縄文人のほんとうの姿が、浮かび上がってくる。

歴史そのものが一つの船板であり、下に渦巻く海を見えなくしている。船板の向こう側の海のことを知らなければ、人間は何も知らないも同然だ。こうして吉本隆明は最晩年にいたるまで、思考の海民として、みんなが思ってもみなかったことを、考えようとしていた。

親鸞の海　海民　吉本隆明 4

隅田川河口部に形成された下町には、親鸞上人の開いた浄土真宗の門徒がたくさん住んでいる。築地には、佃島の海民などの尽力によって、立派な本願寺が建てられ、吉本隆明の祖父母は足しげくそこに詣でたという。

ところが、東京のもう一つの下町にあたる多摩川河口部は、日蓮宗の盛んな地域である。大田区池《いけ》上《がみ》には、日蓮上人が入滅した本門寺が建っていて、この地帯から川崎方面にかけては、日蓮宗系の信仰を持つ人が多いと言われている。

浄土真宗と日蓮宗は、水と油ほど信仰の内容が異なっている。アースダイバーではすでに、隅田川から荒川上流へと遡っていった弥生人集団と、多摩川河口部に村落を開いた弥生人集団とが、古代に覇権を争う対立関係にあったことを知っている。その対立と中世以来の信仰上の対立が、何かの関係をもっているのか、大いに関心をそそられるところである。

吉本隆明の一家は、天草で船大工をしていた祖父母の時代から、熱心な浄土真宗門徒であった。これは西日本の漁民としては、ごく一般的なことである。東京の隅田川河口部の下町へ移住してからも、一家は浄土真宗との精神的きずなを保ち続けた。吉本隆明は自立した思想家として立つようになってから、親鸞の思想への共感を、ことあるごとに表明してきた。晩年になると、親鸞の思想研究をおこなって、親鸞と自分の思想を重ねて、論じるようにもなった。

親鸞が信仰の「船板」を破ってしまったことに、吉本隆明は深く共感し、その思想に高い評価を与えたのである。宗教としての仏教の船板を破るとは、仏教の戒律を否定してしまうことを意味する。妻帯しても肉食しても、信仰がだめになるわけではない。苦しい修行などはしないほうがいい。もともと人はみな救われているのだから。

こういうことを主張する親鸞は、思想における海民である。信仰の船板を踏み抜いてみて、底なしの海に身を投じてみたとき、人を救ってくれる力がどこからともなく湧いてくるのを知る、それがほんとうの信というものである。吉本隆明は、思想家たるものは、この親鸞の大胆不敵なダイブから、真摯に学ばなければならないと考えた。隅田川河口部に生まれ育った下町住民として、じつに自然な道をたどって、自分の思想をかたちづくったのだなあ、と私などは感じる。

海と川の民の信仰

そもそも親鸞の教団は、海と川の民と深い関係があった。親鸞の教団は、初期にはおもに北

佃島と船

陸地方に広まっていったが、そこで大きな存在感を持っていたのが、「タイシ」と呼ばれる川の民であった。

タイシは聖徳太子に由来する。聖徳太子は職人の守護神であったから、船大工に由来する家大工や家具職人の多くが、北陸ではタイシ信仰を抱いていた。川を利用する水運業者や、山から材木を運び出す川並衆や、山中で鉱山開発をする山師たちも、多くはタイシの仲間だった。

親鸞は若い頃から、自分は聖徳太子の生まれ変わりだと考えていたくらいであるから、北陸のタイシ信仰には深い共感を持って接した。阿弥陀如来と聖徳太子は、親鸞教団ではほとんど同格の扱いを受けた。このため初期の真宗門徒には、広く川の民と呼ばれる人たちが多くいて、この人たちが川筋を通して、教えを広めていった。

宗教の船板を踏み抜いてしまうような親鸞の教えは、漁師や猟師たちの心をもとらえた。生き物の殺生で身をたてる彼らは、仏教からは「悪」に染まった者と見放され、来世で極楽往生など望むことはできない、と見捨てられていた。ところが親鸞は、自分の罪業を深く知る悪人であればこそ、阿弥陀如来はすすんで救いあげてくれると説いた。海民を率先して救済してくれる思想など、親鸞の教え以外にはなかった。

それに親鸞は、「大衆の原像」思想の偉大な先駆者でもある。比叡山のエリート僧であった自分を否定して、大衆の中に身を投じた親鸞は、高邁な仏教思想を大衆の生活思想にまみれさせることによって、仏教の知的な構えを解体してしまった。真宗門徒の世界のまっただなかに育った吉本隆明は、しだいに思想家としての親鸞の真価に目覚めていった。それどころか、彼が独力で開発してきた発想の多くが、親鸞の思想のうちにラジカルな前駆形態を見出すことすらできた。思想家として吉本隆明と親鸞は、驚くほど似ている。

房総の岬に立つ

最晩年になって、吉本隆明は本駒込《ほんこまごめ》の自宅に、それまで彼の前にあらわれることの少なかった、女性の編集者たちの訪問を受けた。くつろいだ彼は、猫を膝にのせて、自分の思想の奥義を、彼女たちにやさしい言葉で語った（吉本隆明『フランシス子へ』講談社文庫）。

話題が親鸞のことに及んだとき、意外なことを語り始めた。親鸞は、関東へ向かった。まわりにはほとんど弟子もおらず、孤独な境遇で房総国に入った。親鸞はまっすぐ太平洋に向かって進んだ。そして房総半島の断崖に立って、海上を見つめた。

そのとき親鸞の目に映った光景が、吉本隆明にはまざまざと見えた。沖合すぐの地点で、北からの海流と南からの海流が、激しく渦をなして揉みあっている。思想というのも、きっとこういう風に異質なものの流れが、渦をなして巻き込みあっているにちがいない。そういう力の巻き込みが思想というものの本質にちがいない。そう親鸞は感じたのだろう、と吉本隆明は感じた。

この直感はまぎれもなく海民的である。稲作の日本人は、垂直性の火山と水田の水平化運動との、二軸の組み合わせでものを考えたがるから、いつも性急で少しばかり底が浅く硬い。海民的日本人はこれにたいして、力動する水流と渦のカオスによって思考する。そういう海民的思考が、吉本隆明の出現をまって、現代において最高の表現者を得たのである。

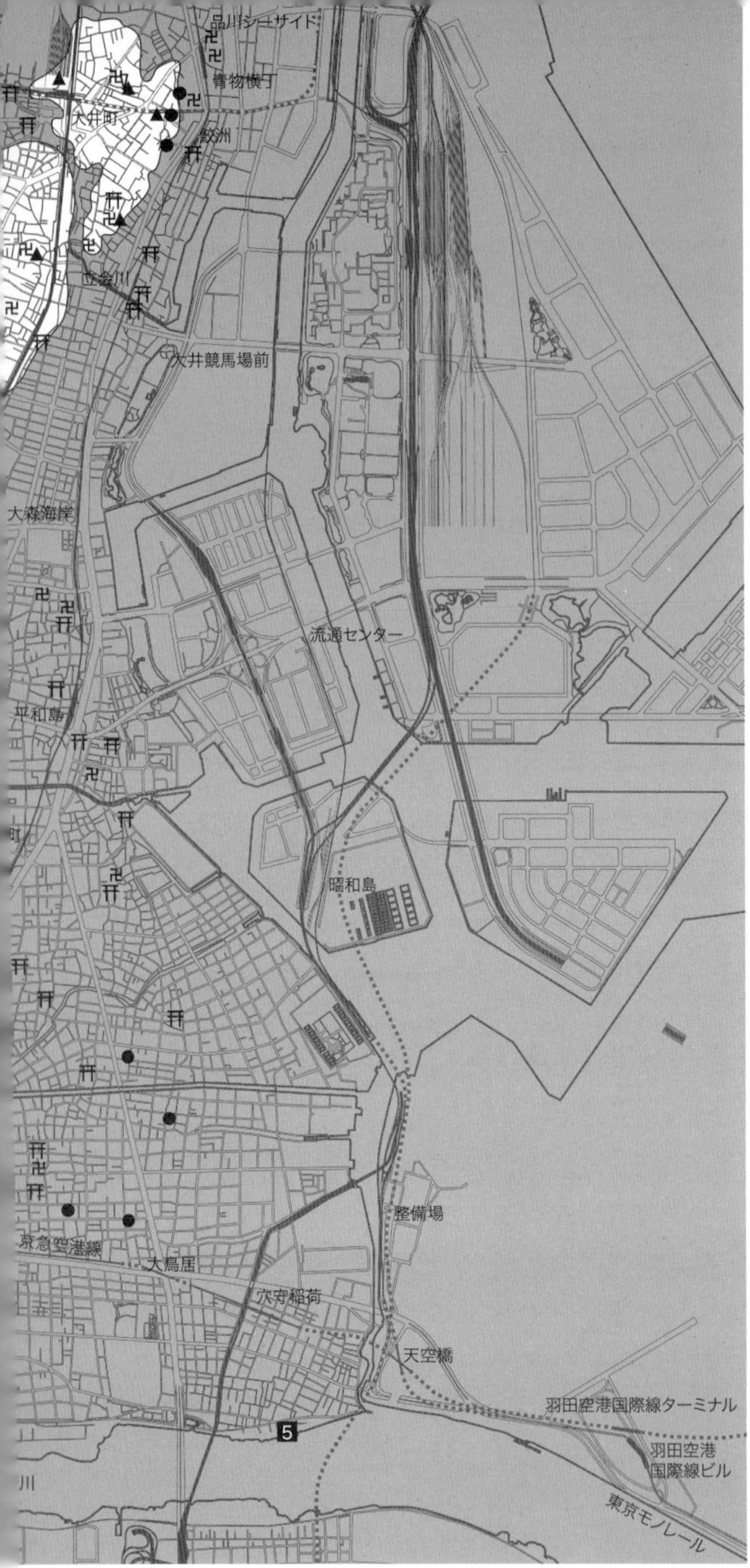

3km

7. 旧黒沢工場
8. 田園調布住宅街
9. 蒲田西口商店街

第11章

よみがえる南郊 多摩川

Tamagawa River

洪積層　沖積層

■ 旧石器遺跡　▲ 縄文遺跡

╳ 弥生遺跡　横穴墓　● 古墳

⛩ 神社　卍 お寺

1. 大森貝塚史跡
2. 大森貝塚遺跡庭園
3. 久が原遺跡
4. 亀甲山古墳
5. 旧羽田漁師町
6. 蒲田梅屋敷公園

もうひとつの下町

大田区はとても複雑な地形構成をしている。西北部は武蔵野の洪積台地の上にあって、比較的乾燥度の高い土地である。昔から水田耕作には不向きだったので、畑で野菜栽培などがおこなわれていた。近代になると、そこに田園調布のようなハイカラな人工の街がつくられるが、そこは同じ大田区でも南東部の下町エリアとは、えらく雰囲気が違っている。

その台地を南東に下ると、谷あり丘ありの起伏の激しい、斜面状の土地がはじまる。そこには久《く》が原《はら》、池上《いけがみ》、馬込《まごめ》、大森《おおもり》などの町が広がる。アップダウンの激しい地形で、中心にあたる旧馬込村のあたりは、古く「馬込九十九谷」と呼ばれていたほど。谷地《やち》には、鳥獣が多かったので、縄文時代からたくさんの人が住んできた。

斜面が尽きたあたりから平地がはじまり、海にまで続いている。多摩川と海に挟まれた沖積地に、もうひとつの東京下町ができるのである。中心地は蒲田《かまた》と考えていいだろう。蒲《がま》の生える田というだけあって、ここは長いこと沼地で、昔はあまり人は住んでいなかったが、近代の首都拡大にともなって、爆発的に人口が拡大した。多摩川河口部に広がるこの下町は、隅田川河口部に形成された下町とは、同じ下町と言いながら、歴史も住民の構成もその心性も、ずいぶん違う。そもそも大田区の一部しか、下町と言うことはできない。しかも隅田川河口部の下町とちがって、ここは近代になってようやく、東京下町としての本格的な発達をはじめたところである。

しかし長いスパンで見ると、大田区を構成する三つの異なる地形は、たがいに影響をあたえながら、南東部の下町の形成に寄与してきたのである。そこで、この下町について詳しく知るためには、蒲田を中心とする沖積地帯だけではなく、久が原・馬込の丘陵地帯や、その北の洪積台地のことも、あわせて調べる必要がある。

縄文の発見地

大森の台地のはずれから海岸部にかけて、ここは日本の考古学の揺籃《ようらん》の地である。よく知られているように、日本の考古学は、明治の初期に日本に招かれていた、米国の動物学者エドワード・モースが、大森でおこなった貝塚の発掘に端を発している。

それまでも江戸時代の好事家や博物学者によって、土中から掘り出された古代の文物の収集は、さかんにおこなわれていた。しかしそうした収集は、科学性に乏しかった。モースは考古学の専門家ではなかったが、動物学で鍛えた科学的精神をもって、大森で発掘された貝塚が、先史時代人の生活遺跡であることを、確定できたのである。貝塚を残した人々は、使われていた土器の形状から、「縄文人」と名づけられた。

大森の崖地はこうして、日本考古学の聖地の一つとなった。縄文時代の初期から長期間にわたっ

［上］：丘の上にある池上本門寺
［下］：池上本門寺より谷地をのぞむ

て、大森には多くの縄文人が生活していた。そこは多摩川の河口部が大きく扇形に広がった先端部にあたるところで、縄文人はそこの海際の高台に暮らした。

縄文人の狩猟は、陸と海に分かれておこなわれた。陸地の狩猟は、イノシシの「ヌタ場」などがある、内陸の谷地などで、男たちによっておこなわれた。海岸ではくり舟による釣りや網漁などもおこなわれたが、いちばん確実なのが貝を採る潮干狩りで、これはおもに女性と子供の担当する仕事だった。

そういう海の「狩猟採集」のできる地形が、多摩川の河口部に延々と続いていた。洪積台地を流れる小川が、崖をえぐって海にそそぎ込み、複雑な谷を形成したが、そこからすぐに遠浅の海がはじまっていたから、その谷沿いの傾斜地に多くの縄文人の村ができて、そこから毎日海に出かけていた。その突端部が、大森にあった縄文村だったわけである。

どこの縄文村にも貝塚というものがあった。そこには食べられた後の貝殻が、大量に積み上げられていたから、一見すると村の指定ゴミ捨て場のようにも見える。しかし同じゴミ捨て場でも、縄文人と現代人の考え方は、まるで違っている。現代人は不要になった生物の体の一部を、人間の生活圏から切り離すために、残余物をゴミとして捨てる。ところが、縄文人はそうは考えなかったのである。

縄文人は、宇宙の中でエネルギーは循環する、と考えていた。そのエネルギーの一部が、動物や植物に姿を変えて、人間の世界にもたらされる。人間はそれを

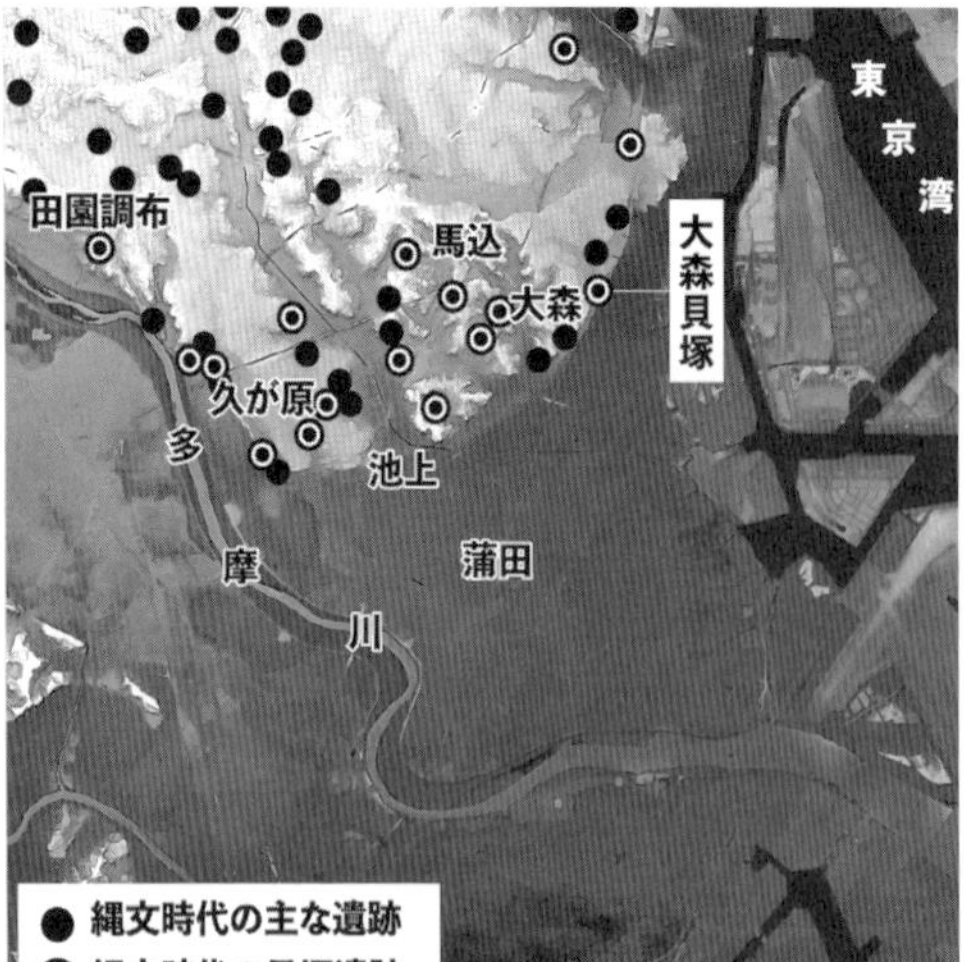

自然からの贈り物として受け取って生きた。動物の肉や皮をいただいたあとに残った骨や貝殻は、そこにこもっている動物霊といっしょに、ていねいに感謝の気持ちをこめて、自然の神さまにお返しした。そうすれば、また次の贈り物が、循環する宇宙の中で、人間にあたえられるだろうという期待を込めて。

貝塚はそういう生物の霊の「送り」がおこなわれる、神聖な場所でもあった。だからときには、人間の遺骸も、貝塚に埋葬される。貝塚の彼方には、母なる海が広がっている。モースが発掘したのは、そういう縄文人の哲学が表現された遺跡だったのだ。

海から関東に入った縄文人が、最大の生活拠点をつくったのが、この多摩川河口部であった。彼らは多摩川の広大さに、感動したことだろう。内陸の森での狩猟を好むグループは、多摩川を遡行して、ぐんぐんと奥へと進んでいった。彼らは動物を追いながら、いくつもの峠を越えて、甲州へ、諏訪へと入り込んでいった。その子孫たちがいずれ、八ヶ岳の周辺に、縄文文化の絶頂をなす、中期の土器文化を創造することになる。

多摩川河口部にとどまったグループは、狩猟と漁労を組み合わせた、独特の文化を発達させた。海の漁労だけでなく、そこでは川での漁労が大きな比重をなした。多摩川の両岸では、淡水魚の漁がさかんにおこなわれ、それは弥生時代をへて近代にまで続いていく、この地帯特有の文化となった。

巨大な弥生村

数千年前にこの地にやってきた縄文人と同じように、関東地方にたどり着いた弥生人たちも、まず

［右ページ右］：大森貝塚の碑（ＫＭＣ）
［右ページ左］：大田区の縄文遺跡分布

多摩川の河口を発見し、規模の雄大さに動かされたのであろう、そこに拠点を築いた。現在の田園調布から等々力《とどろき》渓谷、上野《かみの》毛《げ》にかけて続く岸辺の高台と、久が原から馬込にかけての崖線《がいせん》の上に、彼らの村がつくられている。

崖線の下には、丸子《まるこ》川《がわ》をはじめとする、幾流もの小川が流れていた。その小川の刻んだ谷地に土砂が堆積した沖積地に、彼らは水田を開いた。そうとうに豊かな収穫があったのだろう、人口はどんどん増えていった。その証拠には、久が原や池上には一千軒を超える弥生型住居からなる、大きな村が出来上がっていた。おそらく関東で最大規模の弥生村である。

そうなると当然、水田からの余剰生産物が、たくさん蓄積されるようになる。この余剰生産物を分配するシステムとして、権力が発生した。権力は、お米という価値物だけでなく、力や名誉もじぶんのまわりに引き寄せ、所有する。そして自分の得た権力が、子孫にまちがいなく受け渡され、続いていくことを望む。その願いを象徴するように、彼らは大きな墓を築造させた。

多摩川河畔にも、そういう巨大墓が数多くつくられた。おそらくは久が原や池上の巨大弥生村を拠点とする、豪族たちの古墳であろう。丸子川がえぐった河岸段丘が多摩川に突き出した突端部に、最盛期の首長のものらしい墓（亀甲山《かめのこやま》古墳）が築かれ、細い尾根沿いにその子孫たちの墓が、田園調布のはずれから上野毛あたりにかけて、累々と続いていく。

南ムサシの繁栄と没落

こうした古墳群の存在は、六世紀頃に多摩川下流域に、稲作をベースにした権力者のグループが活躍していたことを物語っている。彼らは互いの結びつきを強めて、南ムサシに勢力を張った。その頃、関東には三つの大きな政治勢力があった。いずれも大河の流域に形成されている。一つ目は荒川上流域の北ムサシにある埼玉《さきたま》古墳群の周辺、二つ目は利根川の上流域の上野《こうずけ》（上毛）地方、ここは前橋と高崎（群馬）を中心とする古墳群にあたる。そして三つ目が多摩川下流域の南ムサシの古墳群である。この三つの政治勢力は、海から関東に入った共通先祖からの分かれであり、姻戚同士でもあったため、関東の治めを共同でヤマトの王権からまかされていた。

埼玉と群馬の古墳群は内陸にできているのに対して、多摩川下流域の古墳群だけが河口部に形成されている。立地の好条件を生かして、多摩川河口部の弥生村が、いちばん早く発達をはじめた模様である。古墳時代にはヤマト王権が、各地の豪族を「国造《くにのみやつこ》」に任命することによって、新しい国家体制に組み込む政策をとった。

このとき、埼玉の勢力（北ムサシ）と多摩川の勢力（南ムサシ）が、ともにムサシの国造に任命された。ヤマトからすれば、両者は同じ一族なのだから、力を合わせてムサシの護りを託す、という程度の認識であったのだろう。その南北二つのムサシ国造の間に、六世紀前半頃、深刻な抗争が発生したのである。南ムサシの勢力が、上毛（群馬）の勢力を後ろ盾にして、北ムサシの勢力にクーデターを仕掛けて失敗し、乱のリーダーの小杵《おき》は殺されてしまった。

このいわゆる「武蔵国造の乱」は、関東地方の歴史に、予想以上の大きな裂け目をつくりだすことになる。当時もっとも進んでいた多摩川河口部の勢力が没落して、埼玉の豪族が急速に勢力を拡大することになった。その結果、田園調布古墳群の周囲に広がっていた村々は、ヤマト王権の「屯倉《みやけ》」に接収されてしまい、

南ムサシの現在（写真提供：大田区教育委員会）

主権を失ったその地域は、平凡な農村へと静まり返っていった。

そのような冴えない状態は、近世まで続くことになる。このあたりにはその後も有力な武将が発生することもなく、江戸時代には将軍が鷹狩りなどをおこなうお狩場に最適な里山としての扱いを受ける。わずかに落語「目黒のサンマ」の舞台として記憶される程度の、しけた田舎である。

ところが、北ムサシの勢力は、「武蔵国造の乱」をきっかけとして手にした力を、その後も順調に発展させて、中世には秩父平氏をはじめとする、強大な坂東武者の国々を作り上げていった。上毛の勢力などは、これ以後かえってヤマトを恐れさせる存在へと成長していった。そしてその歴史的余波は現代にまで及び、この地域は何人もの歴代首相を送り出す、重厚な政治地帯として、日本国家に君臨し続けることになるのである。

さて多摩川河口部に、近代になって大きな存在感のある下町が形成されることになるきっかけは、江戸時代中期、羽田《はねだ》村に広大な新田が開発されはじめたことによる。羽田村の一部はもと羽田猟師町といわれた。この名前が示しているように、羽田村の住民は基本が漁民である。漁師の住む地域はこの時代、「村」と言わず「町」と呼んでいる。

馬込や大森近辺の農民たちが、内陸に水田を開いてすっかり漁師の記憶を失ってしまったのとはちがって、羽田猟師町の住民は、半農半漁という弥生時代以来の伝統を受け継いで、農と並行して、海苔養殖や沖での漁業によって暮らしを立てる道を進んできた。この羽田村の人たちが、「町人請負」という制度を利用して、埋め立て事業に乗り出した。

なかでも重要なのが、羽田猟師町の名主であった鈴木弥五郎右衛門《やごろうえもん》のおこなった、「鈴木新田」の開発である。多摩川の河口に要島《かなめしま》という出洲があったのに目をつけて、ここを羽田本村から譲り受け

［左ページ］：多摩川河口　左が羽田空港

て、猟師町の請負事業として、埋め立て整地をおこなった。漁師たちはここを舞台に、海苔の養殖で大成功をおさめる。要島にはのちに米軍飛行場が設けられ、そこが羽田空港に発達していく。

羽田猟師町の躍進

江戸時代はお米が貨幣であり資本であったから、幕府も各藩も率先して新田開発につとめた。江戸近郊でも、内陸部では荒地の開墾、海岸部では砂州島を足がかりにした埋め立て事業が、主に民間主導で進められた。大森や羽田の海岸部も、その流れにのって埋め立てが進められた。なかでも羽田村での新田開発は盛んで、かつてなく広大な新田が江戸の近郊に開かれたことで、税収の増えた幕府は大喜びだった。

羽田の新田には、大森村や馬込村などから、たくさんの農民が流入してくることになったが、羽田村の一部であった猟師町では、少し事情が異なった。そこはもともと漁民の村だったところである。そこへ周辺部から農民がどっと流れ込んできたものだから、元々の漁民の中にも、お百姓に鞍替えする者たちも出てきたが、多くの漁民はかえって「自分たちは海民」という意識を強くした。その結

果、要島を株にして埋め立てられた羽田猟師町の海岸部は、ずらっと漁民の家の立ち並ぶ、潮の香漂う「浦方《うらかた》」に、変わっていった。

　目先の利いた羽田猟師町の人々は、海苔の養殖に目をつけた。江戸は消費都市として、ますますの拡大成長をとげつつあり、海苔の需要が増大していた。目のつけどころがよかったと見えて、羽田村産の海苔は飛ぶように売れた。内陸部の農民が、停滞した米づくりにしがみついて、ぱっとしない生活を続けていた頃、海苔づくりの漁民の暮らしは、むしろ活気にみちていた。

　海苔づくりには、「ひび」という小柴で編んだ垣根のようなものを、海中に立て、そこに海苔を生育させる。その「ひび」に付いた海苔を、小舟を漕ぎ入れて採取する。摘み取った海苔は、浜で乾海苔になる。大森でも羽田でも、海苔を乾すスノコが、ずらっと海岸に立て並べられ、物見遊山で訪れる江戸庶民には、これがおおいにエキゾチックな景色に感じられた。

南郊の風物

　太平の世が長く続き、人々はレジャーを求めていたのである。江戸時代には庶民は自由に旅行ができなかったから、社寺参拝という名目をもった、物見遊山のお参りが大流行した。その結果、江戸の近郊各地には、つぎつぎと遊山地が造成された。

　ざっとあげてみただけでも、桜の名所としては、荒川堤、飛鳥山、小金井橋、玉川上水など、名園では深川永代寺、日暮里八景、根津権現社など。「南郊（江戸南部の郊外）」もご多分にもれず、池上本

開港当初の羽田空港（KMC）

門寺、矢口の新田神社とともに、羽田の玉川弁天社などが有名な遊山地となった(『大田区史』)。

羽田の要島は、どんなに潮が満ちても海中に没しない島として、古くから知られていた。その島に、古くから海民によって祀られた弁財天社があった。南郊への物見遊山客は、東海道をすこし外れるだけで、海苔の香も香ばしい猟師町のはずれに、この弁財天社を見つけることができた。

江戸の庶民にとって、信仰はほどほどが一番で、それよりも寺社のまわりにつくられた、半分人工的な自然景観と遊ぶことのほうが、大切な意味を持っていた。日本人の信仰の基礎は、自然との親密な関係にあるのだから、寺社参拝にたいするこのすこぶるゆるい態度は、すこしも間違っていないと思う。

江戸市中の住人からすると、南郊の風物にはどこか異風なものが感じられた。とくに南郊の神社の氏子は、たいがいが海民の子孫であったから、祭礼はどこでも派手やかで、そんな感じをことさら醸していた。海民の祭礼には、しばしば色彩も鮮やかに、海上渡御《かいじょうとぎょ》や曳船《ひきふね》が盛大におこなわれる。羽田猟師町の漁民は、六郷《ろくごう》村八幡神社といっしょに、曳船祭りをおこなう。おそらくこのあたりの漁民の共通の先祖たちの、上陸地点がそのあたりにあったのだろう。

飾り付けた船は、六郷の渡しから多摩川を渡って羽田猟師町に向かい、そこから鈴木新田に立ち寄り、ふたたび多摩川を渡って、対岸の大師河原村へたどり着く。そこで一泊して翌日は池上へ向かい帰還するというルートである。このルートを見ていると、多摩川河口部に土着した海民の先祖が、どうやってこのあたりに拡散していったのか、その様子が手に取るようにわかる気がする。どうやら羽田村こそ、このあたりの海民世界の中心地であったと推測される。

ではその頃、蒲田はどうであったか。物見遊山のレジャーの時代に、蒲田は美しい梅の名所として知られたのである。東海道の蒲田宿で、街道から少し裏道に入ると、そこには広大な梅林が広がっていて、一月末頃からちらほら花が咲き出す頃になると、旅人や遊山の客がたくさんこの梅林を訪れた。

しかしまだ気の利いた商売人が、南郊に目をつけていなかった江戸の中頃までは、梅林には茶店一つなく、梅見客は畔道をぶらぶら歩きながら、花見をするしかなかった。なかにはムシロなどを持ち込んで、無理やり梅見と洒落こもうとした者もいるが、雰囲気が盛り上がらないことおびただしい。なんとかしてくれ、という不平の声があがって、ようやく幕末近くなる頃、梅林に洒落た茶店が建てられた。

その茶店の娘たちが、いずれも利発な美少女ばかりだった。それがきっかけになって、蒲田梅園の名は、軟派な遊山客によく知れ渡るようになった。とくに幕末に日本を訪れていた外国人将校など、この上品できれいな娘たちを目当てに、わざわざ梅林を見にやってきた。「快活で好奇心が強く、そしてドイツ語の多くの会話を習得した」（『大田区史』より。ドイツ大使の言）などとベタ褒め。休日には外国人が梅園にあふれたという。

蒲田がそんなにおっとりした遊山地だったとは、この町の現在を知る者には、まったく意外である。関東大震災まで、このあたりはまだ下町ではなかったわけである。

［上］：穴守稲荷
［下］：玉川弁財天

南郊下町の形成

芝から目黒、大森、羽田にかけては、鈴木姓がとても多い。鈴木姓の人々の先祖の多くは、紀伊からの移住者であると言われる。紀伊半島の海岸部に暮らしていた海民が、幾波にも分かれて、途絶えることなく、このあたりに移住してきた。

炭屋を営んでいた鈴木姓も多かったところから見ると、移住の波は江戸時代に入ってからのように思われるかも知れないが、おおもとはもっとずっと古い。縄文系の海民や弥生系の海民の活躍していた頃から、伊勢湾、東海道とたどって、関東平野に入った海民は、一時期かならず、紀伊半島を経由して来たからである。

したがって、大森から羽田、蒲田などに、近代になって大規模な下町が形成される以前、このあたりは純然たる海民の世界だった。海岸部に住んで漁師になった人々ばかりではない。大小の川を遡って内陸に入り、水田を開いて農民になりきっていった人々も、もとはといえば半農半漁の倭人の遠い子孫である。

心の奥には海民としての心性が眠っており、条件さえととのえば、水平的・水田的世界観をかなぐりすてて、海流のぶつかりあう渦巻きの世界に飛び込んでいこうとする（吉本隆明的！）衝動を内心に隠している。私はこれから、この南の下町に出現した、いわゆる「ヤンキー」の文化について語ろうとしているが、それを語り出す前に、そもそもこの海民世界の土台の上に、どうやって近代の下町が

安藤広重「名所江戸百景蒲田の梅園」

形成されるにいたったかを、お話ししておかなければならない。

ユートピア工場

広大な梅園に、江戸東京の市街地に住む遊山客を招き入れていたのどかな蒲田村の周辺が、大小の工場の立ち並ぶ地帯に変貌するのは、第一次大戦が長引きはじめていた頃からである。全ヨーロッパを戦場とするこの戦争は長期化し、ヨーロッパの工業が壊滅的な打撃を受けることになった。そういう状況をうまく利用したのが、日本であった。日本は俄然「世界の工場」としての地位に躍り出た。

生産工場はいくらあっても足りないほどで、資本家たちはその用地として、すでに住宅地に開発されていた山の手や洪積台地上の郊外を避けて、隅田川沿いの下町地域と、大森の南に開けていた広大な沖積地に、目をつけたのである。そこには海岸部の漁村と、内陸部には蔬菜《そさい》をつくるのどかな農村と、大森海岸や蒲田のような街道沿いに、旅館や料理屋や待合の並ぶ、中クラスの歓楽街しかなかった。川崎・横浜方面にはすでに、本格的な工業地帯が形成されていたのに、この地帯はあきらかに出遅れていた。

世界大戦の影響でいちじるしく値を下げた、マニラ産の麻を大量に買い付け、低賃金の女工にジュートを織らせる「麻真田《あさざなだ》」の工場が、まずこの地帯にあらわれた。この地帯の農村では、古くから麦わらによる真田織が発達していたので、それを利用して、麻織工場が多数出現したのである。

しかしこれは家内工業に毛の生えた程度のもので、本格的な工場進出は、東京瓦斯《ガス》大森製造所や味の素工場（六郷）に始まる。ついで、バッテリーの日本蓄電池（荏原）、レジスターの日本計算機（荏原）、タイプライターの黒沢商店工場（蒲田、矢口）などが進出、多摩川河口部の沖積地はまたたくま

[左ページ]：大田区の町工場

に一大工場地帯へと変貌していった。こうして大森や蒲田は、あっという間に、日本を代表するものづくりの街に成長をとげた。

なかでも注目されるのが、矢口村に出現した黒沢工場である。黒沢工場は、クリスチャンの黒沢貞次郎《くろさわていじろう》によって設立された、理想主義的な「工場村」である。そこには工場を中心にして、社宅、農園、遊園地、テニスコート、従業員の子供のための小学校までが建設されていた。労働者の生活条件を改善し、労働者と資本家が協調して生産にいそしみながら、田園において豊かな文化生活を実現しようという「ユートピア」を目指していた。大正デモクラシーの夢を実現したようなその工場村は、太平洋戦争によって灰燼《かいじん》に帰するまで、まさに時代に「一閃《いっせん》の光芒《こうぼう》」を放つような存在であった（『大田区史』による）。

田園調布vs.蒲田

黒沢工場が先鞭をつけた「田園都市」の理想は、関東大震災をきっかけとして、形を変えて現実のものになっていった。実業家の渋沢栄一《しぶさわえいいち》などが旗振りとなって、洗足村と調布

村に、イギリスのそれを模した「田園都市」がつくられたのである。東急電鉄（当時、目黒蒲田電鉄）による鉄道も開通して、そのあたりの洪積台地上にあった農村は、いっきに住宅地に様変わりしていった。

イギリスの田園都市は、黒沢工場村のコンセプトと同様、「労働者に健全な住環境を！」という理念にもとづいていたのだが、調布村にできた和製田園都市＝田園調布には、残念ながら労働者は住めなかった。田園調布に住んだのは、成功した起業家や政治家や芸能人、名の知れた文化人や大学教授などばかりで、そこはできた当初から、都内でも屈指の高級住宅街におさまってしまった。

そういう時期にも、大森や蒲田などにつぎつぎとつくられる工場群に働く労働者の人口は、うなぎのぼりに増えていった。この労働者たちの居住地は、高燥な洪積地ではなく、呑川《のみかわ》が蛇行しながら流れ下る、水はけのよくない沖積地に、密集していた。蒲田駅を中心とする一帯には、庶民の暮らす下町がまたたくまに形成されていった。

不思議なことに、そこでも「土地の力」が新しい住民たちに、見えない影響力を及ぼした。住民の出身地は多様で、朝鮮半島から安い労働力として徴用されてきた人たちも、数多く含まれていた。その人々のすべてに、この新しい下町の見えない「土地の力」が浸透していって、独特なカオス構造を持つ複雑系の街をつくりだしていったのである。蒲田駅西口界隈がそれを代表する空間で、いったん空襲で焼け野原となったのちも、そこには以前とそっくりな迷宮街が、もののみごとに蘇生してきた。

六郷土手

海民文化としてのヤンキー 1

江戸湾に定着した海民は、内陸部で農民となっていった元の仲間たちとは、異なる心性を育てていった。その中から、海民特有の生活慣習、行動様式、気質がつくられていき、独特のしぐさや言葉遣いやファッションや趣味として、その心性が表現されてきた。

近代になって、同じ沖積地の上に、東京の下町が形成された。すると不思議なことに、地元住人である海民の心性が、近代の下町住人の心のうちに、そっくり遺伝していった。そのおかげで、関東大震災後に大きく人口構成を変化させたはずの下町住民の心性に、もともとそこに生きていた海民的心性が、驚くほどの生命力をもって再生をとげた。

文化は模倣によって伝わっていくが、その模倣を司る「ミーム」という遺伝子に似た働きをおこなうものが、土地土地の伝統の中には宿っている。そのミームの働きによって、世代を超えて、同じ土地に住む人の心には、伝統が伝わっていく。こういう文化遺伝のメカニズムをとおして、下町には海民の心性が伝えられていった。こういう考えが正しいとすると、江戸下町の海民的気質の表現である「イキ」や「イナセ」や「キャン」などは、なんらかの別の形に姿を変えて、近代に再生をとげているはずである。イキもイナセもキャンも、ある種の「つっぱり」である。では近代のつっぱりたちは、どのような形態をとったのか。

海民的世界観では、自分の個性は他人の個性と入れ替え不可能である、と考えられている。そういう個性が、しゃんと立ち上がっていることが、人生の美であり価値である。この大切な個性を守っていくためには、たとえ相手が地位や力を持っていたとしても、相手の言いなりに

昭和三十一年の蒲田西口商店街
（『大田区史』より）

なって、力に屈するなんて、まっぴらごめん被る。江戸下町のつっぱりたちは、そういう心意気をもって、男はイキがり、女はキャンを張ったのである。

つっぱりの美学

そこから独特のファッションが育っていった。江戸下町のつっぱりファッションは、なによりも奇抜であることをモットーとした。履きにくいけれどもじつに格好いいイナセ足駄を履いたり、真っ黒の着物の下に真っ赤な下着を着け、病人のような紫鉢巻をして弱ったふりをして喧嘩をふっかけたり、芸者が真冬にも素足のままで男みたいな羽織を羽織ってお座敷にでたり、下町のイキやキャンのファッションは、市民の良識の度肝を抜くかっこのよさで、つっぱり精神を見せつけた。

言葉遣いもユニークだった江戸下町のつっぱりたちは、「伝法《でんぽう》」と呼ばれる言語用法で知られた。とにかく威勢がよくて乱暴で、人を人とも思わぬ大柄《おおへい》な言葉遣いである。ひところのジャズマンたちのように単語の順序をひっくり返したり、長い言葉を簡略化したり、掛言葉を乱用したり、とにかく彼らの間でしか理解されないキテレツな単語を使って、あたりを煙に巻くのを好んだ。

また彼らは祭礼、喧嘩、火事場などを、ことのほか気に入っていた。海民系の祭礼には、かならず可動性の山車《だし》が出た。この山車を引き歩くのが、もっぱらイナセな若い衆であった。山車は海上を進む船を模したものであるから、イナセ衆は陸の上でこの船形を走らせようとした。彼らは全力で山車を引っ張った。曲がりくねった街中でも、速力を落とさない。美しい掛け声と音楽のリズムに合わせて、猛烈に街路を疾駆していく。

海民的下町の世界では、喧嘩は生命力の「華」として、ポジティブにみなされていた。個体と個体

蒲田

が、たがいのプライドをかけて渡り合うのである。下町の庶民は喧嘩の見物を楽しんだ。これは私闘に面倒な手続きを要求した、武士の場合と大違いである。闘鶏や闘牛を楽しむのと同じ心持ちで、目には見えない生命力が、見える力となって渡り合っている姿を見ていると、海民の血は騒いだ。だから喧嘩が始まっても、すぐには仲裁には出て行かない。これ以上やりすぎると死人が出るぞ、というちょうど良い頃合いに仲裁が入る。これも闘鶏や闘牛の場合と同じである。

さらに海民的庶民は、火事場の見物を楽しむだけでおさまる人たちではない。我先にと火事場装束に身を固め、火消しとしてまっさきかけて火の中に飛び込んで、消火活動を開始するのである。当時の消防は水で火を消すよりも、燃えている建物を打ち壊すことのほうを重視した。そこで纏《まとい》持ちが燃え盛る建物の屋根に登って、纏を振りながら、仲間による家の破壊活動を叱咤激励した。江戸庶民はヤンヤと彼らの勇気を称賛した。江戸という都市は、海民的江戸っ子のこういう勇気によって、護られていたという側面がある。

このようなイキやイナセやキャンの精神的ミームが、近代の東京下町において、どのような形態をとって再生をとげたのか。それこそが「ヤンキー」にほかならないと、私はにらんでいるのである。

じっさい、ヤンキーは海民と密接な関係をもっている。それには現代におけるヤンキーの分布地域を調べてみるとよい。もちろんヤンキーに関する国勢調査などないから、風評や偏見を手掛かりに、あたりをつけていくしかない。すると驚くほどに、この推測が的中していくのがわか

現代の舵取り

る。

あらゆる風評が、ヤンキーの現代における最大の生息地域として、茨城県をあげる。かつて茨城が、海民文化の一つの中心地であった、というのは本当である。利根川流域には香取神宮と鹿島神宮が鎮座しているが、どちらも海民的船団の根拠地であった。

香取は「舵取り《かじと》」に由来し、鹿島は北部九州にあった安曇族の拠点の一つ、志賀島《しかのしま》と関係があると言われている。茨城の海岸部から関東の全域に、海民文化のミームは拡散していった。そこに近現代における最強のヤンキー文化が育ったのである。

海民文化としてのヤンキー 2

風評にもとづくヤンキー生息地図を見ると、その分布地のほとんどが、海岸べりや川べりの、海民の文化が色濃く展開してきた地域であることに、気づかされる。茨城から九十九里をへて、房総半島をぐるっとひとまわりするあたりは、その名も高いヤンキー文化地帯である。ここにはヤンキー最右翼に属する暴走族も、ひんぱんに出没する。

荒川流域では足立区がそうだと言われていて、多摩川の近くでは八王子が断然有名である。八王子のヤンキーは伝統文化の維持にも熱心で、地域の祭礼において中心的な役割を果たしている。おしなべて早婚で子沢山、地域の伝統はこの人たちによって支えられている部分が大きい。とはいえこの地域も、走りのすさまじさでは有名な暴走族を、多数輩出してきた。

そして東京南郊の下町が、それらに肩を並べている。大田区の沖積地に発達した下町から、川崎・

祭りに保存される文化遺伝子

横浜へと続く京浜地帯こそ、おそらくは首都圏最大のヤンキー文化地帯と言い得る。多くの論者は、この地域が戦後になって爆発的に人口を増大させたプロレタリア居住区であることに、ヤンキー文化隆盛の原因を求める傾向がある。プロレタリア子弟の間にくすぶる欲求不満とルサンチマンが、「つっぱり」の心性の温床となったというのである。

しかしアースダイバーの視点に立つとき、このような見解はあまりにも皮相である。だいいちそれではなぜ、茨城や房総にそれが発達したのかを説明できない。それにそもそも江戸に下町が出現した頃から、海民的子弟の間には、きわめて洗練されたつっぱりの文化が発達していたのであるから、つっぱりの心性や行動様式は、欲求不満やルサンチマンとは、ほんらいなんの関係もないと見たほうがいい。

ヤンキー文化は海民の世界に特有の、れっきとした若者文化の一形態なのである。それは、この国で長いこと支配的であった水田的世界観とは異質な心性を発達させた。海民の心性が、水田的世界観のなんでも平準化する作用に触れたとき、そこにおさまりきらない過剰部分が、古今のヤンキー文化の表現を生み出してきた。それは欲求不満やルサンチマンなどという言葉では言い尽くせない、深い人類学的根拠から噴き出してくる。

ヤンキー文化の一貫性

ヤンキーの文化には、あきらかな一貫性がある。彼らは特攻服や甚平や土木作業服といった、市民風潮に逆行するファッションを好む。「流れに逆らう」とか「はずれている」というのが、つっぱりの精神であってみれば、これもあまりキマリすぎていてはいけない。ヤンキーは意外と細かい感覚をもって、ファッションの難しい隙間をねらってくる。

世間が目を剝いて驚くような、しゃべり方や漢字の使い方を好む。彼らの江戸時代の先輩たちも「伝法《でんぽう》」なしゃべりを好んだが、「伝わる」と「伝わらない」の隙間でコミュニケーションするのが、彼らのイキである。世間の人にわかってもらおうとは思わない。これもある意味、「イキの根底には人生や社会への断念がある」という、九鬼周造によるイキの定義に関係している。

そしてなによりも速度愛である。揺れる海上を船で疾駆していた感覚が、体内に埋め込まれているのであろう。陸上の生活者になっても、その体内記憶はそう簡単に消えるものではない。その点を、海民の祭礼はよく心得ていて、船がモデルの山車《だし》を、街中で走らせるのである。その速度のすさまじさといったら。関西の海岸部のヤンキー的若者たちによって引き回される檀尻《だんじり》の勇姿を、ご想起いただきたい。

高度成長期に入って、オートバイが若者にも手に入りやすくなると、これにまっさきに飛びついたのは、各地のヤンキーたちであった。彼らは仲間とつるんで（船団を組んで）、すさまじい爆音をたてて走った。今では「珍走団」などと命名されている彼らも、かつては「暴走族」と呼ばれて、社会からは白眼視されていた。白眼視されることが、また快感なのである。水平的・水田的世界にはおさま

多摩川と東海道新幹線

りきらない過剰を抱えた彼らにとって、無軌道な運転は過剰した生命の表出であった。
古代インドでは「ガンダルヴァ」、古代ローマでは「ルペルカリア」という神聖な若者集団が、ヤンキーそっくりな無軌道な行動によって、社会に衝撃と豊穣をもたらしていたが、地域や時代の違いを超えて、同じ行動原理をもった「人類のヤンキー文化」というものが存在している。その伝統が日本列島では、ほかならぬ海民文化地帯に保存されてきたのだ。

こうやってみてくると、下町が河口部の沖積地につくられることには、深い意味が込められているのが解ってくる。日本列島の場合、そこに海民がコロニーを形成したからである。海民の文化は渦に象徴される。強さも方向も違う力が四方から流れ込んでくるところにできる渦巻きは、均質に均《なら》してしまうことができない。そういう不均質で、でこぼこな原理で、海民文化はつくられている。

ところが、この国の支配的な文化は、そういう風にはつくられていない。水田に水平に水を張ることに、長いこと情熱を注いできた結果、ものごとを均質に均して治めるというのが、為政者や官僚や世論形成者たちの習い性になってしまった。そうなると、都市からは迷宮的なもの、渦巻き状の複雑系、でこぼこな個性のぶつかりあい、予測不能な動きをするものなどは、どんどん抑え込まれ消えていく。そうして都市はどんどん退屈な場所になっていく。

東京下町は、山の手の下手《しもて》の周辺部にあるから下町なのではない。下町とは独自な原理をもった、ひとつの独自な生命的な世界である。おそらくそういう下町があるから、東京にもかろうじて気流は動くのだ。

全盛期の暴走族（1980年頃）

間奏曲（2）

森番の天皇

Imperial Palace

洪積層	沖積層

■ 旧石器遺跡　▲ 縄文遺跡

╳ 弥生遺跡　横穴墓　● 古墳

⛩ 神社　卍 お寺

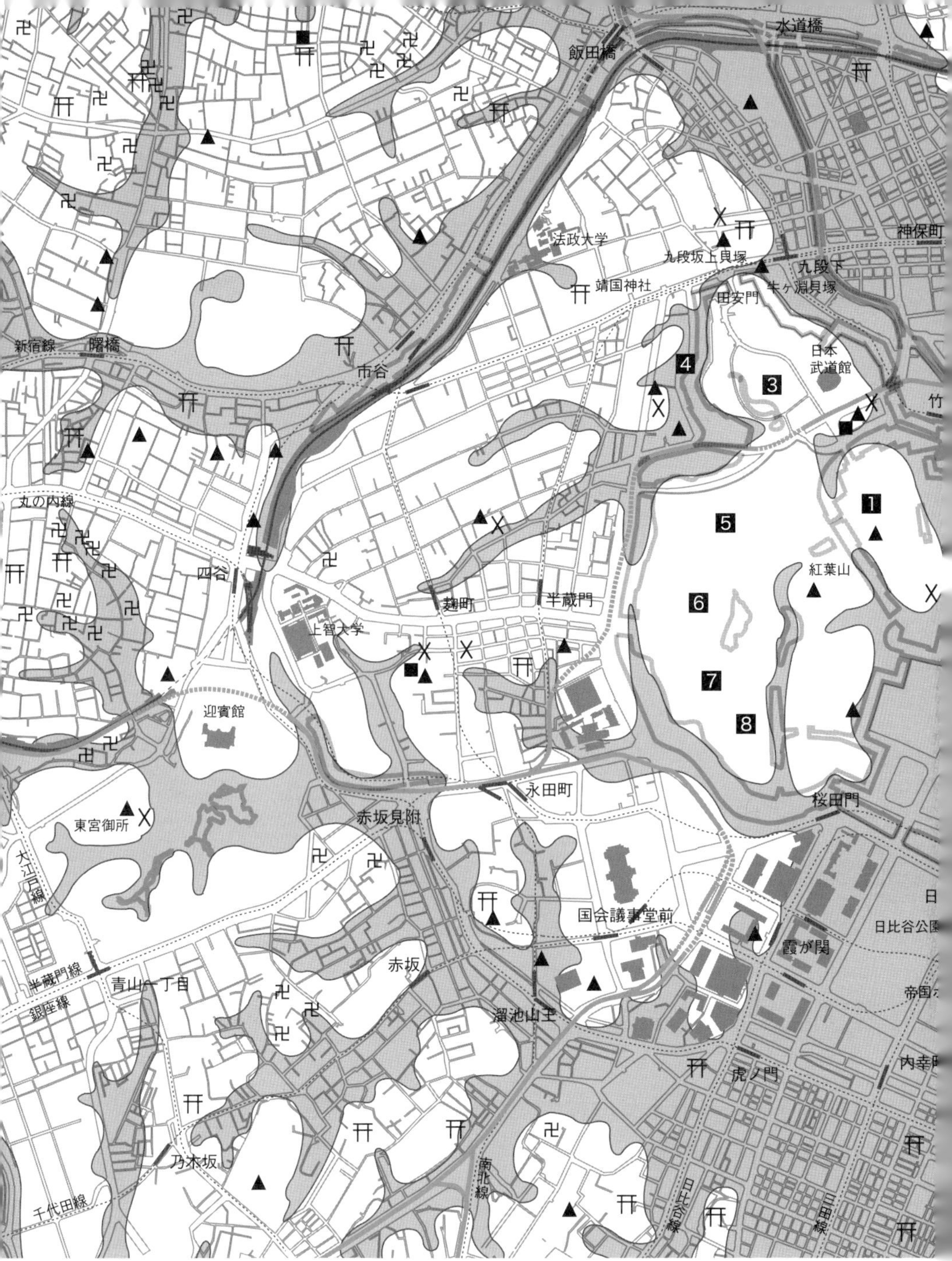

1. 皇居東御苑・旧江戸城本丸・旧本丸西貝塚
2. 皇居東御苑・二の丸庭園・二の丸雑木林
3. 北の丸公園
4. 千鳥ヶ淵
5. 吹上大宮御所
6. 御所
7. 生物学研究所
8. 宮中三殿
9. 皇居外苑
10. 汐留

象徴の森 皇居 1

奈良や近江や京都にあったこれまでの皇居は、いずれも中国の王城を模して、平地の開かれた場所に、威風堂々とつくられていた。皇帝のすまいであり政治のおこなわれる場所である王城は、都市の理想をあらわしていた。自由と秩序ということが都市の理想であり、王城はその都市性のエッセンスをあらわしていた。

だからそれは森の中ではなく、文明のおこなわれる平地につくられなければならなかったのである。中国の皇帝は、天帝から認められて王権をふるうことのできる存在だった。だから、平地に開かれた壮麗な建物をもつ王城こそ、そういう皇帝にはふさわしい場所だったわけである。

ところがわが天皇の権威は、いと高き天の観念に支えられているのではなく、神話に支えられている。神話はこの現実の空間や時間に属さない、特別な時空間のことを語る。オーストラリア・アボリジニーは、そういう時空間のことを「ドリームタイム（夢の時間）」という、すてきな名前で呼んでいるが、天皇の権威を支えてきたのは、まさにそのドリームタイムにほかならなかった。

神話の語られるドリームタイムは、現実の世界には属していない。文明にも属していない。むしろそれは文明の外、野生の自然のうちに見出されるのでなければならない。そうなると、天皇の権威の源泉を、文明的な都市の中に見出すことなど、不可能なことになってしまう。

そのために、権力の根拠について根本の考え方のちがう中国の王城を模して、平地に皇居をつくったことで、わが天皇制は矛盾をかかえこむことになった。天皇の権威の根拠を支える神話の時空は、文明の外、自然の奥にひそんでいる。ドリームランドは都市の中でも天上界でもなく、森の奥にこそ

咲き乱れる桜

見出されなければならない。こうして、歴代天皇たちはしょっちゅう都を脱出しては、熊野や吉野の森への「隠退《リトリート》」をおこなってきたのだった。

するると、明治になって皇居が東京に移り、それが都市の延長上ではなく、都市の中心部にありながら、都市で展開されている騒がしい開発からぽつんと取り残された、緑濃い森の奥につくられたということには、なにかいままで十分に考え抜かれたことのない、近代天皇制の本質にかかわる、深い意味が隠されているのではないか、と思えてくる。

「象徴」のおすまい

太田《おおた》道灌《どうかん》が江戸城を築城した当時、その城は、関東に広がる巨大な洪積台地が海に向かって突き出した「ミサキ」の場所に建てられていた。その城はまだ小さなものだったが、眼前に広がる雄大な江戸前の海水は、城の足許をたえず洗っていて、自分の立っているのが、ミサキの境界地帯だとすぐにわかった。中世の城は、よくそういう場所に建てられたのである。

ところが徳川氏が太田道灌の城のあった場所を居城にしたとき、まっさきに考えたことは、もう中世じゃないんだから、いつまでも城をミサキのような境界領域に建てるのはやめにして、城というものを都市のエッセンスを象徴する場所に改めようではないか、という近代的な思いつきだった。そのためには、自分の立っている場所がミサキでなくなればいい。こうして、今日の銀座や新橋の基礎をなす、江戸前の海の大規模な埋め立て計画が、進行していった。

ところが、近代天皇の御代になって、江戸城はふたたび森に戻されてしまった。たしかにそこはもう海水の寄せるミサキの境界領域ではなくなって、大都市東京のむしろ中心部にあった。しかし、この新しい皇居は都市の中心部にありながら、その内部に都市性の原理は及んでこないようにつくられた。皇居は都市性のエッセンスをあらわす場所ではなく、めまぐるしく展開していく都市の外にある、不思議な静けさをたたえた自然の森に、変貌をとげてしまったのだ。

中心がそのまま境界である、という不思議な空間が、こうして東京のど真ん中に出現することになった。東京はその中心に、この奇妙な「メビウスの輪」のような空間をセットしたのである。中心がそのまま境界につながり、内側がいつのまにか外側に出てしまう、現代は過去にひとつながりになっている、このような奇妙な構造をした空間がど真ん中にすえられることで、東京の生活はじつに味のあるものになった。

じっさいあらゆる意味で、皇居とそこをすまいとされる天皇は、メビウスの輪によく似ている。一筋縄ではいかないのだ。江戸城のあったときは、たくさんの建物が建てられていたその空間も、近代天皇のすまいとなってからは、伊勢神宮を思わせるような森に変わった。神社はぽっかりと空いた空間に設けられる。そしてそこには、姿形を像であらわすことのできない、抽象的な「神」が宿るとされる。神道の神は、なにかの物質性をもって表現される「象徴」を、否定する。神社の森には、そういう神がすむことになっている。

ところが、神だとされることもあった天皇には、肉体がある。天皇は肉体性をそなえた神として、はじめから象徴だった。姿も形ももたない神を祀る神社のような空間に、肉体性をもった象徴としての天皇がすむ。こうして都心の森である皇居とそこをすまいとする天皇は、じつに複雑なねじれをもった存在となる。皇居はただの「空虚な中心」などではない。それはこれまであったどの皇居よりも、入り組んだ構造をしている。そしてそのことが、近代天皇制の迷宮ぶりを象徴してもいる。

江戸城の石垣あと

アジールを支配して守る存在　皇居 2

現在では電通の巨大ビルが建ち並んでいるあたりは、十数年ほど前には汐留《しおどめ》操車場の跡地だったところである。広大な空き地となったその跡地を、いったいどうやって利用していくのか、まだなにも決められていない空白の一時期があった。

その頃に私はこの問題を歴史学者の網野《あみの》善彦《よしひこ》氏と話しあった。考えを聞かれた私は、なにげなく森に帰すのがよいのでは、と答えた。すると網野氏はたいへんによろこんで、自分の夢を語りだした。

「汐留の跡地になにを建てるか、ということばかりみんなは議論している。利権のある人たちはなにかを建てたがるものだ。でもなにも建てないという道だってある。ぼくはあそこは天皇直轄領にすればいいと思う。そして開発の及んでこられないアジールにするんだ。アジールはとうぜん森に帰る。そしてこの森は、現代の文明から脅かされている、あらゆる生き物を守る場所の象徴になる。そうなったらはじめて、天皇制は世界にとってもたいした意義をもつものになるだろう。天皇というのはもともと、アジールを支配して守る存在だったんだからね」

この話を聞いたときは、ほんとうに目から鱗だった。この世界の息苦しさは、資本主義の原理が入り込んでこない隙間がどこにもないというところにある。もちろんこの経済システムはいまのところはたしかに最良のものだから、みんな文句を言わないでいるけれども、すべての世界に自分の原理を浸透させなければ気がすまない、という弱点がある。そのために、人間の心のよい部分がどんどん破

霞が関を望む

壊されていく。美しかった自然や町並みが、お金儲けのために変なものに造りかえられてしまう。こういう資本主義のどん欲さを、この世にあるどんな原理も、押しとどめることができないでいる。

自然といわず生命といわず、あらゆるところに自分の原理を浸透させていこうとする押しつけがましさが、キリスト教と資本主義と科学主義という、西欧の生んだグローバリズムの三つの武器には共通している。このうちの資本主義と科学主義とを受け入れてきた日本人は、それによってずいぶん得をした反面、心の内部の深いところにまでその原理の侵入を許してしまった結果、いまやおおいに苦しめられている。

私たちの心情の中に、グローバリズムへの反感が、根強くわだかまっているのはそのためである。私たちの心の奥には、経済的合理主義に合うように造りかえられるのを拒否しようとする頑固な部分が、まだ生き残っている。

「アジール」というのは、権力やお金によって人を縛るものから、完全に自由になれる空間をいう。いまの世界の支配者は押しつけがましい西欧育ちの資本主義経済で、この支配者は自分の原理にしたがわないアジールを、どんどんつぶしてきた。それに対抗できる原理が、天皇制にはあるかもしれないのである。

もしも天皇制がグローバリズムに対抗するアジールとして、自分の存在をはっきりと意識するとき、この国は変われるかもしれない。そのとき天皇は、この列島に生きる人間の抱いている、グローバリズムにたいする否定の気持ちを表現する、真実の「国民の象徴」となるのではないだろうか。

再開発された汐留

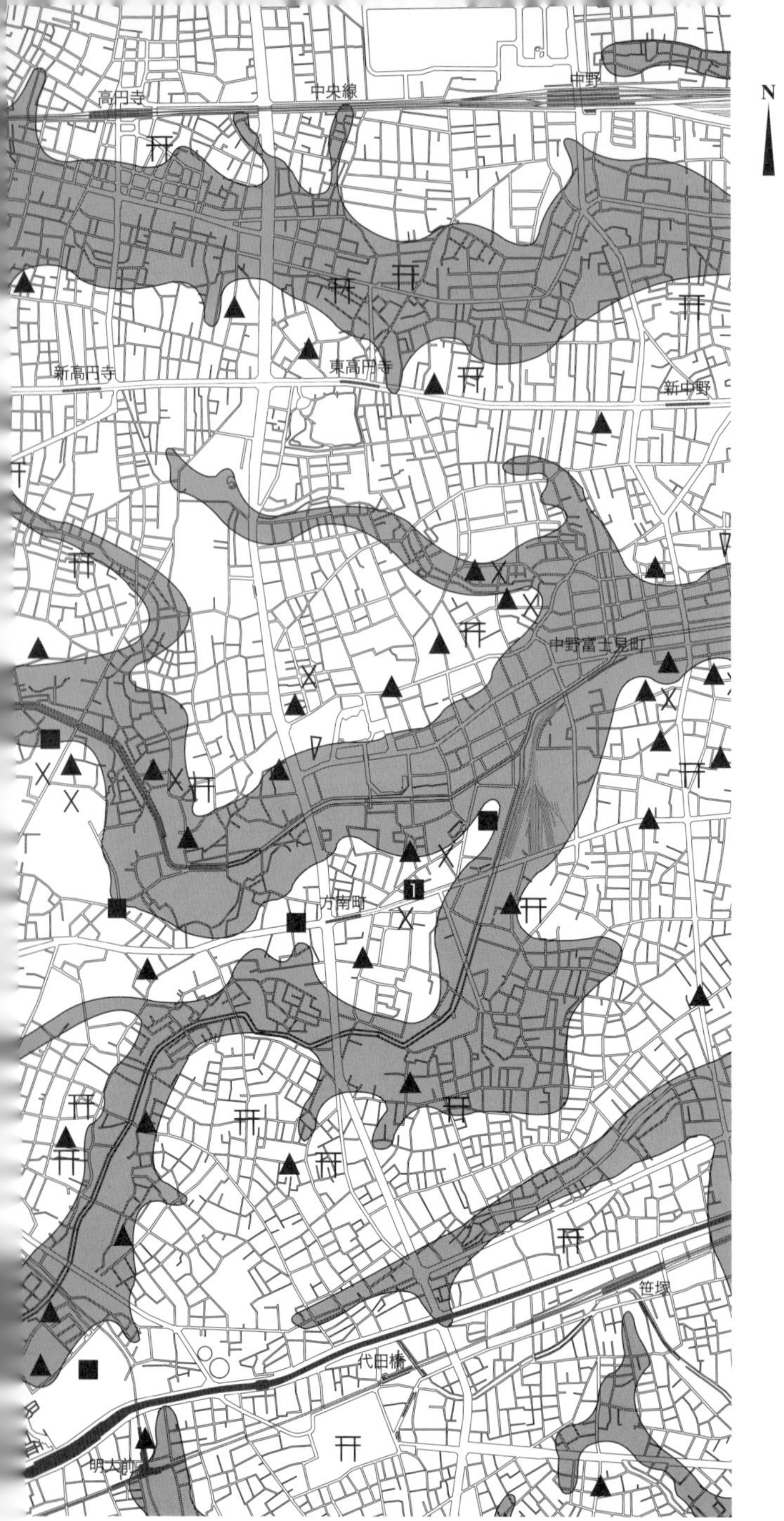

終章

ムサシ野オデッセイ

大宮八幡宮

Omiya-Hachiman Shrine

洪積層　沖積層

■ 旧石器遺跡　▲ 縄文遺跡

╳ 弥生遺跡　Δ 横穴墓　● 古墳

⛩ 神社　卍 お寺

1. 峰台地
2. 和泉熊野神社
3. 大宮八幡宮

アースダイバー、出発地点へ

倭人系海人は、船に乗って、日本列島を海岸伝いに、東へと移動していった。集団の一部は、海岸部に定住して、そのまま「海人《あま》」となっていったが、そのほかの集団は、河口部から内陸に入って稲作をおこない、のちの「百姓《ひやくせい》」のもとをなす人々となっていった。この間に東日本ではとうぜん、縄文系の人々との混血も進んだ。

内陸に入った海人が、どのような道筋をたどる移動をおこない、どのような地形の場所を選んで定住し、新しい環境に合わせて暮らしの形を作り変え、そののちどのような歴史をたどっていったか。これは日本人の形成をめぐる重大な問題であるにもかかわらず、資料の不確かさの理由をもって、これまで手付かずのまま、放置されてきた。

アースダイバーはこの難しい問題に取り組んでみたい。調査の場所に選んだのは、東京都の杉並区を流れる、神田川《かんだがわ》と善福寺川《ぜんぷくじがわ》にはさまれる地域である。ここは昔からムサシ野（胸刺、无邪志、武蔵などと書かれた）と呼ばれてきた地域の一角である。じつはアースダイバーの探求は、ここから開始されている。善福寺川と神田川にはさまれた地域の縄文遺跡の分布から、あのマップは最初着想された。その出発地点に、私たちは戻ってきたわけである。

同じ形式の土器の拡散状況から推定するに、伊勢湾に盤踞《ばんきよ》した海人は、弥生時代の後期にはすでに、東海地方の海岸部に進出していた。駿河湾、伊豆半島、湘南海岸をへて、海人の大集団が房総半島にたどり着いたのは、二世紀の後半頃であろうか。彼らは内房総と外房総に分かれて進み、それぞれの拠点をつくっていった。

房総と古江戸湾そして平川の発見

このなかでもっとも精力的だったのが、外房総の上総一宮《かずさいちのみや》近くの海岸に上陸した海人集団である。海神への強い信仰心を持ち、旺盛な開発心にあふれていた。彼らはいくつものイエ集団で構成されていて、上陸した地点から、イエごとに四方の原野に分かれて分散していった。生活の基本は半農半漁であるが、内陸部に住んだ集団が、早くから農に中心を移していったのにたいして、海岸部の同族は、いつまでも海人らしく漁で暮らしをたてた。

しかし同族の結束は驚くほどに強かった。彼らは、自分たちが同じ先祖から発していることを、けして忘れなかったのである。そこで毎年、上陸の日とされる記念日に合わせて、各村に分霊された海の女神玉依姫《たまよりひめ》の霊を乗せた神輿《みこし》をかついで、伝説の上陸地点へ集合してくる祭りを、ずっと続けてきた。

これを「霊合《れいごう》」の祭りという。分かれた霊が、再び一つに集まってくるという意味である。この祭りでは、伝説の海岸に、各小字《こあざ》から神輿や船形の檀尻《だんじり》を引いて、大昔に同族であった人々が集合してくる。さまざまな形式でおこなわれる霊合の祭りは、倭人系海人の祭りの基本をなしている。興味深いことに、海人族は内陸部に住んで米をつくる人たちとなったあとも、この霊合形式の祭りを続けた。そのことは、信濃に入ったアヅミ族の祭りでも同じである。

房総半島の先端、安房《あわ》の館山《たてやま》に上陸した海人集団もある。館山周辺の地形はすばらしい。さぞかしアヅミはそこで繁栄をとげたと思いきや、そこにはしばらくして、四国の徳島から移住してきた、「忌部《いんべ》」という技術と呪術に長けた別の海人集団が、強力なコロニーをつくってしまった。そこで、アヅミやアマの存在感は、あまり表にあらわれてこなくなってしまう。

しかし富浦《とみうら》、富津《ふっつ》、木更津《きさらづ》と、内房総の海岸部の良好な入江には、いたるところ、アヅミ・アマ系の海人の村がつくられていった。古代の房総半島には、いたるところに、豊玉姫・玉依姫など海の女神に守られた、典型的な海人の世界が成長していった。浜降り、霊合祭など、この地帯の神社の祭礼は、どこも海との深いつながりをしめしている。

こうして同じ系統（アヅミ、アマ）に属する海人は、古江戸湾の全域に向かって、海人コロニーを広げていった。海岸部に暮らした海人は、とうぜん漁を中心とする海人らしい生活を、発達させていった。しかしなんども繰り返すように、倭人はもともとが、半農半漁を生活スタイルとする人々であるから、そのなかには、内陸部に入って、稲作に適した土地を見つけてそこに定住しようという、百姓型のアヅミもいた。このタイプの海人たちは、気持ちのよい川を見ると、そこから遡行して、内陸へ分け入っていこうと思ったものである。

平川《ひらかわ》が、まさにそのような川であった。平川はのちの江戸城の脇あたりから、古江戸湾に流れ出していた川で、大河口部を持つ多摩川《たまがわ》や相模川《さがみがわ》に比べると、むしろ規模の小さな川である。海人たちはできうることなら、雄大な多摩川の河口部から、内陸部に入っていきたかったことであろう。じっさい有力なイエ集団は、かつて巨大な縄文集落の広がっていた多摩川下流に、府中《ふちゅう》、分倍河原《ぶばいがわら》など、新しい弥生の村を開いていった。

平川から上流をめざしたのは、そういう有力イエ集団ではなく、競争の少ない場所で、自分たちのささやかな世界をつくることをめざした、慎ましいアヅミ集団であったのだろうと想像する。私はこ

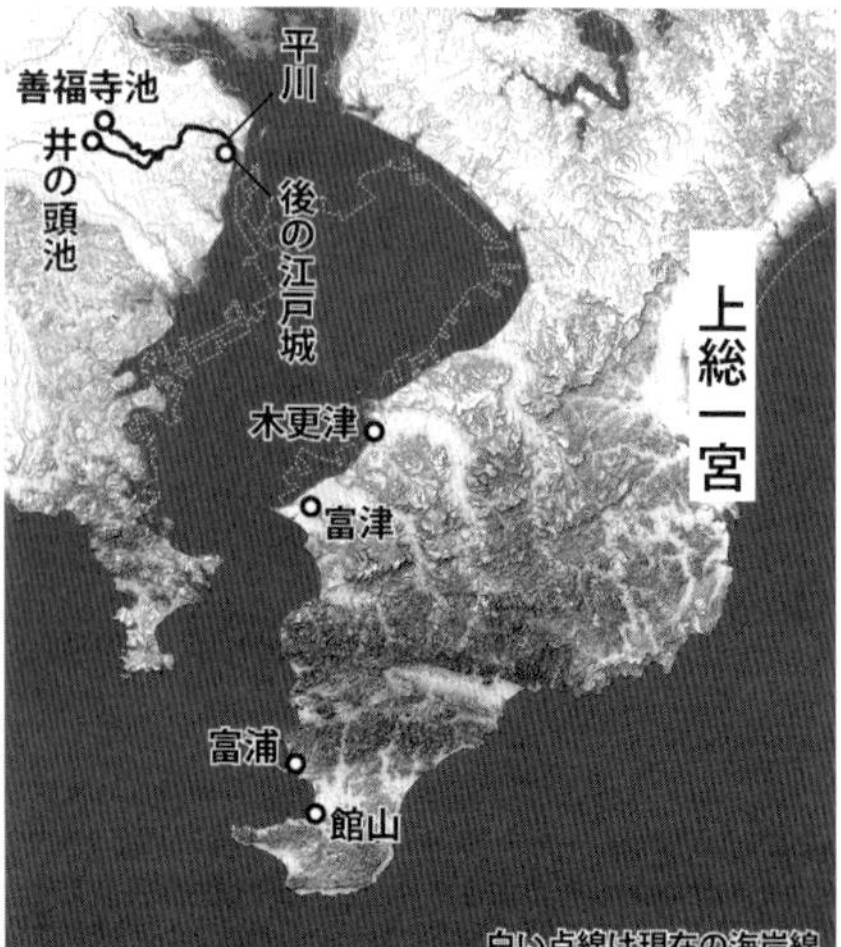

弥生時代の後期（二〜三世紀）の房総と古江戸湾

の慎ましい一族のことを、仮に「ワダ」一族と呼ぶことにする。彼らは海神《わだつみ》を信奉していたはずであるから、ワダと名付けたまでのことである。

さて、ワダはかねてより、強い人々に振り回されない自分たちの平穏な世界を、内陸部に得たいと願っていた。そこで彼らが目をつけたのが、湾奥に河口を持つ比較的に地味な平川であった。ワダの長老たちは、その川の上流に何があるかを探るために、斥候隊《せっこうたい》を送り出そうと決めた。

舌状台地

斥候に出たものたちからの報告を受けて、ワダの長老たちは、この川の上流がきわめて有望な、未踏の開発地であることを知った。とくに河口から数キロさかのぼった地点で、二つの流れが合流する場所があり、そのあたりが村を作るのに最適地であると思われた。平川に流れ込む二つの川とは、現在の善福寺川と神田川であり、二川の合流するあたりとは、現在の方南町《ほうなんちょう》にある「峰《みね》」の舌状台地をさす。

頃は二世紀の後半であろうか、ワダ一族は海岸部からの移住を開始した。途中の平川の両岸には、すでに入植を果たしたほかの小集団の村も見えたが、峰台地の奥はまだ処女地であったから、ワダ一族の旅は比較的平穏であったろう。かつては多くの縄文村のあったこの流域も、この頃には縄文人の姿はまばらであった。

峰台地は日当たりの良い、住むのには快適な土地だったが、広い水田を開くのには低湿地が少し足りなかった。そこでワダの長老たちは、峰台地に数家族を配してそこの開発を頼み、神田川方面ではなしに、善福寺川をさらにさかのぼっていくことにした。この決定には、おそらく地形の特徴が関係していると思われる。神田川の流路が比較的に単調なのにたいして、善福寺川の流れはいくつもの場所で大きく蛇行し、そういう場所には水が溜まりやすく、水田を開くのに適した湿地ができていたからである。

ワダ一族がもっとも注目したのが、のちに「和田堀《わだぼり》」と呼ばれることになる、比較的に湿り気の多い土地であった。善福寺川が湾曲するその土地には、村作りに適した「松ノ木」の微高地の周囲に、葦や蒲の生い茂る沼地も多く、稲作の適地と判断された。多くの長老を輩出してきたワダ一族の「宗家」は、この土地に新しい村をつくることに決め、海人族の伝統を記憶するため、この村を「海田《あまた》」と名付けた。海人族の開いた水田という意味である（古代の文書に出てくる「海田郷」が、和田堀・松ノ木の弥生村であることをつきとめたのは、『東京・和田大宮の研究』という本を書いた萩原弘道氏である）。

和田堀と松ノ木の周囲につくられたこの弥生村が、ワダ一族の中心となった。峰台地からこちらはワダ一族の土地で、そこに広がる（今の地名でいう）方南、和田、済美《せいび》などにも水田が開かれ、一族の者が村を移り住んでいった。

神田川沿いの和泉には、別集団のアヅミ族の村も開かれている。自分たちが海人族アヅミであることの記憶を、そのイズミという地名に込めたのである。このイズミのアヅミ族は、ワダ一族とは違う場所（杉並区和泉の熊野神社）に、聖所を設けている。

海田の聖所

倭人系海人に共通する世界観では、天空と海の間に人間の世界がある。天空と海は、同じ「アマ」

環七南側より峰台地を見上げる（筆者撮影）

［上］：和田堀公園（KMC）
［中］：松の木遺跡
［下］：冬の和田堀公園（ともに筆者撮影）

という音で表現され、その二つのアマの間に地上世界があり、朝ごとに海から出現し、夕ごとに海に沈んでいく太陽が、その二つのアマを一つにつないでいる。

天《アマ》は高所にある乾燥と熱の領域であり、海《アマ》は低所にある、湿った冷たい領域である。稲が生育するには、湿った領域の「水」と、熱の領域の「太陽」との、共同作業が必要であるから、天と海を媒介する中間に、水田は開かれることになる。

水田はより水界に近く、人の住む微高地は、水界から少し高い乾燥した土地に設けられる。そして、神々をお祀りする聖所は、それよりもさらに高い乾燥した場所につくるのが、理想と考えられた。

この点でも、和田堀・松ノ木の海田村は、絶好の条件を備えている。善福寺川が大きく蛇行するこの地点で、凸側の地形は大きく盛り上がり、頑丈な台地をなしている。これをワダ一族の住む村から見ると、善福寺川を挟んで向こう岸に、小山のような台地が盛り上がっているように見える。

より天界に近いこの台地の上に、アヅミ系海人ワダ一族の聖所が設けられた。

弥生人の神々の世界には、まだ国家誕生後にできる新層的神道のような階層構造はできていない。太陽神や海神や海の女神が、平等な資格で並び立ち、月の満ち欠けによる暦をもとにして、さまざまな祭祀が執りおこなわれた。内陸部に移動してきてからも、海人たちの玉依姫にたいする信仰は揺るがなかった。ワダ一族の祭祀場では、海の神にかかわる祭りが続けられていた。

弥生式文化では、後世の神道のような「死の穢《けが》れ」は考えられていない。神々を祀る祭祀場には、遺体を埋葬する墓地も設けられていた。

台地が岬のような形で、ぐんと突き出している場所には、ワダ一族のリーダーたちの中でもとりわけ重要な人たちの墓が、三基並んでつくられた。「方形周溝墓」という弥生後期の形式の墓で、その周辺（現在、高千穂大学のキャンパスのある場所）には、たくさんのワダ一族の人々の墓所もつくられ、台地上には、神々と祖霊の共存する厳《おごそ》かな聖所が出現していた。

聖所と村は、善福寺川の流れによって隔てられ、そこに橋はかかっていたのだろうが、普段は聖所が禁足地となっているので、神官以外の者が橋を渡って、うかつに聖所に踏み込むことは、許されていなかったことだろう。

しかし、特別な祭りのおこなわれる日には、松ノ木・和田堀の弥生村と台地上の聖所を結ぶ通路が開かれる。とりわけ大きな祭りが、夏の一日、すべてのワダ一族の者を集めておこなわれる。弥生式社会では、夏と冬の二度、いずれも数日にわたっての大祭がくりひろげられる。

その祭りの期間、先祖霊が生者の世界へ立ち戻ってくる。冬の祖霊祭では、生命の増殖を願う「ふゆ」の祭りが、小屋の中で盛大に催される。これにたいして夏の大祭は、全ワダ一族が、台地の上の聖所に集合しておこなわれる。偉大な首長たちの墓の傍に設けられた屋外の神庭《かんば》で、自分たちの先祖が敢行した、善福寺川遡行の旅を記念する、海人式「霊合」の祭りである。

霊合祭

上陸地点の浜に到着した海人族が、イエごとに別々の方向に分散していくとき、彼らは「宗家」のお祀りする玉依姫《たまよりひめ》の霊を分霊して、箱におさめて持たせてやる。

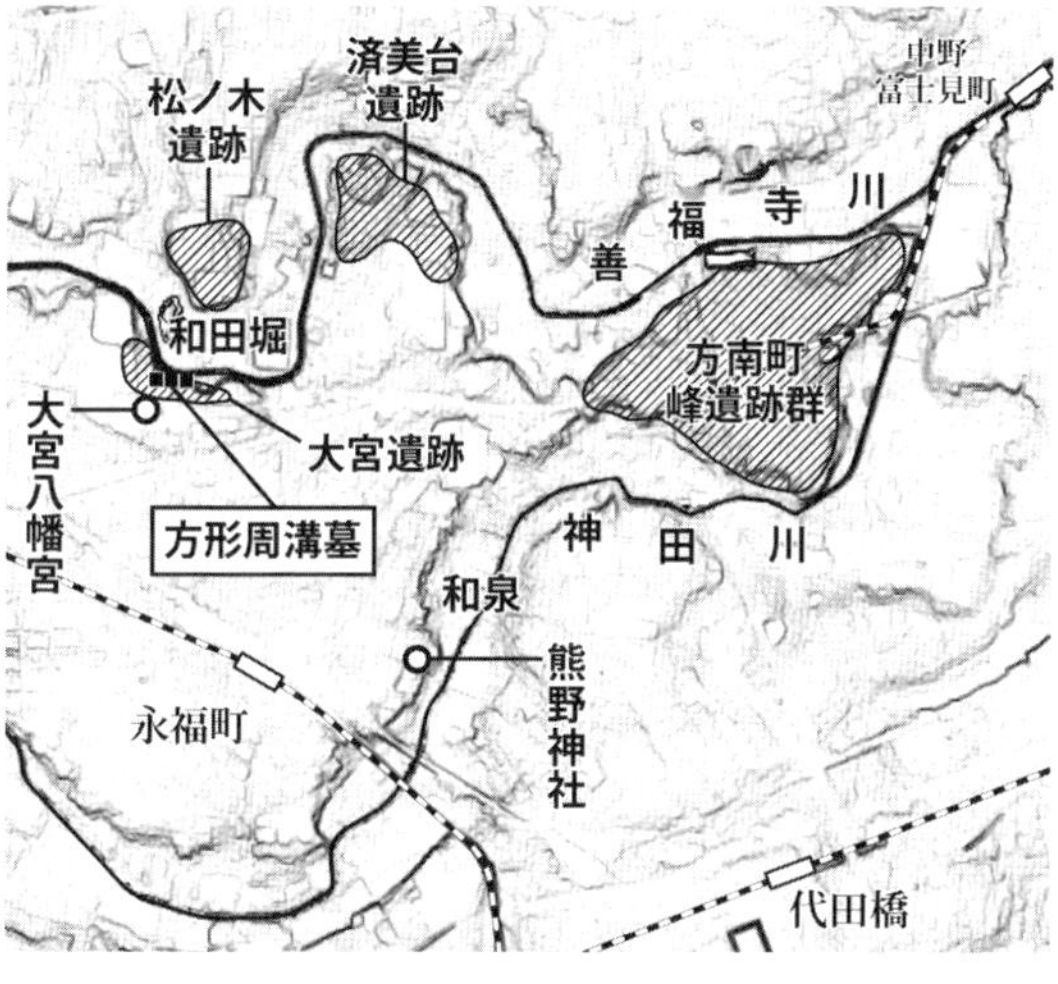

善福寺川を遡行してワダ一族は、「海田郷」を開く

別方向に散っていった各イエ集団は、そうやって分霊された神霊を大切に護って、開発の事業を進めたのである。

霊というものは、どんなに分割しても、小さくなったり、弱くなったりしない。しかし分割された霊は、自分のおおもとをなす主霊のことを忘れることがなく、再び一つの霊としてそこに合体しようと、強く望んでいる。この分割された霊の想いをかなえるため、海人族の「霊合《れいごう》祭」はおこなわれてきた。

房総半島におけるアヅミ族の中心地の一つ、上総一宮で今も続けられている現代の霊合祭や、東京都杉並区の大宮八幡宮祭礼などからとりだすことのできる「構造」をもとにして（同前掲書）、海《あま》田《た》郷《ごう》に移住を果たした二世紀後半の頃の、夏の霊合祭の模様を想像してみよう。

大宮台地の上に設けられた先祖の英雄たちの墓所に近づくには、二つのルートがあったと思われ

［上］：大宮八幡宮
［下］：磐座（幸福かえる）

［左ページ右］：多摩清水社（外観）
［左ページ左］：多摩清水社（神水）（すべて筆者撮影）

る。一つは善福寺川沿いに開かれた和田堀・松ノ木の本村から、川を渡ってすぐに崖にとりかかり、急な崖道を直登する道である。この道はふだんからも、神官や有力者のみが利用することの許された「神道」で、祭りの日ともなると、その神聖感はいやましに高まっていただろう。

もう一つの道は、墳墓のかたわらの森につくられた「神庭」にむかって、東の方角からまっすぐに続いている、森の中の参道である。参道の入り口には、鳥のかたちをした象徴物を上に乗せた木製の門があって、結界を張っている。祭りの日には、善福寺川で禊《みそぎ》をすませたワダ一族の者ならば誰でも、門をくぐりぬけて、神庭に近づくことが許された。

神庭の奥には小さな泉がわいていて、そのかたわらに聖なる磐座《いわくら》がある（これは現在も残っている）。墳墓、泉、磐座は、聖所を形成する三点セットとも言える。台地の下の村から見ると、この三点セットをそなえた聖所が、山のような盛り上がりを見せる台地の上の森の中に、ひっそりと鎮座しているのである。アヅミ出身の海人にとって、神をお祀りする環境としては、ほぼ完璧な構造である。

弥生人の夏祭り

峰台地、済美台、和田堀・松ノ木微高地と、各村に分散して住んでいたワダ一族は、この夏の祭りの日に、大宮台地に作られた神庭に集合してくる。

各村の聖所に安置されていた、分霊箱の中の玉依姫の霊が、たがいに寄り集まって、おおもとの一つの霊に融合したいという、強烈

な願望を抱いていることを、人々はよく知っていた。そこで、先祖霊がこの世に戻る、夏の日の機会をとらえて、分霊された霊を一つに集合させ、融合させる祭りを、毎年挙行した。

峰台地から、済美台地から、和田堀・松ノ木台地から、先祖を一つにするワダ一族の人々は、玉依姫の霊を納めた箱をうやうやしく担いで、大宮台地の神庭に向かうのだった。

ちょうど日没の時間に、神庭に到着できるように、人々は善福寺川で禊をすませると、ゆっくりと大宮台地に向かって歩みを進めた。日没の前には、分霊箱を乗せたいくつもの素朴な神輿《みこし》が、参道入り口の「鳥の門」の前に集合し、霊合の祭りの始まりを、いまかいまかと待ち構えていた。

太陽は西の空に、いままさに沈もうとしていた。森の向こうに沈んでいくその太陽を、「鳥の門」前に集合していたワダ一族の者たちは、参道のまっすぐ先の方角に見つめることができた。「鳥の門」と参道と神庭と日没の太陽は、この祭りの日に、一直線上にのるように設計されていた。日没とともに、分霊箱を乗せたいくつもの神輿がうごめきだす。霊合の祭りの始まりである。

一基また一基と、各村の奉斎《ほうさい》する玉依姫の霊をおさめた神輿が、低い掛け声とともに、神庭に入ってくる。神輿を担いでいるのは、村の成人した男子ばかりで、祭りのこの段階ではまだ女性は加わっていない。

神庭に入った神輿は、はじめは整然と進んでいくが、しだいに掛け声は興奮を帯び、列の進行が乱

上総一宮の霊合祭
（写真提供：玉前神社）

れ出し、隣に近づいてきた別の村の神輿との、ぶつかりあいをはじめる。ぶつかりあいはますます激しさを増し、分霊箱が壊れてしまう神輿もでてくる始末。事情を知らない者には、神庭はカオスのるつぼと化しているように見える。

ところが、このカオスが祭りには必要である。それどころか、ぶつかりあいの中からカオスを生みだすのが、この祭りの目的なのである。ワダ一族が移住を開始したとき、一族のお祀りしてきた海の女神の霊を、各村に分け与えて、開発の事業の幸多からんことを祈った。分霊された霊は、それぞれの村に分散していった。

分割された霊たちは、ふたたび一体となって融け合ってしまうことを、強く欲望しながら、ワダ一族の百姓たちに力を貸し与えてきた。その分割された霊たちが、一年にいちど再会を果たし、一つの霊に溶け合ってしまおうという祭りが、この日なのである。

分割された霊たちは、密封された箱の中から、神輿をかつぐ者たちの魂に息吹きを注ぎ込み、揺すり立て、跳躍させ、彼らを興奮のるつぼに巻き込むことで、分霊箱を動揺させ、あわよくば「破壊」して、それぞれの箱の中から霊を解き放ち、神庭の空中で一つに融け合おうとしていた。

ワダ一族の者たちが、興奮して神輿を衝突させあっている最中、空中に逃れ出た分割霊たちは、たちまち一つに寄り集まって、大きな霊体をつくりなす。そのとき空中に現出したのは、海人の守護の女神として、この冒険の旅《オデッセイ》に付き添ってきた、偉大な玉依姫の大霊なのであった。

現代でも祭りでは人々は神輿を激しく揺すり立てる。その理由の一つを、霊合の実現として見ることができる。

器の破壊

日本の神社を訪れたユダヤ教の聖職者は、神道の祭儀や思想が、ユダヤ教のそれときわめてよく似ている事実に、しばしば驚いている。神輿を担ぐなどという神道の風習も、その似ている点のひとつである。ユダヤ教では、神の定めた掟を納めた聖櫃《せいひつ》をかつぎ回ってお祭りをする。その様子が、本殿の奥に納められていた神霊を神輿に移して、町中をかつぎ回ってパワーを振りまくという、日本の祭りにそっくりだと感じるのである。

もしもこのユダヤ教聖職者たちが、海人族の伝統である、浜辺の「霊合祭」の存在を知ったとしたらいっそう深い感慨に襲われるのではないだろうか。霊合祭は海岸に上陸ののち近隣の各地に散って

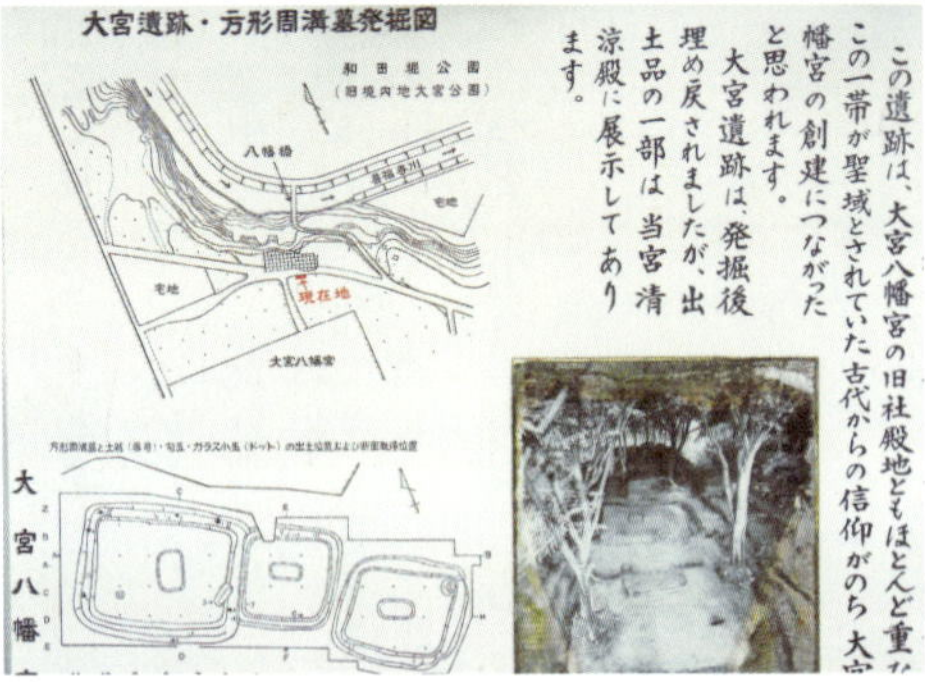

［上］：大宮遺跡のあった崖地
［中］：大宮遺跡の説明
［下］：高千穂大学グランド（すべて筆者撮影）

いった海人族の者たちが、毎年一度再会を果たす祭りである。彼らは散開のとき、玉依姫の大霊を分割して箱に納めて別れていった。そのとき分割された霊は、一つに融合したいと強く欲望した。その願いを叶えるため、集合した分霊箱は激しく揺すられ象徴的に「壊され」、そのすきに霊は箱から出て、他の霊たちと融け合うのである。

ユダヤ教では、これとよく似た、神は「器を破壊する（シュビラット・ハケリーム）」という考えを持っている。もちろんこちらは一神教であるから、神の威力が強すぎて、神と人間をつなぐ象徴の「器」を破壊して、神の威力が外にあふれ出てしまうという風に描かれている。

しかし、もともとは一つの民であった人々が、神霊を納めた箱を携えて、各地に分散してしまったのち、一族の再会を強く望んでいたという点や、神霊を解き放つために、象徴の器は破壊しなければならないという考えは、海人族とユダヤ人との間に共有されている。

私たちはこの事実の中に、日本人の神道の原型をつくった、倭人系海人の神道思想の持つ「普遍性」を見出す。人類の思考の普遍的構造が、それぞれの民の「自然神道」を生み出す（古い形のユダヤ教はユダヤ人の自然神道である）。そのため長い時間がたっても、遠い移動の旅をおこなったあとでも、その構造はあまり変化をおこさない。アースダイバーは、日本人と神道の形成を、アフリカに始まる人類の大移動の過程の中に置き直して、捉え直そうとしている。それゆえ、神道とユダヤ教の共通性が暗示するものや、日本語のドラヴィダ語（インドの先住民の言語）起源説についても、その可能性をはなから非科学的と決めつけて、排除したりはしない。

和田堀から大宮の聖所を見上げる（KMC）

三百年の平和

話が大きくなりすぎた。縮尺をもう一度縮めて、地図をムサシ野の一角の小地域に引き戻そう。

ワダ一族が、善福寺川の流れに沿ったこの地帯に、水田をそなえた弥生式の村を開発しはじめてから、三百年あまりがたった。内陸に住んで三百年もたてば、海人族のアヅミも、いまやすっかり百姓《ひやくせい》である。房総の海岸部に暮らしている、遠い同族の者たちとは、体の使い方もものの考え方も気性も、ずいぶん隔たってしまっている。海民と百姓の間には、まるで出自を異にする、別の民のような違いが生まれていた。

しかし、毎年続けられている霊合の祭りのおかげで、自分たちの出自が海人族であることが、忘れられたことはない。聖所に祀られている祭神も、海の女神の玉依姫であり、冬の神話語りの季節には、遠い神話の時代、海人ワダ一族の先祖の英雄たちが、平川（善福寺川）を遡って、この土地にたどり着くまでの冒険が語られてきた。海田《あまた》郷《ごう》はいつまでも、ワダ一族の意識の中では、内陸に取り残された海なのである。

内陸へ移住した海人族の神道が、どういうものに変化していったのかは、推測の域を出ない。しかしアヅミ神道の基本中の基本である、「アチメ（阿知女）」の作法と、「イソラ（磯良）」の舞だけは、変わることなく伝承され続けたものと思われる。

アチメは「アヅミメ（安曇女）」からの音変化で、アヅミ族の女性祭祀者の呼び名である。アヅミの巫女には、聖域の結界を浄化したり、神への呼びかけをおこなうときの独特の作法があった。大気を震わせるような澄んだ声で、「お、お、お、お、お、おー」とおらぶのである。この作法は、ヤマト王権にも取り入れられて、「阿知女作法」として知られるようになる。ワダ一族のアチメ巫女は、大宮台地上の三基の古墳の前で、この作法によって、先祖霊や玉依姫の神霊に、呼びかけていたのだろう。

伝承の神事舞「イソラ舞」も、アヅミ神道の重要な演目である。仮面の舞では、人間が神の面をつけることで、神に変容する。ところがアヅミのイソラ舞では、人間の顔面を隠すのではなく、神の顔面を隠すために、布が着装される。イソラは長いこと海中に暮らしているため、顔にはサザエやらアワビの貝殻がへばりついている。神はそのことを恥じて、顔の前に布を垂らして、自分の顔面を隠す。イソラは年取った老人のようにも思えるが、じつは極端にシャイな永遠の少年なのである。

大宮台地上の聖所では、巫女たちはアチメの作法で神々に呼びかけ、玉依姫を喜ばすためにイソラが優雅な舞を見せ、分霊が集合して一つの大霊に融け合うという、海人族特有のアヅミ神道の祭祀が続けられた。祭りは人々の魂を原初の神話の時間に連れ戻す力を持つ。この古層の祭りがあるかぎり、彼らはいつまでも海人族である。

突然の消滅

アヅミ系の海人である善福寺川中流域のワダ一族は、ほぼ三百年かけて、一帯を豊かな水田に変え、海人風を基本とする神道の祭りを守り続けることで、峰台地から松ノ木台地に広がる、自分たちの平和な世界をつくりあげることに成功した。ところが六世紀後半に、この地域から、ワダ一族の村々が突如、いっせいに姿を消してしまう。

ワダ一族の身に、いったいなにが起きたのか。歴史が彼らに襲いかかってきたのである。

六世紀の半ばすぎ、ワダ一族の住む村々が、突然、善福寺川流域から消えてしまうのである。それどころか、本町《ほんちょう》から方南町や弥生町（中野区）、神田川沿いの和泉（杉並区）に暮らすアヅミ族の村々まで、いっせいに姿を消してしまう。その後、二百年ほどの間、その地域からは、生活の痕跡を残す土器類が、忽然と消えてしまった。規模は小さいながらも、あれほど幸福そうに見えたアヅミの村々は、人の住まない廃村となってしまった。

この事実は、この地帯の発掘を続けてきた考古学者たちを、ひどく当惑させ、さまざまな説がなされてきた。四世紀頃からは、関東のこの地域にもヤマト王権の勢力が、浸透してきていたが、めだった戦闘や抵抗のおこなわれた痕跡はなく、ほぼ平和裡にワダ一族は、ヤマト王権に帰属するようになっていた。ヤマト王権とアヅミ族は、そもそも出自の近い人々であり、それまでクニを持たなかった人々も、縁者たちの興したクニに帰属するのに、大きな抵抗感はなかったと思われる。

侵入部族の襲撃という可能性もないではないが、こうまとめて広い範囲のアヅミ族が、ごっそり消えてしまい、人がなかなか戻ってこなかった理由としては、考えにくい。ではワダ一族は、どこへ消えてしまったのか。この謎にたいしては、さまざまな考えが提出された。そうした説のうちで、『東京・和田大宮の研究』の著者、萩原弘道氏の仮説が、大筋においてもっとも説得力に富んでいる、と私は考える。

ムサシの乱

ワダ一族の村々の突然の消滅という事件の背景には、当時のムサシの政治状況が、深く関与している。日本列島では、クニのもとをなす権力は、お米から生まれ、お米によって支えられていた。水田開発の技術と資本をもった集団のまわりに、自然と権力が集まってくるのである。関東平野の場合、利根川以南では、そういう権力の集中地点が二つあった。

一つは多摩川の下流域、現在の田園調布、上野毛《かみのげ》、狛江《こまえ》の川べりに広がる南ムサシの一帯である。六世紀の頃、このあたりには「毛のクニ」の豪族がおり、当時の首長の名前を小杵といった。南ムサシは、東北を攻略するヤマト王権の軍事拠点ともなっていたため、毛の君の勢力は強大で、巨大な前方後円墳が、長期間にわたって作られ続けた。

もう一つの中心は、東松山《ひがしまつやま》の北、埼玉《さきたま》古墳群の広がるあたりで、ここが当時の北ムサシを形成していた。このあたりは多摩川べりの南ムサシに比べると、開発が遅れていたために、南ムサシの羽振りがよかった前半期には、いまひとつパッとしない地域だった。

この北ムサシのさらに北には、利根川から渡良瀬川にかけて、上野《こうずけ》の豪族たちが勢力を張っていた。上野はなかなか強大で、ヤマト王権も彼らを脅したりすかしたりしながら、微妙な関係維持を図らざるをえな

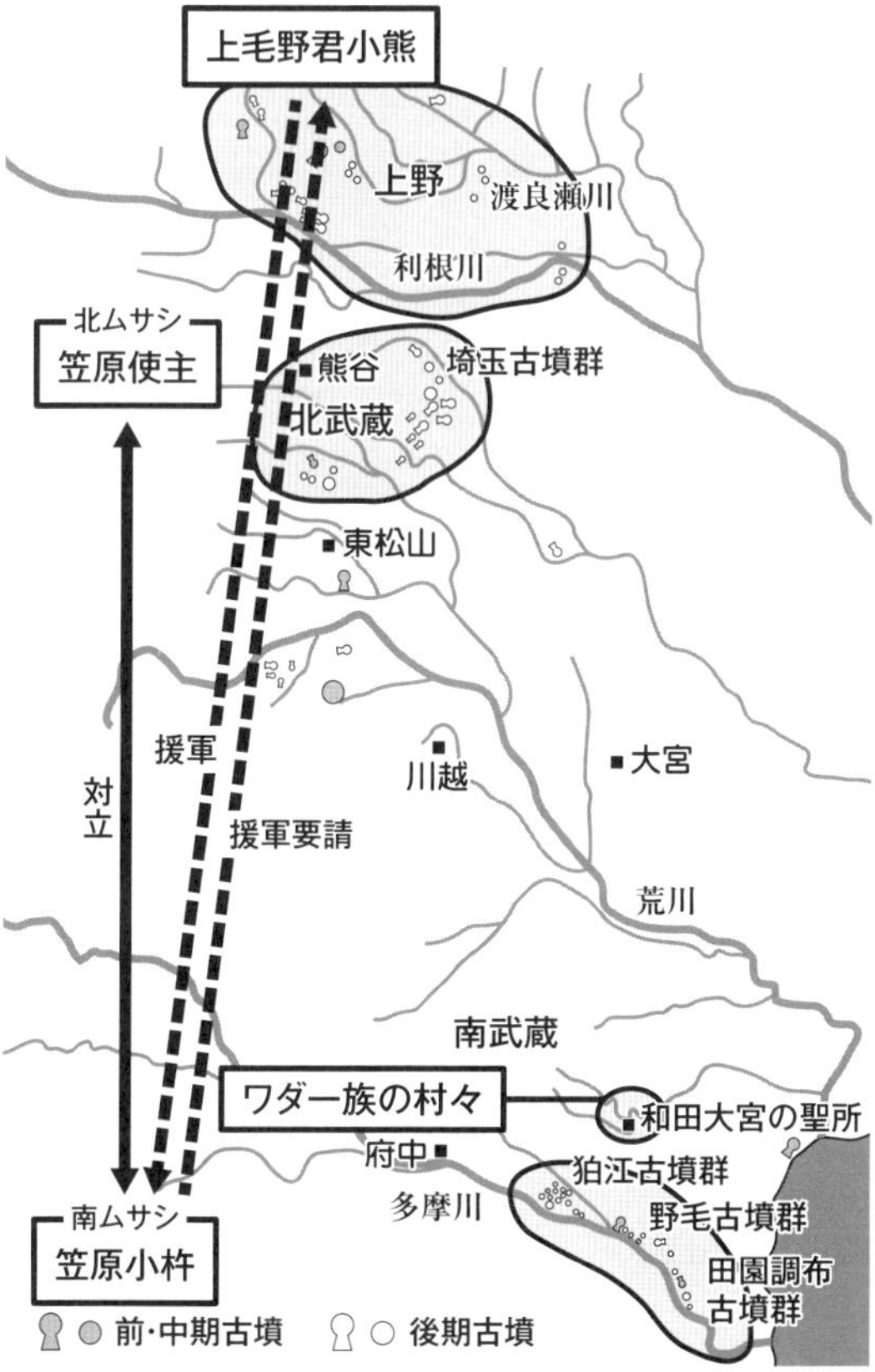

早く開かれたのは多摩川沿いの南ムサシであるが、六世紀に起こった乱をきっかけに、埼玉の丘陵地帯を背にした北ムサシの繁栄が始まる

かった。ヤマト王権からすれば、南ムサシの毛のクニは、少し力を持ちすぎていたし、上野は目の上のたんこぶ。この状況を自分たちに有利に変えていくには、埼玉の北ムサシに力を与えて、彼らを関東平野の押さえとして利用するという戦略が、有効であると思われた。

六世紀の前半頃、ヤマト王権にとって、絶好のチャンスが訪れた。北ムサシの笠原使主《おみ》と南ムサシ同族の小杵の二人が、いまの県知事にあたる国造《くにのみやつこ》の地位を争いはじめたのである。強引な攻めを好む小杵は、上毛野小熊《かみつけののおくま》に援軍を求め、使主を攻め殺そうと図った。あやうく難を逃れ出た使主は、事をヤマト王権に訴え出た。ヤマト王権はしめたとばかり、国造の地位を使主に与え、小杵を反逆者として殺害するにいたる。

この事件が、ワダ一族に悲運をもたらしたのである。南ムサシの勢力はこれを機に一気に押し込まれ、乱に加担した小杵の主権は剝奪されて、多摩川流域の豊かな開発地のすべてが、屯倉《みやけ》として、ヤマト王権の所有に帰することとなった。ワダ一族はとうぜんのことながら、南ムサシの勢力に属していたため、彼らの村々も屯倉として、ヤマト王権に収用されることになった。

しかし悲運はさらに続く。ヤマトから派遣されてきた官僚は、狛江の北西に広がる府中に新しい屯倉を大開発することを企画し、その開発のための作業要員に、善福寺川と神田川の流域を本拠とする、ワダ一族を充てようと思いついた。こうして六世紀の半ばすぎ、ワダ一族は命令によって、住み慣れた村々を捨てて、多摩川べりの荒蕪地《こうぶち》、現在の府中市片町あたりへの移住を強制されることとなった。

善福寺川べりの海田郷から、こうして住民の姿がすっかり消えてしまった。ワダ一族の精神的指導者である聖所の神官たちも、府中への移住を求められた。人々が消えたあとには、海人族の先祖を祀る聖所と、それを囲む広大な禁足地の森だけが、寂しく残された。

では和田大宮の森の聖所は、放棄されてしまったのか。まったくそうではなかったというのが、萩原氏の説である。府中に移住させられてしまったのちも、アヅミの神官たちは、和田大宮の旧聖所における先祖祭祀を、守り続けようとした。神官たちは、数多くの祭祀を途切れさせることなく続けるために、府中から和田大宮の聖所に通い続けた。

またおそらくは、夏の祖霊祭のときには、ワダ一族の者たちはこぞって、移住先から分霊箱を担いで数キロの道を歩き、故地の聖所に参集して、昔どおりの霊合祭を挙行したのではなかろうか。そのためには、古い聖所と移住先の村とをつなぐ、特別な道がなくてはならなかっただろう。それが、現在の大宮神社裏にある高千穂大学構内から、府中方面に向けて続いている道路であり、現在の人見街道の原形となった道である。

海田郷への帰還

移住先の府中の村から、自分たちで整備した人見街道を通って、アヅミの神官たちは、和田大宮の聖所の森に通い続けた。数百年前に古江戸湾から内陸の処女地をめざした、ワダ一族の先祖たちの廟所が、荒廃に帰さないように、神官たちは祖霊祭祀をなんとしても絶やさないようにした。そのことの大切さを、若い神官たちは厳しい修練の過程で、くりかえし教えられてきた。広大な森の奥の密かな廟所は、こうして彼らの努力によって、まもられてきた。

ワダ一族が、善福寺川流域の豊かな農村から多摩川べりの荒蕪地への移住を強制されてから、はや数百年がたち、府中は広々とした水田地帯へと変貌した。その頃（平安末）になると、ようやく律令体制もほころびはじめ、天皇家の私有地である屯倉《みやけ》も、各地の在地勢力による横領や略奪にさらされるようになった。屯倉の制度じたいがゆっくりと、解体への道を歩み始めていた。

人を土地に縛る戸籍制度の力が失われはじめ、そのおかげで、人々は以前よりもずっと自由に、移動や移住ができるようになった。片町のワダ新村の住人の中には、伝説に語られてきた海田郷の先祖の土地に戻ろうというものも、ちらほらあらわれてきた。

おそらくその頃であろう、長いこと「通《かよ》い」で、和田大宮の聖所の祭祀を続けてきたアヅミの神官たちは、府中片町の神社を捨てて、和田大宮への本格的な帰還を果たそうとした。彼らは数百年たっても、自分たちの出自を忘れることがなく、いつかは海田郷の故地に戻らなければならない、と思い続けてきた。

和田大宮の森に戻った神官たちは、先祖の墓所のそばに、祈禱のための建物を備えた、新しいスタイルの聖所をつくり始めた。それは、「神社」ということばで、現代の私たちがイメージするものに近いもので、こんな東国の片田舎でも、古い聖所の形式は新しい社殿を持つ形式の神社に、つぎつぎと変貌をとげようとしていた。

古層の神道から新層の神道への変化が、空間のつくりかたにもあらわれてきたのである。古層の神道では、祖霊を祀る墓所を中心にして、祭祀をおこなう神の庭がつくられて、その神庭には綿津見《わだつみ》大神・豊玉姫・玉依姫・磯良からなる、海人族の神々が呼び寄せられた。そういう古い神道の上に、新しいタイプの神々の体系が覆いかぶさるようにして、新層の神道がつくられてくる。その変化を象徴するのが、神社社殿の建物である。そういう変化が、再生をとげたこの和田大宮の聖所にも、おこったのである。

八幡神社への変身

古層の神道から新層の神道への変貌は、いくつかのパターンを持っていて、それぞれのパターンごとの規則にそって、改造がおこなわれた。その中で、もっとも忠実に古層神道の構造を残したまま、表面上はまったく新しいスタイルに姿を変えることに成功したのが、「八幡神」の場合である。八幡神の体系の中には、倭人系海人の神道の体系が、そっくりそのまま保存されている。

対馬《つしま》でも上総でも、倭人系海人の居住地の随所で「聖母様」と呼ばれてきた、幼子を抱いた玉依姫の姿は、八幡信仰では、まだ乳飲み子の応神《おうじん》天皇を抱いた、野戦服姿の神功《じんぐう》皇后に変えられる。海人族の信仰では、綿津見大神は海の彼方にまします神として、表面には出てこない。それと同じように、応神天皇の御父君である仲哀《ちゅうあい》天皇の姿も、八幡信仰の表面には、ほとんど出てこない。海人の信仰でも、八幡信仰においても、いちばん重要なのは聖母子のカップルであり、その背後に三位一体の構造が隠されている。

こういう規則にもとづいて、ワダ一族の信奉してきた神々の体系は、応神天皇（誉田別命）と神功皇后のカップルからなる、八幡神の体系に切り替えられ、かつてこの聖所で最高の信仰を集めていた玉依姫の存在は、ただ薄ぼんやりとした霊気として、和田大宮の森に漂うだけになった。

しかし驚くべきことに、八幡神を祀る神社に姿を変えた後も、海人族最大の伝統の祭り、「霊合祭」だけは、すこしもその本質を変えなかった。和田の聖所に神官たちが帰還してきた頃、松ノ木台や済美台や峰台地には、すでに新しい住民も定住するようになっていた。彼らはアヅミ族とはもう直接の関係を持たない人々で、祖霊祭についても、別の考えを持っていた。大宮神社の神官とアヅミ一族の末裔の有力者たちは、この新しい非アヅミ族の住民たちを、八幡神を奉斎する形をとった大宮神社の「氏子」として、組織しなおしたのである。

その努力の甲斐あって、中世になると、ワダ一族の霊合祭は、新しい形式の神社の祭りとして復活をとげた。古い様式の分霊箱は、神輿に姿を変え、それを担ぐ氏子たちの多くも、もはやアヅミのワダ族ではない。しかし、祭りの根本の精神は、まったく変化していない。

海岸の砂浜もない、内陸の森の奥の聖所で、一年に一度、かつて弥生時代の兄弟村であった各村から出発した分霊箱ならぬ神輿は、宵闇せまる頃、神社の庭に集合し、たがいに練りあい、もみ合い、一つに融け合う。このとき村ごとに分割された霊たちが、ふたたび空中で一個の大霊に融合する。現代の祭りの参加者は気づいていないが、そのとき彼らの頭上では、倭人由来の海の神々が、楽しげに乱舞している。

アヅミ系海人ワダ一族のたどったオデッセイは、ムサシ野の一角に刻み残された、ささやかな歴史にすぎないかもしれない。しかしそこには、日本人の土台を形成した倭人系海人の精神史が、みごとに整った「地層」の形として、保存されている。日本列島の内陸部に踏み込んだ海人たちは、いたるところで、彼ら自身のオデッセイを体験してきたのである。そしてその堆積の中から、日本人はつくられてきた。

大宮八幡宮の「霊合祭」のクライマックス
（著者撮影）

（本文内の写真でとくに断りのないものは、すべて大森克己撮影です。
またキャプションのＫＭＣは「講談社資料センター」を表しています。）

参考文献

全般的に参考にしたもの

・斉藤幸雄ほか『新訂　江戸名所図会　巻之一〜巻之六』ちくま学芸文庫、一九九六〜一九九七
・斎藤月岑『定本武江年表 上・中・下』ちくま学芸文庫、二〇〇三〜二〇〇四
・小池章太郎編『江戸砂子』東京堂出版、一九七六
・宮尾しげを監修『新撰東京名所図会　復刻版』睦書房、一九六八
・間宮士信ほか『新編武蔵風土記稿　東京都区部編　一〜三』千秋社、一九八二
・東京百年史編集委員会編『東京百年史　一〜六』東京都、一九七二〜一九七三

個別資料

・貝塚爽平『東京の自然史』講談社学術文庫、二〇一一
・貝塚爽平監修『東京都地学のガイド』コロナ社、一九八〇
・鳥居龍蔵『鳥居龍蔵全集　二』朝日新聞社、一九七五
・坪井正五郎『坪井正五郎集』築地書館、一九七二
・岸乃青柳『東京のお寺・神社謎とき散歩』廣済堂出版、一九九八
・坂詰秀一『日本の古代遺跡32　東京23区』保育社、一九八七
・鈴木理生『江戸はこうして造られた』ちくま学芸文庫、二〇〇〇
・保田与重郎『日本の橋』講談社学術文庫、一九九〇
・赤瀬川原平ほか編『路上観察学入門』ちくま文庫、一九九三
・鈴木克美『金魚と日本人』三一新書、一九九七
・中村士徳「墓標に利用したる石棒」（『東京人類学会雑誌　一六九号』東京人類学会、一九〇二所収）
・巌本善治「明治神宮経営地論」（小路田泰直監修『史料集公と私の構造5　日本大博覧会と明治神宮』ゆまに書房、二〇〇三所収）
・溝口白羊『明治神宮紀』日本評論社、一九二〇
・内務省神社局編『明治神宮造営誌』内務省神社局、一九三〇
・「走湯山縁起」（神道大系編纂会編『神道大系神社編21』神道大系編纂会、一九九〇所収）
・菊池山哉『東国の歴史と史跡』東京史談会、一九六七
・松川二郎『全国花街めぐり』誠文堂、一九二九
・横山源之助『日本の下層社会』岩波文庫、一九八五
・加藤曳尾庵『我衣』（岩本活東子編『燕石十種　一』中央公論社、一九七九所収）
・大道寺友山『落穂集』人物往来社、一九六七
・三田村鳶魚『三田村鳶魚全集　六』中央公論社、一九七五
・三田村鳶魚『三田村鳶魚全集　八』中央公論社、一九七五
・三田村鳶魚『三田村鳶魚全集　九』中央公論社、一九七六
・岡本かの子『金魚撩乱』（『岡本かの子全集　四』ちくま文庫、一九九三所収）
・山田風太郎「蠟人」（『奇想小説集』講談社文庫、二〇〇四所収）
・鶴屋南北『新潮日本古典集成　東海道四谷怪談』郡司正勝校注、新潮社、一九八一
・柳亭種彦『近世怪談霜夜星』（国民図書株式会社編『近代日本文学大系第一七巻』国民図書、一九二八
・ルイ・アラゴン『パリの農夫』佐藤朔訳、思潮社、一九八八

・ロラン・バルト『記号の国』石川美子訳、みすず書房、二〇〇四
・ロラン・バルト『エッフェル塔』宗左近訳、ちくま学芸文庫、一九九七
・コルネリウス・アウエハント『鯰絵――民俗的想像力の世界』小松和彦ほか訳、岩波文庫、二〇一三
・『マージナル』第七号「特集　湿地帯ルネッサンス」現代書館、一九九一
・九鬼周造『「いき」の構造』岩波文庫、一九七九
・幸田露伴『五重塔』岩波文庫、一九九四
・永井荷風『日和下駄』講談社文芸文庫、一九九九
・中川大地『東京スカイツリー論』光文社、二〇一二
・日比恆明『玉の井　色街の社会と暮らし』自由国民社、二〇一〇
・松尾芭蕉『奥の細道』キーン・ドナルド訳、講談社学術文庫、二〇〇七
・吉田純『吉本隆明』河出書房新社、二〇一三
・吉本隆明『少年』徳間書店、一九九九
・吉本隆明『言語にとって美とはなにかⅠ・Ⅱ』角川ソフィア文庫、二〇〇一
・吉本隆明『フランシス子へ』講談社文庫、二〇一六

区史など

・東京市赤坂区編『赤坂区史』東京市赤坂区、一九四一
・東京市麻布区編『麻布区史』東京市麻布区、一九四一
・東京市芝区編『芝区誌』東京市芝区、一九三八
・港区編『港区史　上・下』港区、一九六〇
・港区編『新修港区史』港区、一九七九
・東京市牛込区編『牛込区史』東京市牛込区、一九三〇
・東京市四谷区編『四谷区史』東京市四谷区、一九三四
・東京府豊多摩郡編『東京府豊多摩郡誌』豊多摩郡役所、一九一六
・新宿区編『新宿区史』新宿区、一九五五
・新宿区総務部総務課編『新宿区史　一』新宿区、一九九八
・渋谷区編『渋谷区史』渋谷区、一九六六
・渋谷区編『新修渋谷区史　上・中・下』渋谷区、一九五二
・渋谷区編『図説渋谷区史』渋谷区、二〇〇三
・東京市下谷区編『下谷区史』東京市下谷区、一九三五
・浅草区史編纂委員会編『浅草区史　全六巻』東京市浅草区、一九三三
・台東区編『台東区史　上・下』台東区、一九五五
・台東区編『台東区史　一～三』台東区、一九六六
・台東区史専門編纂委員会『台東区史　通史編一～三』台東区、二〇〇二
・東京市京橋区編『京橋区史　上』東京市京橋区、一九三七
・中央区編『中央区史　上・中・下』中央区、一九五八
・葛飾区編『増補　葛飾区史　上・中・下』葛飾区、一九八五
・墨田区編『墨田区史』墨田区　一九五九
・墨田区編『墨田区史　上・下』墨田区　一九七九～一九八一
・荒川区編『新修荒川区史　上・下』荒川区、一九五五
・荒川区編『荒川区史　上・下』荒川区、一九八九
・足立区編『足立区史』足立区、一九五五
・足立区編『新修　足立区史　上・下』足立区、一九六七
・東京市麴町区編『麴町区史』東京市麴町区、一九三五
・千代田区編『千代田区史　上』千代田区、一九六〇
・千代田区編『新編千代田区史　通史編』千代田区、一九九八
・『大田区史　上・中・下』大田区史編さん委員会、一九七四～一九九六

郷土史料など

・新宿区立教育委員会『新宿と伝説』新宿区教育委員会、一九六九
・新宿区立歴史博物館編『「江戸名所図会」でたどる新宿名所めぐり』新宿区立歴史博物館、二〇〇〇
・新宿区立歴史博物館編『琥珀色の記憶〜新宿の喫茶店』新宿区立歴史博物館、二〇〇〇
・新宿区立歴史博物館編『新宿区の民俗　一〜六』新宿区立歴史博物館、一九九二〜二〇〇三
・加藤盛慶編『東京淀橋誌考』武蔵野郷土史料学会、一九三一
・新宿区生涯学習財団編『下戸塚遺跡（Ⅳ）』新宿区生涯学習財団、二〇〇〇
・成願寺誌編纂委員会『成願寺』多宝山成願寺、一九八八
・浅草寺縁起編纂会編『浅草寺縁起』浅草寺縁起編纂会、一九二八
・台東区立下町風俗資料館編『古老がつづる下谷・浅草の明治・大正・昭和総集編1』台東区芸術・歴史協会、一九九九
・台東区立教育研究所編『台東区むかしむかし　一〜二』台東区、一九九七
・熊野正也編『東京低地の古代』崙書房出版、一九九四
・葛飾区郷土と天文の博物館編『東京低地の中世を考える』名著出版、一九九五
・足立区立郷土博物館編『隅田川流域の古代・中世世界』足立区郷土博物館、二〇〇一
・堀充宏編『葛飾区の昭和史』千秋社、一九九一
・葛飾区遺跡調査会編『立石遺跡　Ⅰ〜Ⅶ』葛飾区遺跡調査会、一九八九〜二〇〇〇
・葛飾区郷土と天文の博物館編『際物の市』葛飾区郷土と天文の博物館、一九九六
・葛飾区郷土と天文の博物館編『際物作りの担い手』葛飾区郷土と天文の博物館、一九九八
・足立区教育委員会文化課編『足立風土記稿　地区編1』足立区教育委員会、二〇〇四
・有田肇『渋谷風土記　旧史編』東京朝報社、一九三五
・加藤一郎編著『郷土渋谷の百年百話』渋谷区郷土研究会、一九六七
・渋谷区教育委員会編『ふるさと渋谷の昔がたり　一〜三』渋谷区教育委員会、一九八七〜一九八九
・荻原弘道『東京・和田大宮の研究』サンロード、二〇〇五

地図作成に参照したもの

・東京地盤調査研究会編『東京地盤図』技報堂、一九五九
・東京都教育庁生涯学習部文化課編『東京都遺跡地図　1、2』東京都教育委員会、一九九六
・国土地理院編『土地条件図』国土地理院、一九八一
・国土地理院編『一万分の一地形図』国土地理院、一九九九〜二〇〇三
・国土地理院編『数値地図２５００　関東３』国土地理院、二〇〇三
・国土地理院『数値地図５ｍメッシュ（標高）東京都区部』国土地理院、二〇〇三

⊙なお本書の地図は、国土地理院長の承認を得て、同院発行の数値地図２５００（空間データ基盤）を複製したものである。（承認番号　平17総複、第81号）

増《ぞう》補《ほ》改訂《かいてい》　アースダイバー

2019年３月５日　第１刷発行
2022年２月７日　第４刷発行

著者　中沢新一《なかざわしんいち》
写真　大森克己《おおもりかつみ》

発行者　鈴木章一
発行所　株式会社講談社
東京都文京区音羽2-12-21
郵便番号112-8001
電話　出版　03-5395-3512
販売　03-5395-4415
業務　03-5395-3615
本文データ制作　講談社デジタル製作
印刷所　凸版印刷株式会社
製本所　大口製本印刷株式会社

装幀　菊地信義

本文デザイン　石黒景太、阿部周平
地図作製　深澤晃平

N.D.C.213.6　382p　21cm

ISBN978-4-06-515398-7

中沢新一《なかざわしんいち》

1950年生まれ。思想家・哲学者。
著書に、『カイエ・ソバージュ全５巻』（講談社選書メチエ、『対称性人類学』で小林秀雄賞）『大阪アースダイバー』『レンマ学』（講談社）、『精霊の王』（講談社学術文庫）『緑の資本論』（ちくま学芸文庫）『僕の叔父さん　網野善彦』（集英社）『チベットのモーツァルト』（講談社学術文庫、サントリー学芸賞）『森のバロック』（講談社学術文庫、読売文学賞）『哲学の東北』（青土社、斎藤緑雨賞）『フィロソフィア・ヤポニカ』（講談社学術文庫、伊藤整文学賞）など多数。

大森克己《おおもりかつみ》
1963年生まれ。1994年、写真新世紀の優秀賞受賞。
おもな写真集に『Cherryblossoms チェリーブロッサムズ』『Very Special Love』『サルサ・ガムテープ』（リトルモア）、『2760017』（ピエ・ブックス）などがある。